船名	年	月日	里	キロ	航路	事項	年齢
						ため　お龍とともに薩摩に向かう　途中、中岡慎太郎・三吉慎蔵は下関で下船、長崎では近藤長次郎の墓に詣でる	
桜島丸		6月2〜4日→14〜16日	二三一里	九二四キロ	鹿児島—長崎—五島江ノ浜—下関	桜島丸を長州藩に渡すため下関へ。途中お龍を長崎に降ろして自らの肖像写真を撮り、沈没したワイルウェフ号死者の供養碑建立のため社中同志と中通島有川を訪ねる	
不明		7月下旬→8月15日	二〇一里	八〇四キロ	下関—長崎—鹿児島—長崎		
不明		12月中旬	八一里	三二四キロ	長崎—下関	溝淵広之丞を伴い木戸準一郎（孝允）と会見	
不明	慶応3年（1867）	1月9日→11日	八一里	三二四キロ	下関—長崎	溝淵広之丞とともに長崎に戻る	33歳
いろは丸 明光丸		4月19日→23日	一五五里	六二〇キロ	長崎—鞆	海援隊としての初航海で、紀州藩船明光丸と衝突、沈没。明光丸に移乗	
不明		5月8日→13日	八一里	三二四キロ	下関—長崎	長崎で紀州藩とのいろは丸事件の談判のために	
夕顔		6月9日→15日	二一七里	八六八キロ	長崎—兵庫	大政奉還実現のため後藤象二郎と京都に向かう。船中で「船中八策」を練る	
三邦丸		8月1日→2日	八〇里	三二〇キロ	兵庫—須崎	イカルス号事件談判のために須崎に向かう佐々木三四郎に同行	
夕顔		[illegible]→15日	一八一里	七二四キロ	須崎—下関—長崎	イカルス号事件の再談判のため佐々木三四郎、アーネスト・サトウと同船。途中下関で佐々木にお龍を紹介	
震天丸		[illegible]20日 [illegible]24日	一六三里	六五二キロ	長崎—下関—浦戸	ライフル銃千三百挺を購入、下関で菅野覚兵衛、陸奥陽之助が三百挺を持って下船、千挺を積んで土佐藩へ	
震天丸		[illegible]	三五里	一四〇キロ	浦戸—室戸岬沖—須崎	大坂へ向かうが、機関の故障で引き返す	
空蝉		[illegible]日	一五〇里	六〇〇キロ	須崎—大坂	龍馬最後の航海	

龍馬の総航海距離　五、三五九里　二一、四三六キロ

順動丸●1861年、イギリスのデプトホルトで建造された全長72m、360馬力、405トンの鉄製外輪蒸気船で原名ジンキー。文久2年10月13日、幕府が15万ドルで購入。

翔鶴丸●1857年、アメリカのニューヨークで建造された全長約60m、350馬力、350トンの木製外輪蒸気船で原名ヤンチー。文久3年11月29日、幕府が14万5000ドルで購入。

黒龍丸●1863年アメリカのワンバで建造された全長51.5m、100馬力の2本檣木製スクリュー式蒸気船で、原名コムシング。文久3年5月、長崎で越前藩が12万5000ドルで購入、翌元治元年7月19日、勝海舟の斡旋で幕府が同額で引き取り、神戸海軍繰練所練習船に充てられた。大砲2門積載。

胡蝶丸●1862年、イギリスで建造された全長42.5m、150馬力、146トンの鉄製外輪蒸気船で、原名ホーキン。元治元年2月1日薩摩藩が長崎で7万5000ドルで購入。

桜島丸●イギリスのロザーハイズで建造された全長45.5m、70馬力、205トンの鉄製スクリュー式蒸気船で、原名ユニオン。慶応元年10月17日薩摩藩が薩長和解の証として長州に売却するために長崎で6万ドルで購入。龍馬の手で長州

図説

さかもとりょうま

巻頭言

海を翔ける龍

小椋　克己
高知県立坂本龍馬記念館館長

「ここは『龍馬への入口』です」

高知市桂浜にある高知県立坂本龍馬記念館で、私は来館される方々に「龍馬の感性を理解していただく場所」という蛇足を加えてそう説明している。

総ガラス張りの一階南端は太平洋に向かって突き出し、そこから一八〇度はおろか二二〇度の水平線を視野に入れることができる。ここから眺める太平洋は、太陽、風、雲、波、季節の移り変わりなど「何千何百」もの要素で構成され、それが「何万何千通り」の景色を演出する。秋冬は逆光のなかで海が銀色に光り、水平線も鮮やかで、ついその中に引き込まれてしまう。

平凡な私でさえそうだから、強い志と感性を持つ龍馬は海からはかり知れない大きな力を感じ取ったことだろう。「世界の海援隊」を夢見た龍馬にとって、海は「未来への出口」「活動のステージ」だったに違いない。龍馬は「海を翔ける龍」を目指したのである。

事実、龍馬と海とは、密接な関わりがある。

文久三年（一八六三）、勝海舟の門下に入った龍馬は、暗殺されるまでの五年間に、年表によるおおまかな計算でも、地球半周にあたる二万一千キロの船旅を経験している。「海を翔けた龍馬」は陸も翔けたはずなので、旅の総計は地球一周になるかも知れない。

近代日本の幕開けに欠かすことができない「海軍塾建設」「薩長同盟締結」「海援隊による多面的活動」「船中八策による大政奉還」をこの五年間で成し遂げたのも、当時最も速い交通手段だった蒸気船による移動によるところが大きい。彼の業績は、まさに「海を翔けた」結果だといえるのである。

脱藩に始まり、京都近江屋の暗殺に終わる龍馬の旅は、しかしそこで終わることなく続き、彼のスピリットとして、現代日本の課題を考える人々の心の中に生き続けている。少なくとも私はそう信じている。

龍馬の旅は行く先々で多くの人に出会い、さまざまな触発を受けて新しい活力を得た。本書は、その流れに沿って、龍馬の旅と、現代人にとっての龍馬を、読者とともに追体験していくことができるような構成にした。龍馬の生涯や業績を、さまざまな分野から解説していただくとともに、「コラム」を随所に配し、その地に関わりの深い方々に、とっておきの「龍馬あれこれ」を語っていただいた。

執筆をお願いしたすべての方が快く引き受けて下さり、写真や挿絵と相俟って、豊かな内容へと拡がったことを、読者の方にも共感していただけると信じている。

図説 坂本龍馬●目次

1 最後の5年間に人生を集約した龍馬

三十三分の五に生きた男

土佐藩船「夕顔」●坂本龍馬は下関から大坂に向かう土佐藩船「夕顔」の船中で『船中八策』を練り上げ、懐刀の長岡謙吉が文章化して後藤象二郎に提出した。写真は「夕顔」の模型／高知県立坂本龍馬記念館蔵

小椋　克己

坂本龍馬記念館館長

33分の5に生きた男

「坂本龍馬」としての活躍は、勝海舟に弟子入りしてから三十三歳で暗殺されるまでの、わずか五年間。その間に神戸で「海軍塾創設」、その閉鎖後は長崎で「亀山社中」結成、それをバックに「薩長同盟」締結を斡旋、さらに慶応三年には土佐藩参政・後藤象二郎と会談し、武力討幕を避け、大政奉還路線で幕府政治を終わらせることを決める。

　龍馬は脱藩罪を許され、「亀山社中」も、土佐藩の「海援隊」になり、その隊長に任命された。そのあと大政奉還後の国のあり方を決めた『船中八策』を発表し、「大政奉還建白書」のもとを作った。このように明治維新になくてはならない大きな業績を立て続けに残したので、もっと長い間のことと錯覚してしまう。

　この間の移動に龍馬は船を良く使っているが、この当時、最も早い交通手段であったので、短い間に多くの業績を残せたとも言える。

「船で移動した距離は、年表によると二万キロです。また、その五年間に書き残した手紙の数は、確認されているものだけで百三十九通（平成十五年末現在）もあります」

　坂本龍馬記念館で、ご案内をしながらこう話すと一様にびっくりされる。

　まさに龍馬は、「人生の三十三分の五に生涯を集中させて生きた男」と言える。

瀬戸内海を行く復元蒸気船／写真：上野正義

河田小龍■文政7〜明治31、小梁のち小龍
土佐の画家。土佐藩船役人の家に生まれる。早くから画家を志し、林洞意、のち京都で狩野山梁に師事し、さらに中村竹堂に南画を学ぶ。また儒学を篠崎小竹らに学んで土佐に帰り、高知城下蓮池町で画塾を開いた。藩命でジョン万次郎から海外事情を聴取し『漂巽記略』を著す。また土佐藩の反射炉建設にも参画するなど、開明派知識人として活動。安政大地震後築屋敷に移り、龍馬に海外に目を向けることを示唆。のち龍馬のもとに長岡謙吉・近藤長次郎・新宮馬之助らを送りだす。明治に入り、高知県令を経て京都府知事になった北垣国道の招きで京都に移住、琵琶湖疎水図誌を描く（詳細は173ページ）

1

龍馬の生涯には、二つのリンクがある。

　一つは、嘉永六年（一八五四）黒船来航に触発された龍馬が、相談に行った河田小龍の教えを守り、八年後の文久二年（一八六二）、勝海舟の門に入門し海軍への道を進んだこと。

　もう一つは、勝海舟の海軍塾建設資金調達で訪れた福井で、福井藩政治顧問・横井小楠に「国是七条」を教えられ、それをもとに四年後の慶応三年（一八六七）六月、近代国家像「船中八策」を発表、それ

溝渕広之丞■文政11～明治42、諱義直
土佐藩士。土佐郡江ノ口村出身。嘉永6年、龍馬とともに江戸に遊学すると伝えるが確証はない。龍馬同様剣術は千葉定吉道場に、砲術は佐久間象山塾に入門する。慶応2年、藩の砲術留学生として長崎に派遣され、そこで龍馬と再会、龍馬の紹介で、長州征伐以降初めて土佐藩士として長州入りし、桂小五郎と面談、長土密約のきっかけを作った。また翌3年には龍馬を後藤象二郎に紹介、龍馬・後藤の会談が長崎清風亭でもたれ、海援隊発足をお膳立てした。明治以降は官途に就かず、郷里で悠々自適の生活を送った／写真提供：高知県立坂本龍馬記念館

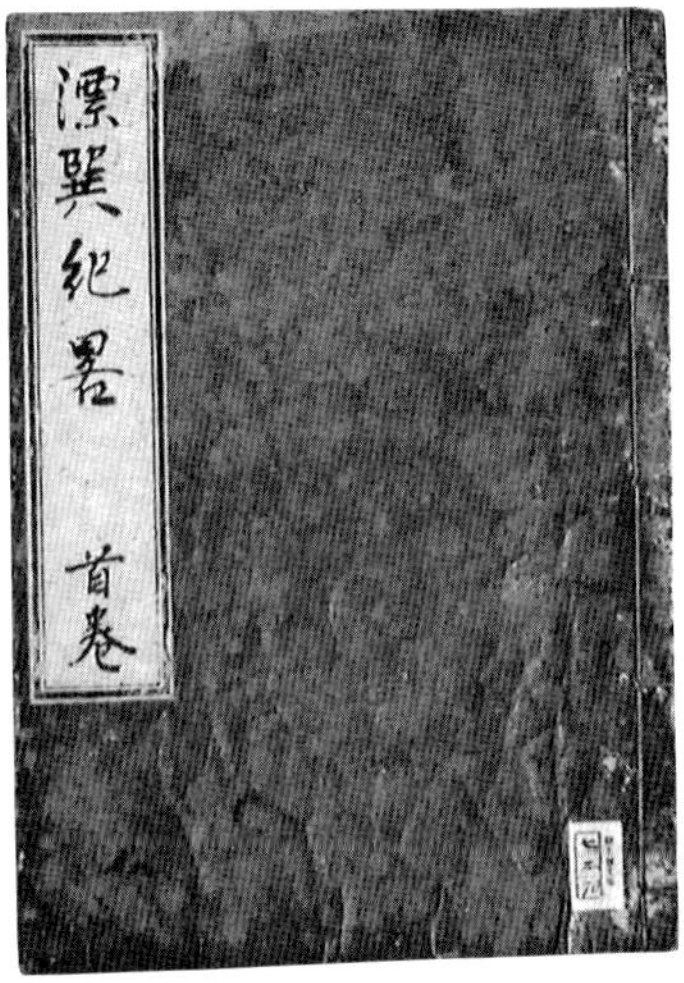

『漂巽紀略』●ジョン（中浜）万次郎が語る海外事情を河田小龍が著したもの。アメリカを中心とした西欧の様子が小龍の絵入りで描かれている／竹本泰一氏蔵

中浜万次郎■文政10～明治31
土佐国幡多郡中ノ浜の漁師。15歳の天保12年、出漁中遭難し鳥島に漂着。アメリカ捕鯨船に救助され、同船の船員として1年半余捕鯨に従事。天保14年、船長の援助で3年間学校教育を受け英語・数学・航海術・測量術などを学ぶ。その後捕鯨船や金山で働き、嘉永3年鹿児島に帰国、同5年土佐に戻り、徒士格の待遇を受ける。同6年ペリー来航で翻訳にあたり、安政2年軍艦操練所教授、同6年幕府の遣米使節に通訳として同行。元治元年薩摩藩に招かれ英語や航海術を指導した。明治元年土佐藩士となり江戸砂村藩邸に居住、同2年開成学校教授となる／写真提供：土佐清水市

が土佐藩の「大政奉還建白書」となり明治維新を迎えたこと。

いずれも、ヒントとなる出来事を龍馬の感性が正しく受けとめ、時間を掛け、手順を踏んで大きい目標を実現している。龍馬には、今なすべきことを的確に把握し、時代を先取りする感覚が備わっていて、例えば、現代にも通用する近代国家像「船中八策」の構築を可能にしている。

2

第一のリンクをもう少し詳しく見てみよう。十九歳、龍馬は日根野道場から「小栗流和兵法事目録《おぐりりゅうやわらへいほうのこともくろく》」を受け、嘉永六年（一八五三）三月、年上の友人溝淵広之丞と江戸に出て、北辰一刀流・千葉定吉道場に入る。この年の六月ペリーの黒船が浦賀に来航、国を挙げて大騒ぎとなるなかで、龍馬も土佐藩から沿岸警備を命じられ、土佐藩の鮫洲屋敷がある品川で待機した。測量と称して品川近くまで入ってきた黒船を間近かに見、空砲の音も聞いただろう。

触発された龍馬は「軍《いくさ》も近き内と存奉り候。其節は異国の首を打取り、帰国仕る可く候。」（ひと戦争あったら、異人「外国人」の首を取って帰る）という手紙を父親宛に書き、攘夷への意気込みを見せるが、「黒船」の威力を目の当たりにし、これに立ち向かうために佐久間象山門下で砲術の稽古に励み、蒸気船への関心を高めた。そして、この出来事が龍馬の人生の方向を決めるきっかけとなった。

一年の修業を終え土佐に帰った龍馬は二十歳、黒

長岡謙吉■天保5～明治5、今井純正
海援隊士。土佐藩医師今井孝順の長男。奥宮慥斎、河田小龍に学び、大坂、江戸に遊学。医学・蘭学のほか、詩文などを修得。安政6年長崎で二宮敬作に西洋医学を学ぶが、キリシタンの嫌疑を受け、土佐に送還。慶応年中再び脱藩して海援隊に参加。隊の文官となり、龍馬の秘書役を務め「海援隊約規」「船中八策」「大政奉還建白書」の起草、『閑愁録』『和英通韻以呂波便覧』の出版に関与／個人蔵

近藤長次郎■天保9～慶応2、昶次郎
亀山社中。高知城下上町の餅菓子商大里屋伝次の子で通称饅頭屋長次郎。学問を好み、河田小龍、岩崎弥太郎に学び、万延元年土佐藩刀工左行秀の援助で江戸に遊学。安積良斎、手塚玄海、高島秋帆から儒学、洋学、砲術を学び、その成果が認められ士分となる。文久2年龍馬と前後し勝塾入門。以来龍馬と行動を共にし、大坂・神戸の勝塾や亀山社中に在籍。慶応元年、長州再征を前に薩摩藩名義での長州藩の武器・蒸気船購入に尽力したが、無断でイギリス渡航を企て盟約違反で自刃（詳細は177ページ）／高知市民図書館蔵

船と国防についての意見を聞こうと河田小龍を訪ねる。小龍は土佐藩の役人で、狩野派の絵師。蘭学も学んでいることを買われ、漁の途中遭難し、ハワイとアメリカで十一年間暮らして帰国したジョン万次郎の取り調べを担当した人である（その記録は彩色された絵入りの精細なもので『漂巽紀略《ひょうそんきりゃく》』と名付けられ、復刻され現在でも入手できる）。

だから、アメリカや航海の話を通じて海外事情にも詳しい。そこで龍馬はこの人ならと、黒船撃退法を尋ねに行った。

「ちっぽけな土佐の軍船で黒船撃退は無理。それよりも蒸気船を一隻買い入れ、物や人を運んで資金を作り、蒸気船をマスターして世界を舞台に仕事をすることだ」

そう教えられた龍馬は手を打って喜び、乗組む士官の養成を小龍に頼む。

「私は船に取り組みます。先生は人をつくってください」

この間のやりとりの記録が、河田小龍メモとでもいうべき『藤陰略話』に残っている。

この約束は八年後の文久二年（一八六二）、脱藩をして江戸に入り、勝海舟の門下に入ることで実現するが、一方、河田小龍も、長岡謙吉、近藤長次郎、新宮馬之助など、龍馬の片腕となって活躍する人たちを育て、神戸海軍塾や亀山社中で活躍する龍馬のもとへ送っている。龍馬は、八年をかけ目標に到達した喜びを、勝海舟の門下生となって半年目の文久三年三月二十日、乙女に宛てた手紙に生き生きと書き止めている。これは根気強く機会を待ってついに目標に到達した喜びだ。

「今にてハ日本第一の人物勝麟太郎殿という人にでし（弟子）になり、日々兼而《かねて》思付所をせい（精）といたしおり申候。其故に私年四十歳のなるころまでハ、うち（家）にはかへ（帰）らんよふにいたし申すつもりにて……」（勝先生の弟子になって、毎日毎日、前まえから目標として考えていた海軍のことができるようになり、精出しています。ですから四十歳くら

新宮馬之助■天保9～明治22
海援隊士。土佐藩香我美郡新宮村の郷士寺内信七2男。高知城下の叔母の家で鋳掛屋を手伝いながら河田小龍に師事、学問と画を学ぶ。文久3年江戸遊学中に龍馬の誘いを受け勝海舟の塾に入門。以来、大坂、神戸の海軍塾を経て、亀山社中、海援隊に所属。維新後は蝦夷地の開拓に従事したあと、浦賀海兵団に入る。明治22年流行病で死去。隊中一の美男子だったという／旧『野市町史』より転載

いまでは家に帰らず頑張ります）

このようにして長年の目標を果たした龍馬はたちまち勝塾でも頭角を現し、勝海舟も信頼を寄せる存在になった。

文久三年五月十七日、姉乙女に宛てて、

「此頃は天下無二の軍学者勝麟太郎という大先生に門人となり、ことの外かわいがられ候て、先〔ず〕きゃくぶん（客分）のよふなものになり申候。ちかきうちにハ大坂より十里あまりの地ニて、兵庫という所ニて、大きに海軍ををしへ候所をこしらへ……少しエヘンニかおしてひそかにおり申し候……」と自慢の手紙を書き、さらに『達人の見る眼《まなこ》は恐ろしきもの』と、自分を見つけだした勝海舟の眼力を誉めているのがおもしろい。

同じ手紙の中で、長さ五十間（百メートル）の船をこしらえ、四、五百人の弟子を集める、と大風呂敷を広げているが、現実は資金不足もあり厳しかったようだ。幕府の「海軍操練所」はこれより遅れて開設される。

3

第一のリンクの終わりが第二のリンクの始まりだ。

勝海舟のもとで海軍塾の開設に取り組んだ文久三年（一八六三）五月、龍馬は海舟の使者として、海舟個人が建設する準備施設「勝塾（海軍塾）」の建設資金調達のため福井藩に赴き、五千両の借用に成功する。その際、龍馬がかねて教えを請いたいと思っていた福井藩政治顧問・横井小楠に会い、幕府改革

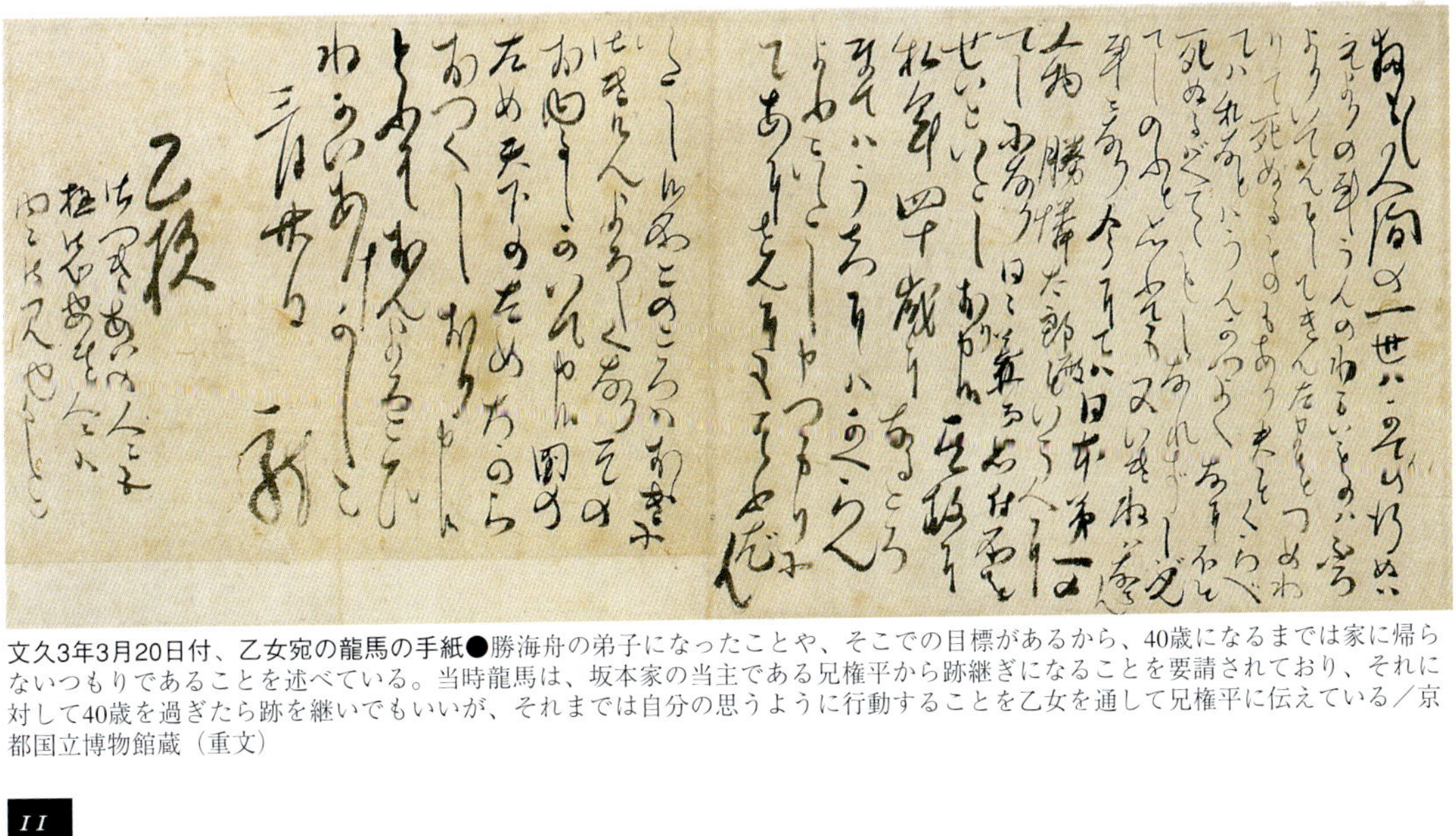

文久3年3月20日付、乙女宛の龍馬の手紙●勝海舟の弟子になったことや、そこでの目標があるから、40歳になるまでは家に帰らないつもりであることを述べている。当時龍馬は、坂本家の当主である兄権平から跡継ぎになることを要請されており、それに対して40歳を過ぎたら跡を継いでもいいが、それまでは自分の思うように行動することを乙女を通して兄権平に伝えている／京都国立博物館蔵（重文）

策として前年・文久二年、前藩主松平春嶽に進言した『国是七条』を教えられた。

龍馬は、「公議制度」「人材登用」「海軍拡充」「国管理の貿易」などが盛り込まれた『国是七条』を改革の大切なヒントと受けとめ、四年半後の慶応三年六月、それを『船中八策』に生まれ変わらせ、土佐藩提出の大政奉還建白書の基本を作った。

実際の歴史の中で「天下動かす」は、この大政奉還建白書によって慶応三年十月十三日、将軍が政権を朝廷に返すことを宣言、十五日天皇に認められ、政権奉還が実現したのだから、まさに「龍馬の予言や恐る可し」である。

4

国是七条のヒントは、天下を動かす（世の中を改革する）には、取り組むべきいくつかの項目に分けて考えること。その一つ一つには、今やっていること、やろうとしていることも含まれるので、それを積み重ねていけば良いと気づく。

「国是七条」を教えられた龍馬の驚きと喜びが新鮮であったことは、文久三年六月二十九日の乙女宛の長文の書簡の末尾によく現れている。

「土佐のいもほり（芋掘り）ともなんともいわれぬいそふろ（居候）に生（まれ）て、一人の力で天下うごかすべきハ、是又天よりする事なり」（天の助けがあれば、身分の低い郷士の次男坊の私でも、天下の改革ができるかも知れない）と、目から鱗《うろこ》が落ちた喜びをさりげなく書き記している。

司馬遼太郎の小説『竜馬がゆく』でも、最終部分にこれをヒントに書かれたかと思う件《くだり》がある。

「……天に意志がある、としか、この若者の場合思えない。天がこの国の歴史の混乱を収拾するために、この若者を地上にくだし、その使命が終わったとき、惜し気もなく天に召しかえした。……」

龍馬の手紙の「天よりする事なり」と、司馬さんのこの部分とは、共通するニュアンスがある。司馬

横井小楠■文化6〜明治2、諱時存
思想家。肥後藩士横井大平の2男。俊才の名高く、25歳で藩校時習館の寮長となる。天保10年藩命で江戸遊学、藤田東湖らと交わり、尊王思想を持つ。翌年悪酒のため帰藩。同12年『時務策』を著し「学政一致」「経世安民」を説き藩政を批判、長岡監物らと実学党の母体をつくる。嘉永4年上方から北陸を遊歴、その間福井藩に大きな影響をもたらす。安政2年、政治意識の違いから実学党と袂別、同5年福井藩主松平春嶽の招きで政治顧問となり、門弟三岡八郎らを中心に藩政改革を断行、藩財政を蘇らせる。文久2年前藩主春嶽が幕府政治総裁に就任すると『国是七条』を建言、「公議輿論」による全国会議・真の開国を提唱。しかし、翌3年の挙藩上洛計画が挫折し熊本に帰藩、前年の江戸での刺客事件で蟄居した。龍馬は小楠を高く評価、「天下之人物」とし、新政府に登用すべき人物の1人としている。明治元年新政府の参与となるが翌2年暗殺された（詳細は179ページ）／福井市郷土歴史博物館蔵

大政奉還上意書（写し）●土佐藩からの大政奉還建白書を受けて慶応3年10月13日、徳川慶喜は二条城で大政奉還を宣言、翌日上意書を朝廷に提出し、10月15日天皇はこの上意を承認した。横井小楠の『国是七条』をヒントに生み出された龍馬の『船中八策』はこうして天下を動かすことになった／茨城県立歴史館蔵

さんは、小説『竜馬がゆく』を書くにあたって、資料を徹底的に読み込んだといわれるが、語りかけるような龍馬の手紙の内容の豊かさも、その資料の中で汲み取られたはずで、この部分からの示唆は大きかったに違いない。

龍馬の生涯と業績については、巡り合わせや出会いの不思議さもあり、「感性」という言葉の助けを借りなければならないことも少なくない。

「天に意志がある」「天よりする事なり」のどちらの言葉にも、龍馬の不思議を説く鍵があるように思える。

5

ともかくも文久三年、龍馬は海軍塾の創設に情熱を燃やし、塾頭にもなって面倒も見た。この年の手紙には「日本」の字が良く登場するが、これも、この国を日本という一つの国にしなければという思いが溢れていたからだろう。実際、師の勝海舟は、幕臣ながら幕府の枠を超えて、世界に目を開き、一大共有の海局（各藩の境を超えた、国の共通の海軍）と言うべき海軍を創設する理想に燃えていた。弟子入りした龍馬も、土佐に帰って家を継がずに、海軍をやり切る覚悟を示す。

文久三年八月十九日、義兄・川原塚茂太郎宛ての手紙に「天下の事に引きくらべ候得バ、一家のことハかへり見るにいとまなし。……養子のつがふ御つけ成し下され度候。早々」（国の大事に比べれば、家のことに関わる暇はありません。養子のこと都合つけてくださいませ）とある。

6

これらのリンクはいずれも、龍馬のひらめきで捉えたヒントをもとに、なすべき大きな目標を立て、時間をかけ、良いタイミングを待ってそれを実現させている。そのこころを、龍馬は乙女に宛てた手紙に識している。

「ねぶともよく〳〵は（腫）れずては、はり（針）へはうみ（膿）をつけもふ（申）さず候」（やっかいなおできは少し膿が溜まってから針を刺せ：チャンスが熟すまで、じっと待て）（元治元年六月二十八日）。

こうした流れの中で龍馬は、コンセプトとでも言うべき考え方を友人に語っているが、そこに「万物の時を得るをよろこび……」という言葉が出てくる。

蝦夷の開拓はライフワークであり、一人になってもやるぞ、と決意を伝えたあと、開拓では、「命あるもの全てが喜び合えるような出会いを持ちたい」（慶応三年三月六日、長州藩士・印藤聿宛）と述べている。これは開拓に限らず常に心がけるべきことだ。

そういえば、二つの藩の仲を取り持ち、新しい国づくりの基礎を作った「薩長同盟」にも、また政権を朝廷に返す大きな決断を下した将軍に、新しい国づくりに参加する立場を与えようとした「新政府綱領」にも、この考えが生きていた。

2 坂本龍馬 活躍の背景 とは……

龍馬を登場させる幕末の舞台

古川　薫
作家

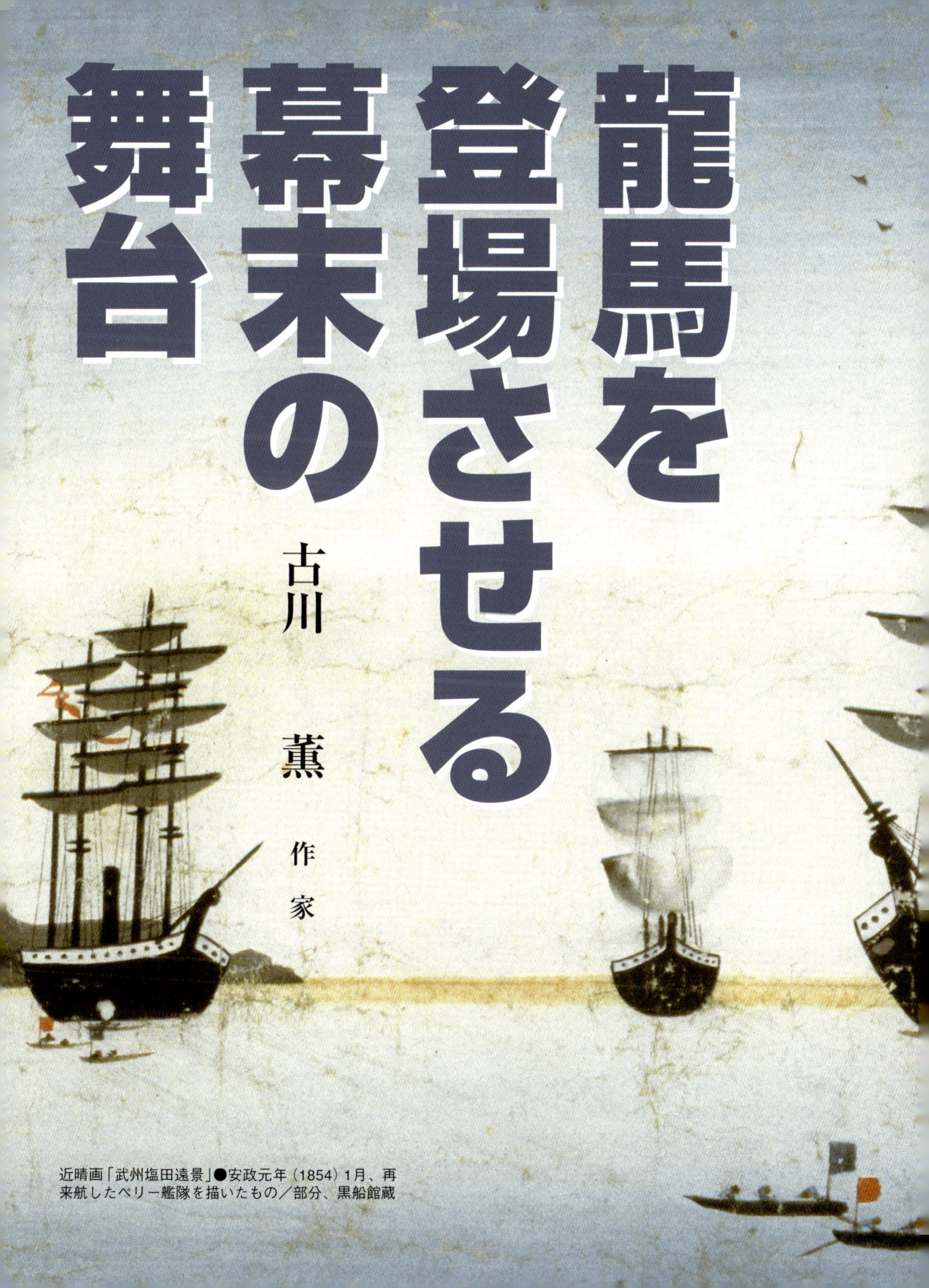

近晴画「武州塩田遠景」●安政元年（1854）1月、再来航したペリー艦隊を描いたもの／部分、黒船館蔵

龍馬を登場させる幕末の舞台

人が歴史をつくりまた歴史が人をつくる。乱世に生まれる英雄も、歴史の要求によって出現した人ということができる。

それはその時代に、たまたま生まれ合わせたということではない。宇宙を動かしている得体のしれない電磁のなかにひそむ歴史という巨大な時間の意思、つまりは天の配剤によるそれであろう。

人間世界が逢着した困難な問題を解決する役柄をになうにふさわしい、異能の人物がそこに創り出されたとするなら、坂本龍馬というひとりの男の出現も、まさに歴史の意思による必然というものであった。龍馬は自分に振りあてられた新時代をみちびく歴史の進路を切り拓く役割を、みごとに果たして黎明のなかに消えていったのだった。

坂本龍馬が登場する幕末の日本という国は、まさに疾風怒濤のなかに立ちすくむ世界の孤島だった。そこでは二世紀半に及ぶ幕藩政治の屋台骨が朽ち、暴風にあおられて倒壊寸前の危機に瀕していた。まずは龍馬が生まれた当時の歴史状況をながめてみよう。

黒船来航

文政七年（一八二四）五月、常陸国大津浜に異人十二人が上陸するという事件があった。イギリス捕鯨船の乗組員が水や野菜を求めて上がってきたのだ。鉄砲を持っていることから騒然となり、水戸藩からは藩兵が出動して彼らを捕らえた。害意はないとみとめられて釈放されたが、この事件は水戸藩にかぎらず日本国内の対外危機感を強く刺激した。龍馬が生まれる十一年前のことである。

同じころ幕府は相模・安房・上総・下総など太平洋をのぞむ各海岸の防備を厳重にした。太平を謳歌した文化・文政時代から、日本をうかがう外国船の出没が目だちはじめたからである。

全国の各大名も海防に力をいれようとする動きをみせはじめているが、軍備増強に見合う財力の貯えがない。国内経済の衰微につれて、幕府の財政状態の悪化とともに大名経済も衰弱の一途をたどりつつあった。

幕府や大名経済を衰弱させた第一の原因は鎖国政策である。幕府は長崎に小さな窓口をひらいて、小規模な貿易事業を独占した。西国を席巻した守護大名大内氏のように朝鮮国や明国との貿易で富裕化した戦国時代とちがい、江戸時代の大名は農民に米をつくらせ、それを収奪するだけの経済に頼るしかなかった。幕府をはじめ全国の大名が財政破綻の危機に直面したのは当然の帰結である。その上、幕府は大名たちに参勤交代を強要して、藩財政の圧迫に拍車をかけた。大名の富裕化を嫌う幕府としては、それが好ましい状態だったのである。大名統制には成功したが、徳川幕府は成立時からおよそ国家という概念を喪失した亡国的な道

アメリカ大平洋艦隊を率いたペリー提督／東京国立博物館蔵

をあゆみはじめたのだ。そうしたツケがまわってきたころ、ようやく幕政改革の声があがりはじめたのだが、時すでにおそしというほかはない。

そして嘉永六（一八五三）年六月、ペリー来航によって、日本はいやおうなく世界史のなかに組み入れられていくのだ。ペリーに恫喝された幕府は、日米和親条約を締結するが、朝廷がこれを勅許しなかったことから、開国の是非をめぐる国論の対立による騒乱状態に突入する。嘉永六年が癸丑《みずのとうし》だったことから、「癸丑《きちゅう》以来」という言葉がそのころいわれた。黒船来航が日本史のエポックとなったことをしめしている。

この黒船来航のとき、剣術修行のため江戸に出ていた坂本龍馬は、藩兵のひとりとして江戸湾警備の役についた。はからずも黒船来航という歴史的事件に遭遇したのである。彼は千葉道場で剣術を修行していたのだが、アームストロング砲を搭載した巨艦を目撃して、もはや刀剣などの時代が終わったことを実感しただろう。まだ時代の実相をしっかりつかんでいない十九歳の龍馬だが、歴史が転換しつつある現実をおぼろげにも体感したはずであった。翌年、高知に帰った龍馬は、河田小龍によって海外事情に開眼する。黒船来航を目撃した直後の小龍との出会いは、それからの生きかたに重要な意味をもったといえるだろう。龍馬の開明思想はこのときすでに芽生えたと考えられるからである。

安政の大獄

このころ、行き詰まった幕政の改革を真剣に考えていたのは、老中首座の阿部正弘や越前藩主・松平慶永

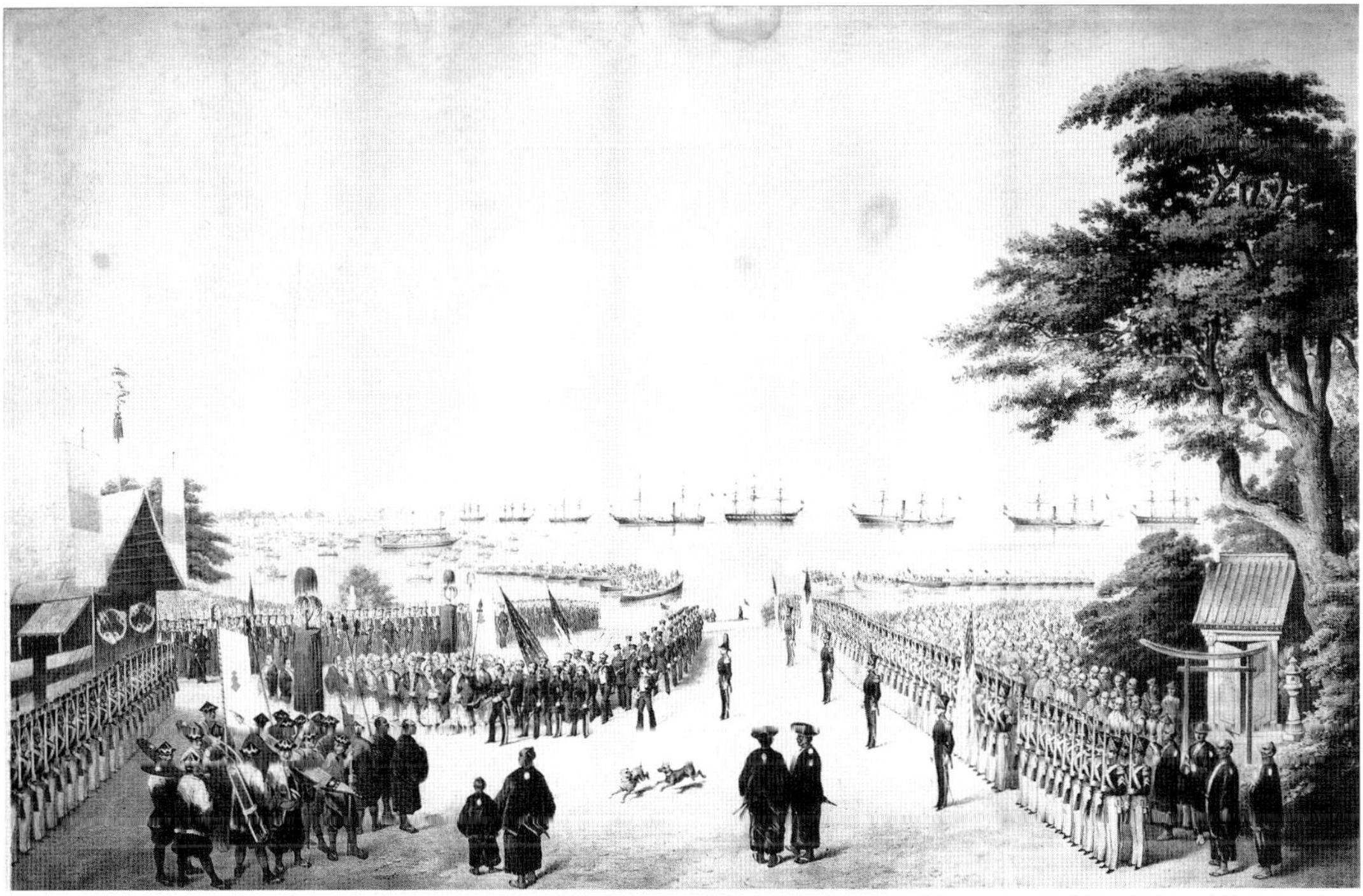

ペリー横浜上陸図●安政元年2月10日、ブキャナン中佐が指揮する完全武装の士官・水兵約500人の儀杖隊が横浜に上陸した。沖には9隻の艦隊とカッター、幕府側の関船や屋形船、多数の小船が浮かぶ。また儀仗兵のうしろには物見高い日本の民衆が多数詰めかけているのが描かれている／東京国立博物館蔵

（春嶽）だった。
彼らは病弱の十三代将軍家定のあとを継ぐ新将軍の手で改革を実行させることを考えていた。

彼らは水戸家から一橋家の養子に入った慶喜《よしのぶ》を新将軍候補に擬して希望を託した。ここから十四代将軍継嗣をめぐる一橋派と南紀派の暗闘が開始されるのである。南紀派とは、紀州藩主・徳川慶福（のちの家茂）を将軍にかつぎ出そうとする一派で、その、陣頭に立つのが彦根藩主の井伊直弼だ。

慶喜の父水戸家の徳川斉昭が当然一橋派に加担し、薩摩の島津斉彬もこれを応援した。斉彬は養女の篤子《あつこ》を将軍家定と結婚させているので、外様ながら別格の立場にいる。それでも外様大名は幕政に参与できないことを、かねてから無念に思っている彼にとって将軍継嗣問題は幕府機構参入への好機到来である。

天保の財政改革に成功したのは、西南二大雄藩の薩摩と長州であった。結論的にいえば幕府をはじめ全国ほとんどの諸藩が改革に失敗したなかで、薩長両藩がそれに成功したことが、幕末の政情を支配した。

その時期、長州藩のばあいは「観望論」をとなえて、開国・攘夷で揺れる中央政局を傍観していたが、力をもてあます島津では藩主の斉彬《なりあきら》が中央進出の野心を早くからむきだしにした。斉彬は賢君として知られ、老中の阿部にしても彼を高く評価、幕政に招き入れようとしたのだが、ひとつには島津の財力に魅力を感じてのことだったろう。これこそは二世紀半にわたり外様として辺境に押し込められていた大名の鬱屈が破裂するときだった。その噴出する力は、九州南端に割拠

島津斉彬■文化6～安政5
薩摩藩主島津斉興の長男。父斉興は庶生の久光を溺愛し、斉彬派に過酷な弾圧をかけたが、老中阿部正弘の仲介で、嘉永4年42歳でようやく襲封。第28代藩主となるや矢継ぎ早に藩政改革を実施、軍事科学工場である集成館を創設。その技術は当時の日本の水準をはるかに越え、嘉永6年には独力で蒸気船を建造。安政元年、ペリー再航に際し、阿部正弘、徳川斉昭、松平慶永、伊達宗城らの連合で危機を乗り越える構想を練るが、阿部の死去、井伊直弼の出現で挫折。挙兵を準備中に病死する／尚古集成館蔵

松平慶永■文政11～明治23、号春嶽
御三卿の田安斉匡6男。天保9年福井藩主松平斉善の養子となり、同年16代藩主。中江雪江、橋本左内らを登用し藩政改革実行。ペリー来航時は開国拒絶論を展開したが、のち開国貿易論に転向、藩校明道館などを設け洋学の吸収を図る。しかし将軍継嗣問題で失脚隠居。その間、横井小楠を政治顧問とし藩内の殖産興業を推進、藩財政を好転させた。文久2年、政事総裁職として復活、参勤交代制の緩和、軍制・職制改革などを進めたが文久3年免職。戊辰戦争では内戦不拡大に努めた／福井市郷土歴史博物館蔵

阿部正弘■文政2～安政4、号裕軒
福山藩主、嘉永・安政期の老中首座。天保14年24歳で老中となり、弘化2年老中首座。川路聖謨、永井尚志、江川太郎左衛門、勝海舟ら微禄ながら有才の士を海防、外交などに登用。ペリー来航では対策を公開諮問するなど、開明的な施策をとった。松平慶永、島津斉彬、伊達宗城、山内容堂ら四賢侯といわれる大名と交流、幕政改革の意見を求める。再来日したペリーと日米和親条約を締結、本格的な開国に向け海軍力や軍備の増強を図るが、端緒についたとき過労で死去／阿部正道氏蔵、写真提供：福山市立福山城博物館

して蓄えてきたものである。

阿部正弘は早く他界したので、一橋派は松平春嶽と水戸斉昭、そして薩摩の島津斉彬が南紀派に対抗した。一橋慶喜は、新将軍候補として改革派のめざす目標をかざした。すなわち幕閣の独裁を排し、諸雄藩合議制による幕政改革をとげるというものである。南紀派は保守勢力を代表するものとしても、絶対に一橋派を排除すべく果敢に画策した。

一方、島津斉彬は藩の実力を背景に、一橋派の路線に乗って中央政権の機構に参画する野心を抱き、ついには安政五年（一八五八）七月、三千の精兵をひきいて上洛しようとする準備をととのえた。薩摩の武威を誇示して、一橋派を声援しようという実力行動に出ようとしたのである。

しかし大老の座を占めた豪腕の井伊直弼によって、問題は一気に決着にみちびかれた。日米友好通商条約の締結、十四代将軍に紀州の徳川慶福を据えることを強引に決定した直弼は、政争の報復にとりかかり血の粛清を、これから翌安政六年十月にかけて強行した。安政の大獄である。それは単に将軍継嗣問題にかかわって南紀派に反対した者への報復だけでなく、勅許なく条約を締結した幕府を指弾する攘夷派をはじめとする幕政批判勢力にたいする大弾圧だった。死罪・切腹・隠居・謹慎など連座して処罰された者は大名やその家臣、学者・志士も含めて七十五人におよんだ。斉昭・慶喜父子・春嶽から斉彬らまで報復の処罰はおよんだ。

安政の大獄は将軍継嗣問題の紛争に事寄せた幕政批判勢力の壊滅をねらい、幕府権力雑持のためのみ強行

島津久光■文化14～明治20
島津斉興の第3子。斉彬の弟。斉彬死去で子の忠義が藩主を継ぎ、藩主にはなれなかったが、「国父」として実権を握る。斉彬の意志を継ぎ文久2年挙兵上京。これを尊攘行動と見た有馬新七らの藩士を伏見寺田屋で討ち公武合体路線を明らかにした。幕府改革命令の勅使大原重徳護衛の名目で江戸入府、その帰路生麦事件を起こす。翌3年8月18日の政変で尊王攘夷で湧く京都を公武合体論で制圧。朝議参与の一員となるが翌年解体。その後藩論は西郷隆盛の倒幕路線へと転換する／尚古集成館蔵

井伊直弼■文化12～万延元
彦根藩主井伊直中の14男。32歳まで部屋住み、嘉永3年兄直亮の死で藩主となる。ペリー来航では開国せざるをえないのであれば幕府の専断で決定することを主張。安政5年4月大老に就任すると、ハリスと日米通商条約を仮締結、将軍継嗣問題では改革派の推す一橋慶喜をはね除け紀州藩主徳川慶福に内定。この措置を攻撃した水戸の徳川斉昭父子、尾張の徳川慶勝、越前の松平慶永、一橋慶喜らを蟄居や隠居に処し、改革派官僚を大量に罷免や左遷。さらに朝廷が幕府を批判する密勅を水戸藩に下した事件を反幕府陰謀として関係者を大量に逮捕。越前の橋本左内・長州の吉田松陰らを死罪に付した。万延元年3月3日桜田門外で水戸藩激派に襲われ死去／豪徳寺蔵

徳川斉昭■寛政12～万延元、号景山
徳川治紀第3子。賢才の誉れ高く、文政12年藤田東湖らの推戴で水戸藩主となる。改革派藩士を登用、兵制を洋式に改め、民政に意を注ぎ、尊王精神を理念とする教育方針を明らかにするが、財政が行き詰まり、天保15年隠居。嘉永2年再び藩政に関与、ペリー来航により幕府参与となる。安政2年の大地震で東湖ら股肱の臣を失う。翌3年門閥派家臣を死罪、反対派を封殺。5年6月には井伊大老の日米通商条約調印を不時登城で難詰し、謹慎を命じられるが、謹慎中に朝廷に謹慎解除取扱を密かに働きかけた疑いで永蟄居となる。安政6年水戸藩に下付された密勅をめぐり幕府と対立、万延元年3月政敵井伊大老暗殺に発展。同年8月心臓発作で死去／幕末と明治の博物館蔵

された白色テロだった。それを手がけた井伊直弼をはじめとする幕府官僚には、国家観念のひとかけらもみられない。二世紀半にわたってよどんだ幕藩政治の終末に近い姿だったのだ。大獄は幕府がみずからの墓穴を掘る結果ともなった。

　万延元年（一八六〇）三月三日、春にはめずらしい大雪の朝、午前九時ごろ直弼は六十余人の供に守られて外桜田の彦根藩江戸上屋敷を出発した。水戸浪士関鉄之介をはじめとする十八人は、直弼の駕籠が上杉邸にさしかかったとき、物影から飛び出して行列を襲い、激闘のすえついに直弼の首を打った。彦根藩側の死者は四人、負傷者四人、浪士側の即死者は一人、重傷を負って引き上げる途中に自決したのは、薩摩からただ一人参加した有村次左衛門である。

龍馬脱藩

　安政の大獄最後の処刑者となった吉田松陰は、この時期長州藩がだしたたった一人の犠牲者で、長州藩はいぜんとして傍観をつづけている。また、大獄中の安政五年七月に斉彬が急死した薩摩では、斉彬と藩主の座を争った異腹の久光が藩政を牛耳るようになる。彼は斉彬の遺志を継いでやはり幕府寄りの公武合体策をとった。

　大老井伊直弼が暗殺されてから国内情勢は急変した。弾圧を受けて萎縮したかに見えた尊攘派の反動がにわかに噴出し、報復としての暗殺が横行するなど、ほとんど手がつけられない状態となる。大獄犠牲者の復権もおこなわれ、尊攘の志士たちが闊歩する時代を現出

桜田門外之変図／茨城県立図書館蔵

した。それは幕府の権威が薄れつつあることをも意味している。

長州藩では高杉晋作や久坂玄瑞ら松陰門下の若者を中心に藩論はしだいに反幕路線をたどりはじめる。坂本龍馬のふるさと土佐藩でも山内容堂の親幕的な姿勢は変わらないが、下級武士の武市瑞山（半平太）らの土佐勤王党を中心とする過激な政治運動もみられるようになっている。

龍馬は大獄の嵐が吹き荒れるころの安政五年九月に江戸を離れ、高知に帰った。そして井伊暗殺を知った翌年の文久元（一八六一）年九月、土佐勤王党に加盟したが、しきりに要人の暗殺をくわだてたりする武市らのやり方に、疑問をいだくようになる。ついに翌文久二年二月、勤王党を抜ける意思を表明し、四月には脱藩を決行した。下関に直行し、勤王商人として知られる白石正一郎をたずねた。郷士身分でいやしめられる藩の束縛をのがれて、自由な浪人の生活に入ったも

高杉晋作■天保10～慶応3、号東行
長州藩士高杉小忠太の長男。藩校明倫館に学び、松下村塾では久坂玄瑞とともに松門の双璧といわれる。万延元年江戸留学の帰途佐久間象山や横井小楠を訪問。文久元年上海渡航。翌2年永井雅楽の航海遠略策を批判、藩論を尊王攘夷に転換する。文久3年5月奇兵隊創設、四国連合艦隊の下関攻撃では講和交渉の正使。慶応元年、恭順派の藩権力に対し奇兵隊を率い反乱、倒幕派政府を樹立。翌2年第2次征長戦で幕軍を圧倒したが、3年結核で永眠／写真提供：霊山歴史館

吉田松陰■天保元～安政6、諱矩方
長州藩士杉常道の子。6歳で叔父吉田大助の養嗣。叔父玉木文之進の英才教育を受け幼少のうちに藩校明倫館に出勤。18歳で山鹿流軍学免許皆伝。嘉永3年九州遊歴し葉山左内、宮部鼎蔵らと知り合い、翌4年江戸留学では佐久間象山らに師事、思想家として飛躍。ペリー来航の6年に再度江戸留学、海外密航を企てるが失敗、入獄。安政2年幽居となり、松下村塾を主宰、高杉晋作、久坂玄瑞らを育てる。同6年安政の大獄で刑死／京都大学附属図書館蔵

久坂玄瑞■天保11～元治元、諱通武
長州藩医師久坂良迪2男。藩校明倫館や医学所に学び、九州遊歴後松下村塾に入門。松陰に最も愛され、「防長第一流人物」と称えられ松陰の妹を妻に迎える。松陰死後尊王攘夷派の旗頭となり、文久2年高杉晋作とともに藩論を尊王攘夷に転換。京都で朝廷工作にあたるが、翌3年の8月18日の政変で帰国。元治元年禁門の変に自刃／写真提供：県立山口博物館

武市半平太■文政12～慶応元、号瑞山
土佐藩白札郷士。長岡郡仁井田郷の武市正恒長男。嘉永元年城下に剣術道場を開き藩内各地で指導。安政3年江戸の桃井道場に入り塾頭。文久元年土佐勤王党結成、同年土佐に帰り多数の加盟者と同調者を得、一藩勤王を目指す。参政吉田東洋を暗殺し藩政を転換、8月上京し朝廷工作に奔走のかたわら佐幕派暗殺を謀る。文久3年京都留守居役となるが、山内容堂の尊攘派弾圧が始まり8月18日の政変後投獄、慶応元年切腹（詳細は174ページ）／高知県立歴史民俗資料館蔵

のの、このときの龍馬はまだ確たる思想を抱いているわけではない。いわゆる「自分さがし」の旅といってよかった。下関から薩摩にむかうが、閉鎖的な隼人の国は浪人を入れてくれない。

文久二年四月といえば、長州藩の高杉晋作が、幕府の使節船に乗り組んで、清国の上海に渡航したころである。高杉にしても行動の目標が定まらず、江戸でぶらぶらしているうちに、上海行きの話がまわってきたので飛びついた。

高杉はアヘン戦争いらい欧米列強によって半植民地化した上海の予期しない光景を目撃、強烈な衝撃をあじわった。「清国の次は日本かもしれない」という対外危機感に目覚めた高杉の志士としての行動ははじまったのである。

帰国した彼はその年十二月、江戸品川に完工したばかりの英国領事館を久坂玄瑞ら長州藩の若者十三人とともに焼き打ちにするなどの過激な攘夷運動を開始した。江戸から京都に移った高杉は入京中の将軍を暗殺するなどと騒いでいたが、突然出家したりしたあと十年間の暇をもらって、文久三（一八六三）年四月、萩に帰国した。幕末動乱の皮切りとなる開門海峡での長州藩による攘夷戦がはじまるのは、その二か月後である。

暴走を開始した長州藩は、五度にわたる外国艦船との交戦を経て、翌元治元年八月に英仏蘭米四国連合艦隊の下関襲撃で惨敗、ここから攘夷を捨て対幕戦にむきなおった。しかしその間、京都を追放される八・一八政変、禁門の変、連合艦隊の襲撃などによる敗北に

絵入りロンドンニュースに掲載された四国連合艦隊の低地砲台占領の図／『イラストレイテッド・ロンドン・ニュース』、神奈川県立博物館蔵

うちひしがれている長州藩に、幕府は長州征伐令（第一次）を出して総攻撃の構えをみせた。元治元（一八六四）年十一月は、長州藩が最初の存亡の危機を迎えたときである。

このとき薩摩は会津藩とともに反長州の旗を立てている。薩摩は文久いらい中央進出のライバルだった長州を叩きつぶそうとする動きを見せたが、じっさいには微妙な空気がそよぎはじめていた。薩摩がようやく幕府というものに愛想をつかしていたのである。

どうやらこのあたりで坂本龍馬登場の舞台装置が整いかけてきた。それは龍馬と勝海舟、西郷隆盛、桂小五郎といった人物群との相関関係によってもたらされる状況である。スイッチ・バックして土佐脱藩後にたどった龍馬の行動を追わなければならない。

海舟・西郷・龍馬の出会い

脱藩後、下関から薩摩にむかった龍馬は、入国を拒否されたので取って返し、剣術修行時代に親交をもった千葉重太郎を頼って江戸へ出た。重太郎は著名な剣客千葉定吉の子である。龍馬は重太郎にさそわれて、越前藩主の松平春嶽に会う。さらに春嶽から紹介されて勝海舟と会い、その識見に魅せられて海舟の門下となった。

元治元年五月、勝海舟は軍艦奉行を命ぜられ、さらに神戸に幕府の海軍操練所の開設となる。海舟が将軍家茂に直訴して実現した施設で、海舟の門下である龍馬は片腕としてはたらいた。

龍馬が姉の乙女にあてた手紙に「日本をいまいちど

神戸海軍操練所建物遺構●元治2年3月廃止された神戸海軍操練所の跡地は，神戸が開港されたのち、イギリス領事館の敷地となった。領事館は明治7年までこの地にあったが、その間操練所時代の建物はそのまま使われていたらしい。翌8年石井村・奥平野村・夢野村共立湊山（そうざん）小学校（現在の神戸市立湊山小学校）が奥平野村字堂佛（現湊山町）に移転するにあたり、取り壊されることになっていた旧操練所建物を購入し、校舎とした。それがこの写真の建物である。写真は、尋常・高等小学校となり同小学校が、明治32年雪御所（現在地）に移転する際、由緒あるかつての操練所の建物であるということで、時の校長が記念に撮影したものである（128ページ参照）／写真提供：土居晴夫

洗濯し、正しい国家のすがたにしなければならないと思っている」と書いたのはこのときである。また龍馬が海舟の紹介で薩摩の西郷に会ったのもそのころだった。

しかしその年十二月、海舟は軍艦奉行の職を罷免され、翌慶応元年三月には神戸海軍操練所も廃止となった。操練所に幕府に反抗する諸藩の浪士がいたり、幕臣でありながら「幕府はもうだめだ」などと公言する海舟の振る舞いが重臣たちに憎まれていたのである。

操練所が解散したので、龍馬をはじめ彼から誘われた土佐脱藩の浪士たちは行き場を失った。龍馬は同志の身の振り方を海舟に相談した。薩摩の船を借りて海運業をやりたいと言うのだった。それはかねてから龍馬が練っていた計画である。そこで海舟は、彼らを西郷に預けたのだ。神戸の海軍操練所で学んだ技術者集団の売り込みに、薩摩が食指を動かさないはずはなかった。西郷は小松と相談の上、龍馬らを引き受けることにした。いずれ鹿児島につれ帰るつもりだが、それまではしばらく期間があるので、彼らを大坂土佐堀にある薩摩藩邸に匿った。

翌慶応元年（一八六六）四月のある日、京都藩邸から大坂にやってきた吉井幸輔が、めずらしい人に会わないかと龍馬に言った。土佐脱藩の中岡慎太郎と土方《ひじかた》楠左衛門の二人が、京都の藩邸にきているという。龍馬は喜んで京都に行き、彼らと再会した。

中岡と土方は薩摩と長州を和解させ、幕府に対抗する一大勢力をつくりあげ、政局の転換をはかるという当時では途方もないことをもくろんでいたのだ。それ

小松帯刀■天保6～明治3、諱清廉
薩摩藩喜入領主肝付兼善の子。吉利領主小松清猷の養子となる。文久元年島津久光の側役に登用され、文久2年西郷を大島から召還、西郷、大久保らを藩政に登用する。久光の挙兵上京に随行後家老に昇進、京都での外交に従事。神戸海軍操練所廃止後の龍馬らを引き受け、亀山社中を結成。龍馬から提案された薩長同盟案を受け第2次征長出兵拒否に藩論をまとめ、慶応2年1月京都で同盟締結。翌3年倒幕計画を進めながら土佐藩の大政奉還案にも同意する二面外交を展開。維新後は参与、総裁局顧問を務めたが、明治3年病没。

西郷隆盛■文政10～明治10、号南洲
薩摩藩士西郷吉兵衛長男。安政元年島津斉彬の側近となり、将軍継嗣問題で奔走するが、井伊直弼の大老就任で挫折。斉彬急死後の安政5年11月僧月照と入水するが蘇生し、奄美大島に亡命。文久2年鹿児島に帰り、久光の挙兵上京に反対するが成らず、有馬新七らの京都義挙中止を求めて無断上京し、徳之島、沖永良部島に流罪。元治2年赦免され、禁門の変に参加。第1次征長戦では不戦解兵を決定、翌年の第2次征長戦では出兵拒否を幕府に通告。この間龍馬らの仲介で進められた薩長同盟を慶応2年1月結ぶ。同3年5月武力討幕を目指す薩土盟約を結び、以降武力倒幕路線を取る。王政復古後旧幕府を挑発して開戦、翌4年2月東征大総督府参謀として江戸に出発、3月13・14日の勝海舟との会談で江戸無血開城を決める（詳細は175ページ）／黎明館蔵

勝海舟■文政6～明治32、諱義邦
幕府御家人勝小吉長男。島田虎之助門で直心影流免許皆伝。苦学して蘭学を学び、嘉永3年蘭学塾を開く。安政2年7月長崎海軍伝習所入所。万延元年咸臨丸艦長として渡米。講武所砲術師範役、軍艦操練所頭取を経て文久2年軍艦奉行並。翌3年4月神戸海軍局建設の許可を得、元治元年5月操練所を稼動するが、11月罷免され操練所は廃止。慶応2年5月、軍艦奉行に再任され、厳島で第2次征長戦を調停。同4年敗走した徳川慶喜に恭順の姿勢を取らせ、3月13・14日西郷と会談、江戸無血開城を決める（詳細は175ページ）／福井市立郷土歴史博物館蔵

を薩摩にもちかけるための藩邸訪問だが、西郷はじめ薩摩の人々は明確な返事を与えていない。

何しろ敵対関係にあった長州との和解は、薩摩にとっても大問題である。「薩賊」と呼んで薩摩への憎悪をつのらせている長州が承知するはずもない。第一次長州征伐で、西郷が取り計らった好意的な措置も、彼らにはまだ通じていないだろう。

「しかし、妙案だな」と、龍馬はうなずいた。幕府のつまらなさについては勝海舟からよく聞かされていたし、その海舟さえ軍艦奉行をおろされ海軍操練所も閉鎖された。時代に逆行する幕府に愛想が尽きたというときだから、中岡らの薩長和解案に龍馬が強く共鳴したのは当然である。

薩摩の意思をたしかめることができないまま、中岡と土方は京都を去り、西郷は家老の小松帯刀とともに大坂にむかう。鹿児島に帰る薩摩の軍艦胡蝶丸には、約束通り龍馬らも同乗させた。これで龍馬には二つの新しい道がひらけた。その一つは海援隊という武装商船団の開設、いま一つは薩長連合の仲介という大仕事のきっかけをつかみ、日本史にその名をとどめることになるのだ。

鹿児島城下の西郷宅に滞在した龍馬にとっては、薩長和解の件をじっくり話しあう絶好の機会だった。納得した西郷は長州との和解が趨勢に沿うものだという藩内の意見をまとめて、龍馬にその周旋を一任した。

また、薩摩藩が後押しして、長崎を根拠とする龍馬たちの事業を開始することも話が決まり、一行はただちに出発した。土佐海援隊の前身「亀山社中」の発足で

土方久元■天保4～大正7
土佐藩用人格土方久用の子。江戸で佐藤一斎に儒学、若宮壮吉に兵学を学ぶ。文久元年土佐勤王党に加盟、同3年藩命で上京、三条実美、姉小路公知ら尊攘派公卿に出入り。帰藩を命じられるが帰らず、三条家の徴士となり、学習院御用掛を任じられる。8月18日の政変で七卿に随行し周防三田尻、元治元年には筑前太宰府に随従。中岡慎太郎とともに薩長連合を図り、討幕派の影の立役者となる。維新後は農商務大臣、宮内大臣、枢密顧問官等を歴任。

中岡慎太郎■天保9～慶応3、諱道正
土佐藩大庄屋中岡小伝次の長男。間崎哲馬に儒学、武市半平太に剣を学ぶ。文久元年土佐勤王党に加盟、同2年10月には「五十人組」を結成し上京後、江戸で久坂玄瑞と交流、松代に佐久間象山を訪問。文久3年他藩応接役となるが、土佐勤王党弾圧が始まると脱藩し、長州に走る。禁門の変では遊撃隊に参加、11月忠勇隊隊長。12月には西郷と高杉の会見を実現、以降薩長同盟に奔走。また三条実美と岩倉具視の和解や討幕の薩土密約を主導。慶応3年7月土佐藩白川抱屋敷に陸援隊を結成し討幕挙兵に備えるが、11月15日京都近江屋で暗殺される（詳細は178ページ）／中岡慎太郎館蔵

山内容堂■文政10～明治5、諱豊信
四賢侯の一人。山内家支族山内豊著長男。相次いで死去した藩主の山内豊熙・豊惇の跡を襲い第15代土佐藩主となる。吉田東洋を参政に登用し藩政改革を実施、将軍継嗣問題では一橋慶喜を推すが、挫折し謹慎。文久2年復帰し、公武合体派の重鎮となり、後藤象二郎、乾退助らも起用。翌3年8月18日の政変を契機に土佐勤王党を弾圧。慶応3年龍馬建策の大政奉還論を支持し、幕府に建白、実現させた。維新後は内国事務総裁、議事体制取調方総裁などを歴任／高知県立歴史民俗資料館蔵

ある。

薩長和解の周旋という大任を背負った龍馬は、長崎のことを他の同志にまかせて、自分は陸路太宰府にむかった。三条実美ら五卿に会い、了解をとりつけておこうとしたのだ。長州藩を賛成させるには、この公家たちを引き込む必要があると龍馬は考えた。根回しである。

長州藩と同様、薩摩と会津によって京を追われた五卿たちは、案の定すぐには首をたてに振らなかった。熱弁をふるって五卿を説き伏せた龍馬は、下関に急いだ。白石正一郎の家で長州藩の桂小五郎と会い、薩摩の意思を伝えて和解をすすめるつもりである。桂とは互いに剣客の名を江戸で鳴らしているころからの顔見知りだったから、話はよく通ずるだろうという期待もある。

白石邸に行くと、意外にもそこへ土方楠左衛門がいた。中岡が薩摩をまわって西郷をつれてくることになっており、桂にもそのことを連絡済みで、二日前からこうして待っているのだという。薩長和解に西郷が同意し、薩摩藩もその方向に進んでいることを龍馬から聞かされて、土方は事が成就したように喜んでいる。そのうちに桂もやってきた。三人で待っていたが、肝心の西郷が姿をあらわさない。もともと桂は乗り気ではなかったのである。京都で煮え湯を飲まされた彼は、薩摩をだれよりも憎んでおり、感情的になっている。しかし雄藩連合はかねてからの桂の、持論である。薩摩と手を組めば対幕勢力とし

三条実美■天保8～明治24、幼名福麿　右大臣三条実万の第4子。母は土佐藩第11代藩主豊策の娘。勤王家富田織部に教育を受ける。兄公睦の病死で世嗣となり、嘉永7年昇殿を許され、しだいに尊王攘夷派公卿の中心となり活躍。文久2年には公武合体派公卿を弾劾、攘夷督促の勅使として土佐藩主山内豊範を護衛に江戸に下る。文久3年3月の将軍上洛以降、攘夷期限の実行・天皇の大和行幸を画策したが、公武合体派の結束で8月18日の政変が起き、長州に下る。元治元年の第1次征長戦で太宰府に移され王政復古まで幽居。この間中岡慎太郎の仲介で岩倉具視と和解提携し、討幕のため策動。維新後は常に名目上の政府の最高責任者を務めた／写真提供：霊山歴史館

亀山社中旧蹟●神戸海軍操練所廃止後、龍馬ら勝海舟の塾生たちは身の置きどころを失い、高松太郎の周旋で薩摩藩大坂蔵屋敷に匿われることになった。薩摩藩では薩英戦後の海軍建て直しの時期にあり、海舟の海軍塾修業生は渡りに船だったようだ。亀山社中は薩摩藩の外郭団体として長崎での貿易を主任務とし、また政治的には薩長和解の路を開くために設けられた商社兼運輸業者的な存在だったといえる。ただ、その中途半端な位置付けのために、薩長同盟成立後は存在意義を半減し、所属船ワイルウエフ号の遭難も相俟って経済的に苦境に追い込まれることになった。慶応3年土佐藩重役福岡藤次の建言もあり、社中は土佐藩の外郭団体・土佐海援隊として改組されることになる

てこれ以上のものはない。目的の前に私情を押さえるだけの冷静さもある男だった。とにかく会うだけはと、やってきたのだが十日余り経っても西郷が到着しないので、桂は山口に帰ると言いだした。土方と龍馬が何とか彼をなだめているうちに、十五日過ぎた閏五月二十一日になって中岡慎太郎が一人で憂鬱そうな顔を白石家に出した。西郷は京都に急用ができたといって、豊後の佐賀関で中岡を下船させ、そのまま行ってしまったという。

「やはり薩摩とはそういうものだ」と桂は怒った。急用というのは嘘で、西郷はすぐに桂と会い和解を取り決めるのを避けたのである。桂はもう投げてしまっている。

「では薩摩が誠意をみせれば、考えなおしてくれますか。あなた方が欲しがっている新式小銃を薩摩の名で亀山社中が買い、長州藩に売ることはできる。薩摩がそれに同意してくれればの話だが」

この意表をついた提案に、桂はおどろいて坐りなおした。喉から手が出るほど欲しい武器だ。幕府の第二次長州征伐に備えて、軍備の充実を急いでいる長州は、旧式銃を廃棄して、ミニエー銃に切り換えるべく、長崎の英国武器商人グラバーからそれを購入しようとしていた。

この時期、薩摩はグラバーと自由に取引きしていたので、その名義を借りればいくらでも銃は手に入る。龍馬たちが長崎に創設した亀山社中が転売する方法をとればよいのだった。龍馬としては発足したばかりの

桂小五郎（木戸孝允）■天保4～明治10 長州藩医師和田昌景2男。隣家の桂九郎兵衛の養子となり家督を継ぐ。吉田松陰に兵学を、剣術は江戸の斉藤弥九郎門に入りその塾頭。江川英龍に西洋兵術を学び、諸藩の志士と交流を深める。文久2年藩論を尊王攘夷に転換する際の主導者。その後京都で藩政の中枢を担う。同3年8月18日の政変で長州藩が追われたのちも京都藩邸に残り、裏工作を継続。元治元年6月池田屋事件では危く難を逃れ、7月の禁門の変では愛妾幾松の庇護を受け数日間京都に潜伏。長州に戻るのは高杉晋作らのクーデター成功後の慶応元年。この年木戸姓に改め、藩政改革の中心となる。慶応2年1月京都に潜入し薩長同盟を締結。維新後は政府の中心にあり、版籍奉還や廃藩置県など重要な事案を主導した（詳細は176ページ）／写真提供：霊山歴史館

白石正一郎邸海門●白石正一郎は長州支藩清末領竹崎で廻船問屋を営む富商。西南諸藩と広く交易をする傍ら、若くして鈴木重胤に国学を学んだ熱心な尊王家。尊王攘夷派志士で彼の庇護を受けない者はいないといわれ、龍馬も脱藩後、白石邸の世話になった。文久3年の奇兵隊結成もここで行われ、正一郎は弟廉作とともに入隊、本陣に屋敷を提供するなど物心両面から高杉らを支援した。その結果、千両もの負債をつくり破産し、維新後は赤間神宮宮司となった。しかし維新成立への役割は大きい／萩市立郷土博物館蔵

亀山社中の初仕事となり、薩長和解のきっかけにもなるというまさに一石二鳥の名案である。

白石邸で土方とわかれた龍馬と中岡は下関から海路大坂にむかい、京都に入って薩摩藩邸の西郷を訪ねた。西郷はすでに薩長和解について大久保とも話し合い、その同意を得て態勢はすっかりその方向にかたまっている。長州藩の武器購入のことは簡単に片づき、西郷はさっそく長崎にいる小松帯刀に連絡した。

龍馬からは亀山社中に連絡すると同時に、桂に結果を知らせ長州藩から武器受け取りのため長崎に人をやるように指示した。このとき長崎に行ったのは伊藤俊輔（博文）と井上聞多（馨）で、グラバーからミニエー銃四千三百挺、ゲベール銃三千挺を買い取った。これが対幕戦、そして戊辰戦争に威力を発揮するのである。

慶応元年十一月七日、幕府は勅許をかざして第二次長州征伐令を発し、三十一藩に出兵を命じた。こんどこそ戦争になるが、薩摩は動かない。征伐令が出た日と同じころ、龍馬が京都薩摩藩邸にやってきた。西郷

トーマス・グラバー■天保9～明治44 スコットランド出身。安政6年長崎開港と同時に来日して商売を始め、西南雄藩を相手に武器を商う。文久2年生麦事件で薩英間を仲介、薩摩藩を最大の顧客とした。薩長同盟に際し、銃・弾薬・蒸気船を亀山社中を通じて薩摩名義で長州へ売却、同盟成立の重要なファクターとなった。明治元年戊辰戦争による需要を見越して大量に武器を購入したが、見込みがはずれ倒産。その後三菱の技術顧問、麒麟麦酒会社会長となる／長崎県立長崎図書館蔵

大久保一蔵■天保元～明治11、諱利通 維新三傑の一人。薩摩藩御小姓組大久保利世長男。弘化3年記録書書役助として出仕するが、父が「おゆら騒動」に連座し免職。嘉永4年斉彬によって復職。島津久光の人材登用で藩政の前面に出る。文久2年久光の上京に随行、帰国後、薩英戦争を全面指揮。同3年8月18日の政変以降は公武合体運動に着手、岩倉具視と提携し朝廷工作に意を注いだ。維新後は盟友西郷隆盛と征韓論をめぐり対立、西南戦争で武力鎮圧。翌年私利を肥やすとして不平士族に暗殺されるが、残っていたのは借金の山だったという／大久保利泰氏蔵

幕末の長崎の町と長崎湾●ベアトが風頭山から撮影した。右方に出島や長崎奉行所西役所の建物が見える。ベアトによる1866年3月の書き込みがあり、和暦では慶応2年1月15日～2月15日の間。ちょうど龍馬が京都で薩長同盟締結に立ち会っていた前後の時期にあたる。和暦の3月20日、長崎では薩摩藩名義で購入したワイルウエフ号が亀山社中に貸与されており、湾内にひしめく西洋型帆船のなかに同船が写っている可能性もある／長崎大学附属図書館蔵

に会うなり彼は長州の情況を告げ、薩長が和解し連合することを急がせた。西郷にもむろん異存はない。「ついてはだれか迎えの者を長州にやって、薩摩から招くというかたちを取れないだろうか」と龍馬は提案した。勝手に乗り込んでくることをためらっている長州の空気を察したからである。西郷は快諾した。そこで黒田了介（清隆）が長州に行き、桂小五郎をつれて京都にもどってくることになった。

薩摩が長州に迎えの人をやることが決まって、龍馬はほっと一息ついた。これで薩長連合は成立するものと安心した彼は、桂がやってきて西郷と話しあうころにまた来ると言いのこして、十一月二十四日に大坂を出発、長崎にむかった。薩長の周旋に奔走し、亀山社中のことは同志にまかせきりになっている。一段落ついたところで、本業にもどろうというのだった。

薩長連合成る

黒田に伴われた長州の一行――桂小五郎、三好軍太

伊藤俊輔■天保12～明治42、諱博文
長州の貧農の家に生まれ、父十蔵が足軽伊藤家を継ぎ、伊藤姓となる。松下村塾に入門、文久2年高杉晋作らと英国公使館焼打に参加。翌年藩命で英国留学、馬関戦争の報を聞き急遽帰国、講和交渉にあたる。薩長同盟では長崎で亀山社中斡旋の武器を受け取る。維新後は要職を歴任、明治18年初代総理大臣に就任／写真提供：霊山歴史館

薩摩藩京都屋敷跡●薩長和解のために慶応元年11月初旬、龍馬が長州から駆けつけた二本木の藩邸。その意を受けて黒田了介とともに京都に潜入した桂小五郎、三吉軍太郎、品川弥二郎は慶応2年正月8日からここに滞在し、薩摩藩の丁重なもてなしを受けたが、話し合いは進展せず、同月21日（あるいは22日）、龍馬が現れて初めて薩長同盟の密約が成立した。屋敷跡は現在同志社大学の敷地になっている

井上聞多■天保6～大正4、諱惟精
長州藩士井上五郎次男。青年期志道慎平の養子となるが、幕末旧姓に戻る。文久2年英国公使館焼打ちに参加、翌年英国留学するが伊藤同様帰国、講和交渉に奔走。元治元年、俗論党の刺客に襲われ重傷を負うが一命を取り留める。慶応元年薩長同盟で伊藤とともに長崎で薩摩名義の銃を受け取り、ユニオン号購入で近藤長次郎と「桜島丸条約」を結び、のちに問題になる。維新後要職を歴任／写真提供：霊山歴史館

郎、品川弥二郎——が京都薩摩藩邸に入ったのは、年が明けて慶応二年（一八六六）一月八日である。

西郷は丁重に彼らを遇し、朝夕の食事も贅を尽くしたものだった。さっそく桂から話を切り出してくるだろうと待ち構えていたが、ひたすら黙りこんだままだ。妙な雰囲気となって十日ばかりも経ってしまった。そのころ、坂本龍馬が血相変えて西郷のところにあらわれた。

「天下のために連合を周旋し、両藩の要人を会わせたというのに、区々たる感情に溺れて、肚《はら》を割れんとは何事ですか！　長州の連中はもう帰り支度をしていますぞ」

「残念だが、縁がなかったということだろう」

「桂はこう言っている」

と、龍馬は西郷を睨みつけた。その朝、長州の者が旅支度をしているところへ飛び込んだ龍馬は、西郷に言ったことと同じような言葉で怒鳴りつけた。すると桂は「坂本さん、私の考えはこうです」と激昂する龍馬にむきなおった。「今、長州藩にとって天下はすべて敵にまわっている。幕府軍が四境にせまるとき、藩民は一死もってこれに当たる覚悟を定めているが、もとより活路があるなどとは考えていない。長州は危険の極みに立たされている。このようなとき、薩摩に低頭してまで、彼らを危険に引きずり込むことができるだろうか。薩摩がみずから手をさしのべてくれたと思ったからこそ、われわれは救いをもとめにやってきた。しかるに薩摩はお前たちがまず手をついて憐れみを乞えという態度ではありませんか。長州人にも誇りはある。それを捨ててまで、命を助かろうとは願わない。このまま長州は滅びてもよいのです。薩摩が残って幕府を討ってくれるなら、われわれに憾みはないのです」

龍馬は目をうるませながら、その桂の言葉を薩摩に告げ、そして言った。

「長州の立場を哀れと思いませんか。桂らは旅支度を解かずに待っています」

「わかり申した」

黒田了介■天保11〜明治33、諱清隆　薩摩藩士。西洋砲術を学び、薩英戦争に従軍。薩長同盟では慶応元年12月、西郷の使いで長州に赴き、木戸や品川弥二郎を藩船三邦丸で京都に運んだ。戊辰戦争では品川弥二郎とともに北陸道先鋒総督参謀となり転戦、庄内藩に寛大な処置を行い、のちの薩摩庄内提携のきっかけをつくった。箱館では敵将榎本武揚から『海律全書』を贈られたのをきっかけに、榎本らの助命運動を展開。写真は助命のため頭を丸めたときのもの。明治3年北海道開拓使長官になり、榎本ら箱館の降将を多数配下に置いた。明治21年薩摩人として初の総理大臣／北海道大学附属図書館蔵

西郷はひとことつぶやき、深くうなずいた。

小松帯刀、坂本龍馬らの立会いのもとに話しあいが始まると、開口一番、桂は過去長州藩に対してとりつづけた薩摩藩の行動を論難した。それは溜まっていたものを吐瀉するような勢いで、長州人桂小五郎の口を着いて出る痛切な薩摩批判だった。虚心に手をにぎりあうために、敢えて言っておきたい、それで事が破れるならやむを得ないという彼の悲壮な決意とも見えた。歴史を旋回させる両雄の息づまる会談である。

「ごもっともでごわす」

西郷は、静かな声で、それしか言わなかつた。

「幕長戦が開始されれば、薩摩は幕府に対抗し得る兵力を京都周辺に配置し、朝廷に対して長州藩のために周旋する。われわれの行く手を遮る者とは武力で対決しよう。薩長互いに誠心協力することを約す」という薩長同盟の密約が成立したのは、慶応二年（一八六二）一月二十一日の夕刻近いころだった。

長州軍が寡兵よく幕府の大軍を撃退し得たのは、龍馬を通じて薩摩から提供された新式小銃の威力によるものであったことはいうまでもない。

第二次長州征伐の失敗は一挙に幕府の衰亡をうながした。その後、薩摩からは五代才助（友厚）が龍馬とともに長州藩との折衝にあたり、蒸気船、旋条砲、弾薬など大量の武器を長州に持ち込んできた。かつてのライバルは同盟国としての交流を深め、互いに力を鼓舞してきたるべき日に備えたのである。

維新史において龍馬が果たした第一段階の役割はここまでである。このあと、「船中八策」を後藤象二郎にさずけて新国家建設の大綱をしめすなど第二段階の活躍期に入り、そして惜しくも非業の最期をとげることになる。この両段階の意義の軽重を問うことはむつかしいが、あえて断定すれば、龍馬の功績の最たるものは薩長連合を仲介しそれを成功させたことであろう。薩長連合は幕末の政局を劇的に旋回させた両藩における最大の政治決定だつた。そしてそれは坂本龍馬抜きの成就は、決してあり得なかったのである。

五代才助（友厚）■天保5～明治18
薩摩藩儒者五代直左衛門秀堯の次男。安政2年長崎海軍伝習所に入り勝海舟や榎本武揚の知遇を得る。文久2年幕府の千歳丸で上海を視察、帰途ドイツ船や武器を購入して帰国。薩英戦争ではイギリス軍の捕虜になり、横浜で解放。その後留学生のイギリス派遣を藩に建言し、慶応元年1月グラバーの斡旋で五代ら19名が渡英、翌年帰国した。維新後は主に大阪で産業界の発展に尽くした／黎明館蔵

後藤象二郎■天保9～明治30、諱元曄
土佐藩馬廻組後藤助右衛門の子。義理の叔父吉田東洋の教えを受けて育ち、安政5年東洋の藩政復帰後、新おこぜ組として藩政改革を担う。文久2年東洋暗殺で辞職、江戸で蘭学や洋学を学ぶ。元治元年土佐勤王党を一掃した山内容堂に登用され、大監察、参政と進み、武市半平太らを厳しく断罪。また開成所の運営をまかされ、たびたび長崎に出張、艦船等を買い付けた。長崎で龍馬と会見、脱藩罪を赦免、亀山社中を土佐藩海援隊に改組した。また龍馬の船中八策を受け、容堂に大政奉還建白を建言、10月3日老中板倉勝静に提出、同月14日の大政奉還となった。維新後は征韓論で破れ下野し、自由民権運動に走ったが、黒田・伊藤内閣の大臣を務めるなど、複雑な軌跡を歩んだ（詳細は182ページ）／高知県立歴史民俗資料館蔵

龍馬三十三年の生涯

3 坂本龍馬が目指していたものとは何か

小椋　克己
坂本龍馬記念館館長

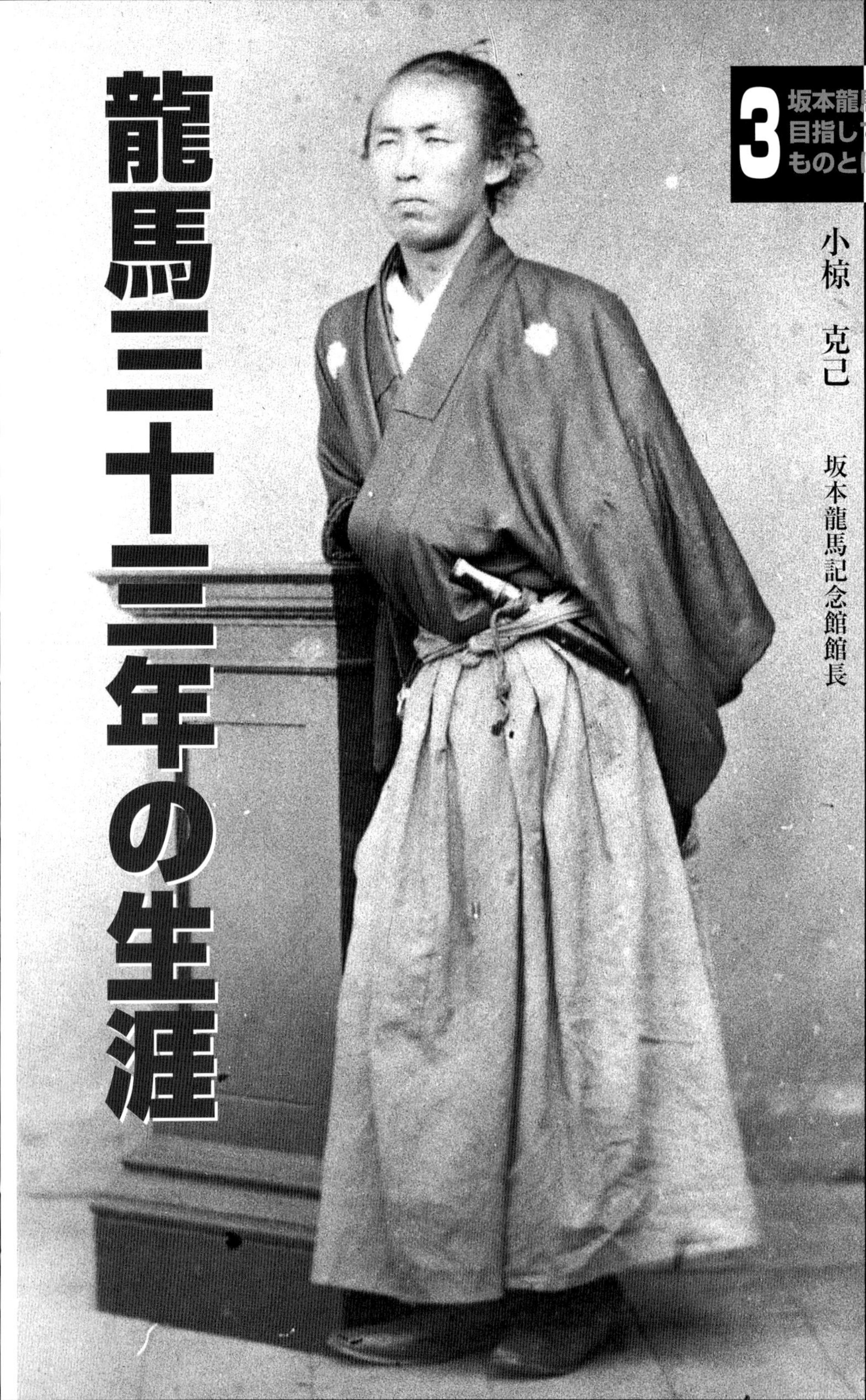

坂本家略系図

土居晴夫

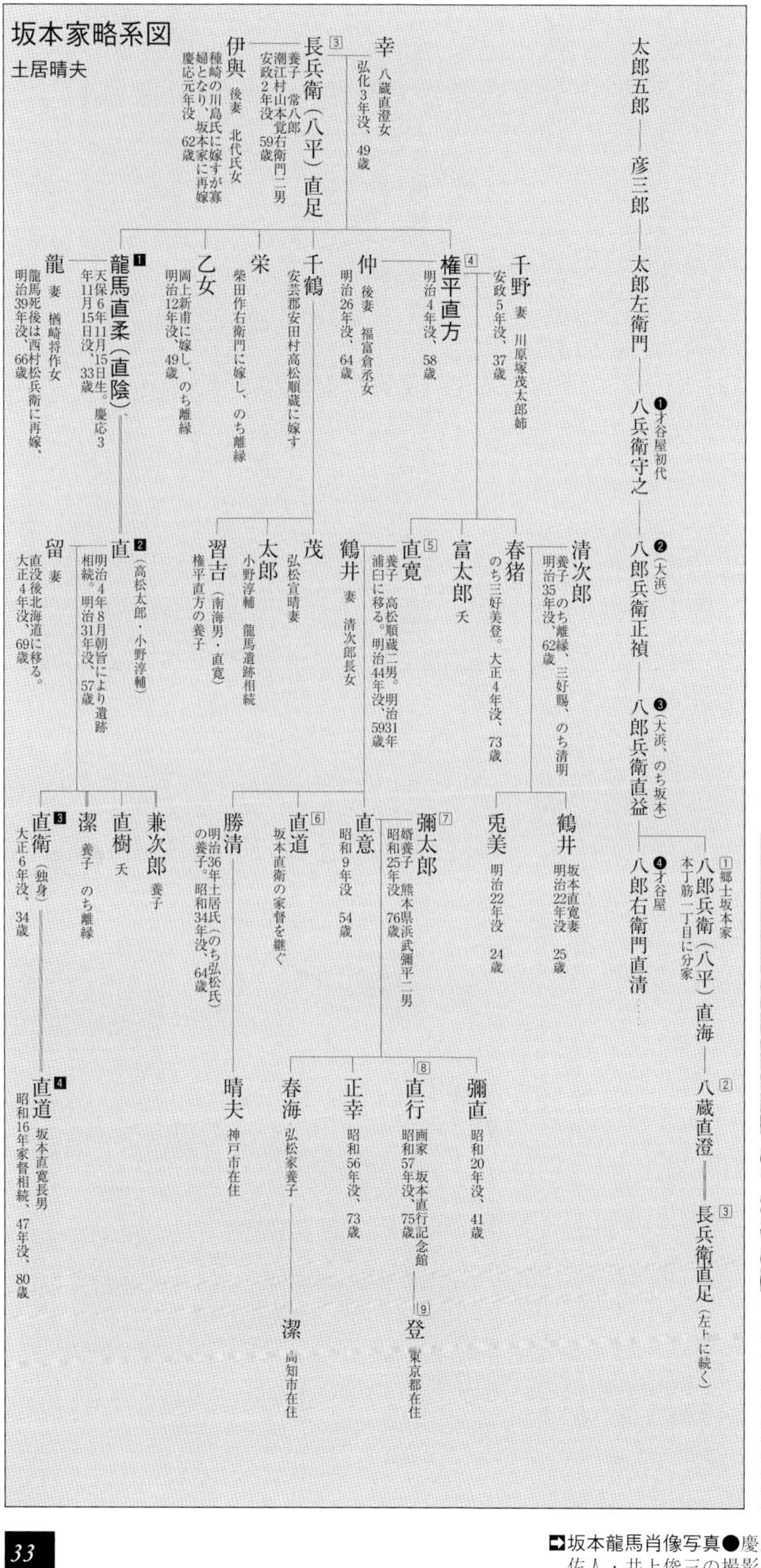

坂本権平■文化10～明治4、諱直方
土佐藩郷士坂本八平の長男で龍馬の兄。龍馬より22歳年上。嘉永4年郷士職を、安政3年2月家督を継ぐ。嘉永2年龍馬とともに徳弘孝蔵門で西洋流砲術を学ぶ。長男富太郎が早世し、龍馬に跡を継がせようとするが、文久3年3～5月ごろ上京して龍馬と会い、その志を理解して龍馬40歳まで土佐国外での活動を認めた。慶応3年3月には西郷隆盛を介し龍馬に郷土の名刀「陸奥守吉行」を贈る／坂本ツル氏蔵、高知県立歴史民俗資料館寄託、写真提供：土居晴夫

坂本乙女■天保3～明治12，のち坂本獨
土佐藩郷士坂本八平の三女。龍馬の3つ年上の姉で、母の死後は幼い龍馬を育て、龍馬も親しみと恩を感じており、親族では乙女宛の手紙が最も多い。安政3年ごろ岡上新甫と結婚するが、新甫の浮気や姑との対立などで離縁（詳細は172ページ）／写真提供：霊山歴史館

➡坂本龍馬肖像写真●慶応2年、長崎の上野彦馬写真館で彦馬か門弟の
佐人・井上俊三の撮影と考えられている／高知県立歴史民俗資料館

山城からやってきた龍馬の祖先

坂本龍馬は、天保六（一八三五）年十一月十五日、高知城下本丁筋一丁目（現高知市上町一丁目）で、郷士・坂本長兵衛（八《はち》平《へい》）直足《なおたり》（父）と幸《こう》（母）の次男として生まれた。

「坂本家」は、弘治永禄年間（一五五五〜一五七〇）、山城生まれの太郎五郎が、現在の南国市才谷《さいだに》に移り住み農業を営んだのが始まりと伝え、四代八兵衛の時、商業を始めるため城下へ出たのが、城下屈指の豪商「才谷屋」の始まりである。

「郷士坂本家」は、その才谷屋の三代目直益が、明和七（一七七一）年、長男・八平直海（龍馬の曽祖父）を分家させ、郷士の資格を得て初代となった。郷士の俸禄は五石余りで低いものの、領知は城下の周辺に多くあり、もしそこからの収穫が十分あれば、百六十一石余りの領知は「裕福」の指数になったはずだ。

また、龍馬の父母、祖母、叔母といった繋累には、和歌の道に詳しい人が多く、後に、慶応元年九月九日の手紙のなかで龍馬が、姉乙女、姪おやべに宛てて、こうした人々の歌の短冊に、それぞれの没年を書いて送ってほしいと書いている（36ページ参照）。これは、明日をも知れない龍馬が、位牌代わりにして家族と共にいる思いを持ちたかったのだろう。

龍馬の人間性や業績を見るとき、先祖が取り組んできた農業、商業の影響、豊かな生活と教養の恩恵、郷士制度の不合理な差別への反発などが、織りなされているように思われる。農業には予期せぬ自然条件との戦いがあり、商業には機会を見、チャンスを活かし、辛抱と実行の判断と決断が要求され、豊かな生活は、龍馬の感性と機知

坂本太郎五郎の墓（南国市才谷）／写真：坂本龍馬記念館

龍馬誕生の地●電車通りに面した上町筋にあり、本家才谷屋跡も程近い。上町は上士の住む郭中に接する町家で、かつては枡形と堀で分断されていた。坂本家は郷士株を買って才谷屋から分かれた分家だが、城下周辺に数か所の農地・山林を領知する郷士としてもかなり裕福な家であった。当時土佐藩では、藩士は8つもの身分に分かれ、掛川以来の山内家の譜代の家臣である上士と、長宗我部氏の遺臣が多い白札、郷士、足軽などの下士との間には厳しい身分格差があった。その差別が土佐勤王党を産み出したという

才谷屋跡●上町筋に面した上町3丁目の一角。喫茶「さいたにや」があり、2階が「龍馬研究会」の事務所。才谷屋は坂本家の本家で、高知城下でも3本の指に入るという豪商。藩主一族や重役・上士の経済をある意味で握っていた。龍馬の藩をものともしない態度や経営感覚は、小さい頃からの才谷屋での経験が大きい

を育て、人間関係を広げる素地をつくった。

龍馬の家は大家族だった

龍馬の兄姉は、二十一歳年上の長男・権平、十七歳年長で高松家へ嫁した長女・千鶴、脱藩の時龍馬に短刀を与えて自害したと伝えられる栄、三歳年上で龍馬と最も親しい三女・乙女、それに父母、祖母、七歳年下の姪春猪もいた大家族で、使用人も多く、この中で育った龍馬は大人社会の雑学を知らず知らずに身に付けたと想像できる。

その一方で、子ども同士と触れあうチャンスは少なく、一人っ子のように子どもに接することの不得意さが、落ちこぼれと言われる原因になったとも考えられる。根っからの落ちこぼれではなく、寝小便もそうしたストレスから来たものではないだろうか。これは『海援隊遺文』などの著者で、土佐山内家宝物資料館館長の山田一郎氏も早くから述べておられるところで、同感である。

生母・幸が、龍馬十二歳の時肺結核で亡くなり、十四歳の時坂本家とは旧知の川島家から後添として入った北代伊代（伊與とも）の勧めで、近くの日根野弁治道場で剣術の修行を始めると、めきめき腕を上げ、落ちこぼれ的な悪い癖も消えた。これは剣道という「ルール」にしたがって学ぶので、子供たちの遊び方に戸惑ったのとは違うということだろうか。

坂本家一族●明治31年、坂本直寛が一家を挙げて北海道に移住する際に撮影したもの。後列左から弘松宣晴（直寛義兄）、坂本直寛（龍馬甥）、坂本直（直寛実兄、龍馬の遺跡継承者、高松太郎）／写真提供：土居晴夫

龍馬の継母伊與が育った川島家●かつては種崎（高知市）の中城家の近くにあり、龍馬と乙女も船を漕いでたびたび訪れていたという

龍馬の継母伊與の勧めで通った築屋敷の日根野弁治道場跡付近●築屋敷は、宝永元年（1704）鏡川の河川敷に新たに堤を築いて開かれた屋敷地で、坂本家からも近い

龍馬の手紙1

Column1

慶応元年9月9日付乙女、おやべ宛

小椋　克己
坂本龍馬記念館館長

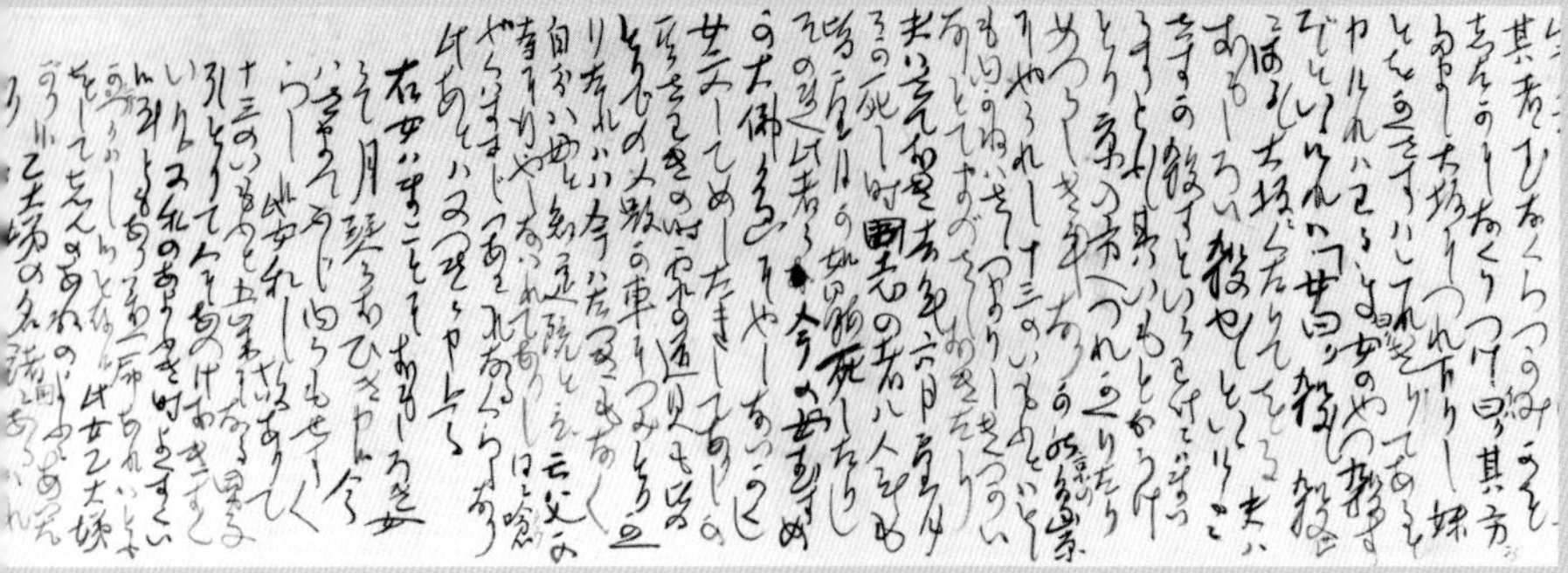

——前略——

其者むなぐらつかみ、かをしたか《ママ》になぐりつけ、日ク其方がだまし大坂につれ下りし妹とをかへさずバ、これきりであると申ければ、わるもの日ク、女のやつ殺すぞとい、ければ「女日ク、殺し殺サレニはる〳〵大坂ニくだりてをる、夫ハおもしろい、殺セ〳〵とい、けるニ、さすが殺すというわけニハまいらず、とふ〳〵其いもとおうけとり、京の方へつれかへりたり。めづらしき事なり。かの京の島原にやられし十三のいもふとハ、としもゆかねバさしつまりしきづかいなしとて、まづさしおきたり。

夫ハさておき、去年六月望月らが死し時、同志の者八人斗も皆望月が如戦死したりし。その前へ此者ら今の母むすめが大仏辺にやしないかくし、其さわぎの時、家の道具も皆とりでの人数が車につみとりかへりたれハバ、今ハたつきもなく、女二人してめしたきしてありしが、自分ハ母と知定院と言亡夫が寺に行、やしなハれてありし。日々喰やくハずに、じつあわれなるくらしなり。此あとハ又つぎニ申上る。

右女ハまことにおもしろき女ニて月琴おひき申候。今ハさまでふじゆうもせずくらし候。此女私し故ありて十三のいもふと、五歳になる男子引とりて人にあづけおきすくい候。又私のあよふき時よくすくい候事どもあり、万一命あれバどふかシテつかハし候と存候。此女乙大姉をして、しんのあねのよふニあいたがり候。乙大姉の名諸国にあらハれおり候。龍馬よりつよいというひよふば

——前略——

そいつ（悪者）の胸ぐらを掴んで、顔をしたたか殴りつけ、「お前がだまして大坂に連れてきた妹を返さなければ、命をもらうぞ」と言うと悪者は「女の奴殺すぞ」と言ったので、その女（お龍）は「殺し殺されにはるばる大坂に来たのだ。それは面白い。殺せ、殺せ」と言うと、さすがに殺すわけにもいかず、とうとう妹（君枝）を受け出して京都へ連れて帰りました。珍しいことです。京都島原へやられた十三歳の妹は、まだ年も行かないので、差し迫った心配はないということで、ひとまずそのままにしました。

それはさておき、昨年（元治元年）六月望月（亀弥太）らが殺された時、同志八人ばかりも皆望月のように戦死しました。その前にこの母娘（お龍）が彼らを大仏の近くにかくまい、母娘二人で炊事などしていましたが、（池田屋）騒動の時、家の道具も皆、捕り手（新撰組）の人たちが車に積んで取って行ってしまい、今は暮らすこともできず、お龍は母と、知足院という亡くなった父を祀る寺に行き、そこで世話になっていました。毎日食べたり食べなかったりで、実に哀れな暮らしをしています。この続きは又次に申し上げましょう。

今言った女は誠に面白い女で月琴を弾きます。今は、さほど不自由もせず暮らしています。私はわけがあってこの女の十三歳の妹、五歳の男の子を引き取り、人に預けて救いました。また私が危なかった時救われたいきさつもあり、もし命があれば何とかして、そちらに行かせたいと思っています。この女、乙女姉さんを本当の姉のように合いたがっています。乙女姉さんの名前は全国で知られていて、龍馬より強いという評判です。

京都国立博物館蔵（国重文）

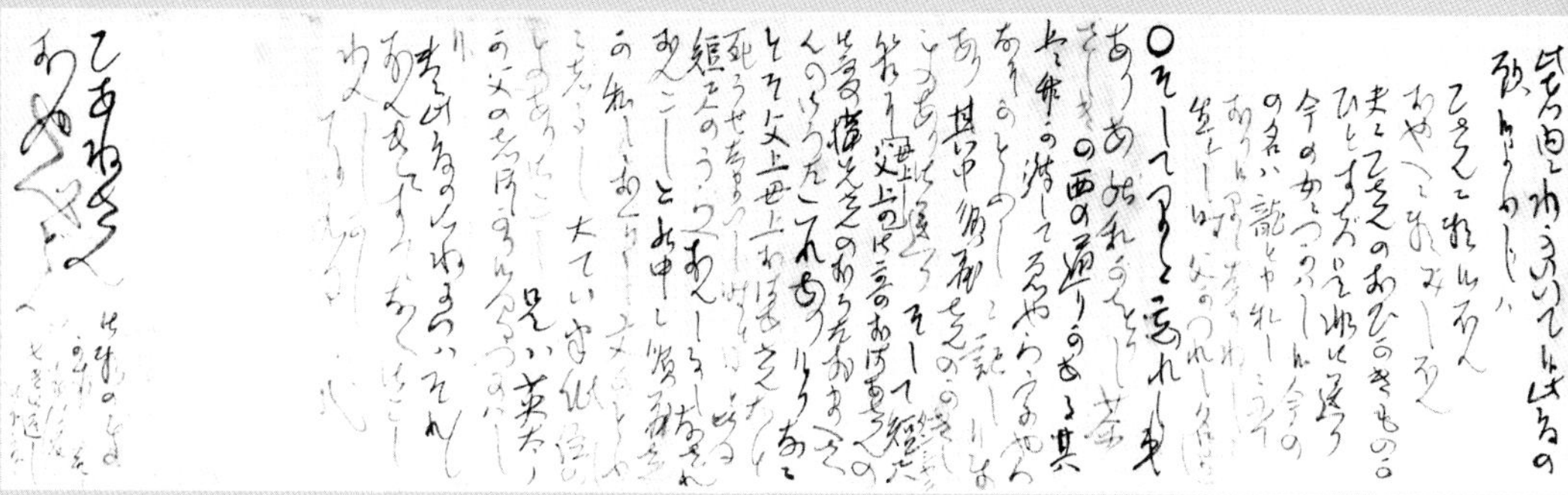

んなし

○なにとぞおびか、きものか、
ひとつ此者ニ御つかハし被レ下度、
此者内〻ねがいいで候。此度の
願候よふじハ、
乙さんニ頼候ほん
おやべニ頼みしほん
夫ニ乙さんのおびか、きものか
ひとすぢ是非御送り、
今の女ニつかハし候。今の
の名ハ龍と申、私しニにて
おり候。早々たずねしニ、
生レし時父がつれし名よし。
○そして早〻忘れし事
あり。あの私がをりし茶
ざしきの西の通りがある、其
上ニ竹が渡して系やら字やら
なにか、とふしニ記し候もの
あり、其中、順蔵さんのかきし
ものあり。御送り、そして短尺
箱に母上ー父上の御哥、おばあさんの
御哥、権兄さんのおうた、おまへさ
んの御うたこれありけり。なニ
とぞ父上母上おばあさんなど
死うせたまいし時と日と、皆
短尺のうらへおんしるしなされ
おんこし。この中ニ順蔵さん
が私しニおくりし文がとふし
ニしるし、大てい半紙位の
ものあり、御こし。是ハ英太郎
が父の者ほしがり候間、つかハし
候。
夫ニ此度の御ねがいハ、それ〳〵
おんき、すてなく御こし
ねんじ、かしこ。
九月九日　龍
乙あねさん
おやべどん

御頼のもの
かず〳〵並ニ
おはなし
長き御返じ
被レ下度候

○どうぞ、帯か着物か
ひとつこの女にやって下さいませんか。
この女も内々お願いできればと言っております。
今回お願いしたい用事は、
乙女姉さんに頼んだ本、
おやべに頼んだ本、
それに乙女姉さんの帯か着物か
一筋ぜひ送って（下さい）、
今の女に与えます。今の
名は龍《りょう》といい、私に似て
います。さっそく尋ねたところ
生まれた時父親がつけた名だそうです。
○そうそう、忘れていま
した。あの私がいた茶
座敷の西の通りがある、その
上に竹を渡してあり、絵とか字とか
何か、唐紙に書いたものが
あります。その中に（高松）順蔵さんの書いた
ものがあります。送って下さい。そして短冊
箱に母上、父上の歌、おばあさんの
歌、権平兄さんの歌、あなた（乙女）
の歌があります。どうぞ
父上母上おばあさんなどの
亡くなった年月日を、
短冊の裏へ書き記して
送って下さい。この中に、順蔵さん
が私にくれた文が、唐紙
に書いてある、たしか半紙くらいの
大きさです。それも送って下さい。これは、高松太
郎が父親のものを欲しがるので、与えようと思って
います。
それに、今度のお願いはそれぞれ
聞き捨てにせず、送って下さい。
念じ申しあげます。かしこ
九月九日　龍
乙姉さん
おやべどん

御頼みしたのもの
数々、それに
そちらの様子など
長いお返事
下さいね

天保元年
高知城下絵図

坂本家と城下のおもな関係者の居住地等

吉松靖峯蔵、写真：高知市文化振興事業団

K 小南五郎右衛門邸跡
L 渡辺弥久馬邸跡
T 北代伊與誕生地

N 山田獄舎跡

Q 武市半平太道場跡

R 河田小龍邸跡

O 乾（板垣）退助邸跡

P 後藤象二郎邸跡

S 長岡謙吉邸跡

写真：AB吉松靖峯、G吉成好史

Ⓐ高知城追手門

Ⓑ上町筋（坂本龍馬誕生地碑の前）

Ⓒ坂本龍馬誕生地跡（ホテル南水）

Ⓓ水道通り（坂本家の裏通り）

Ⓔ日根野弁治道場（築屋敷）跡

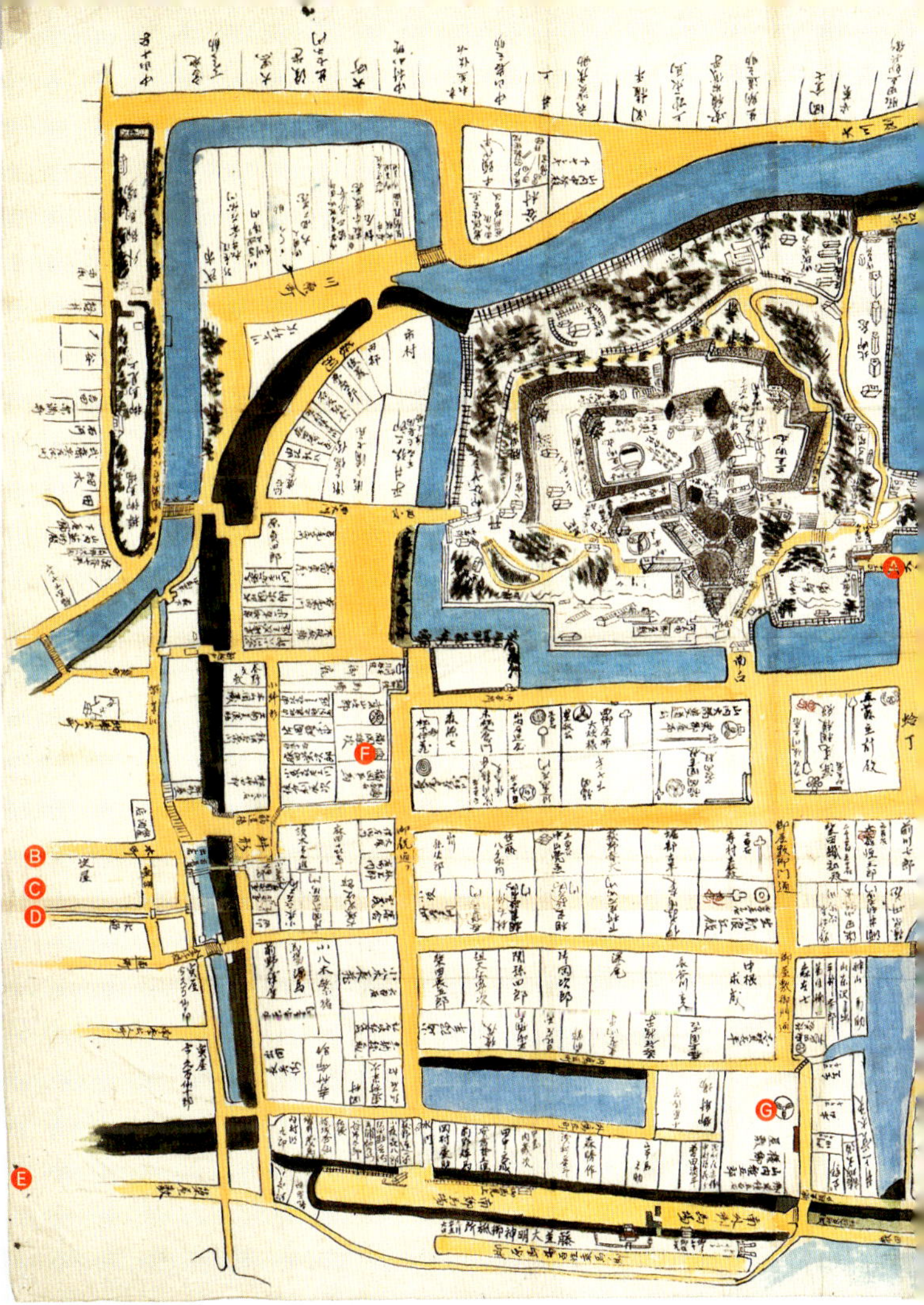

Ⓕ福岡藤次邸跡

Ⓗ武市半平太殉難の地

Ⓙ薫的神社山田獄舎遺構

Ⓖ山内家下屋敷長屋

Ⓘ吉田東洋殉難地

Ⓜ間崎哲馬邸跡

龍馬の手紙2

Column2

文久3年5月17日付乙女宛

小椋　克己
坂本龍馬記念館館長

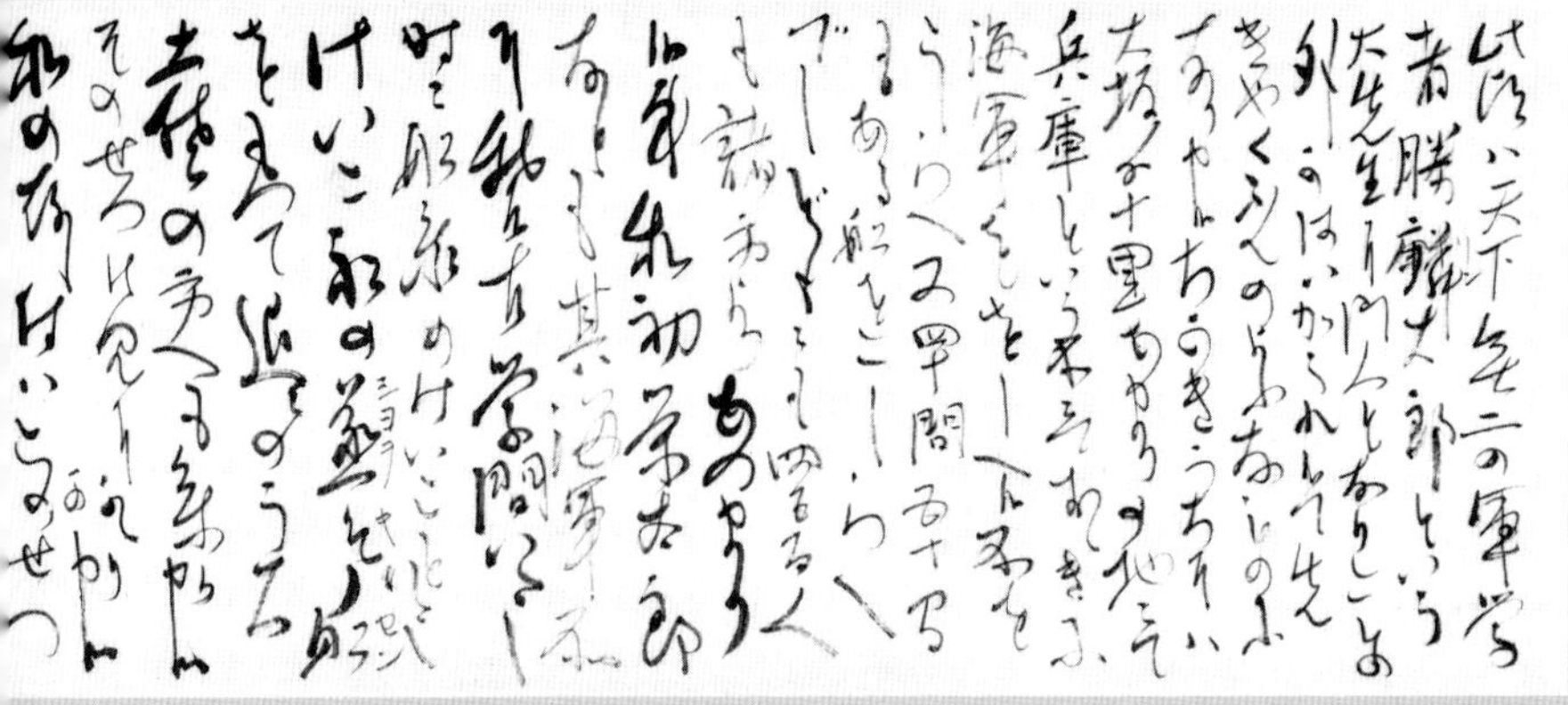

此頃は天下無二の軍学
者勝麟太郎という
大先生に門人となり、ことの
外かはいがられ候て、先
きゃくぶんのよふなものに
なり申候。ちかきうちにハ
大坂より十里あまりの地ニて、
兵庫という所ニて、おゝきに
海軍ををしへ候所を
こしらへ、又四十間、五十間
もある船をこしらへ、
でしども二も四五百人
も諸方よりあつまり
候事、私初榮太郎
などもその海軍所
に稽古学問いたし、
時々船乗のけいこもいたし、
けいこ船の蒸気船《ジョウキセン》
をもって近々のうち、
土佐の方へも参り申候
そのせつ御見にかかり可ㇾ申候
私の存じ付ハ、このせつ
兄上にもおゝきに御どふい
なされ、それわおもしろい、

最近は日本で一番の軍学者
勝麟太郎（海舟）という
大先生の門人になり、
特別にかわいがられて、まあ
お客さまのような扱いを受ける
ようになりました。近いうちに
大坂から十里（約四十キロ）の地
兵庫という所で、大掛かりに
海軍のことを教える所を
つくり、また四十間（八十メートル）五十間
（百メートル）もある船をこしらえ、
弟子も四五百人が
各地から集まり
ますので、私はじめ高松太郎（龍馬の甥）
なども、その海軍（操練）所
で稽古や学問をし、
時々船上での稽古もし、
練習船の蒸気船で
近いうちに
土佐の方にも参ります。
その時はお目にかかりましょう。
私の考え方については、このごろ
兄さん（権平）もおおいに同意
してくれ、それはおもしろい、

宮内庁三の丸尚蔵館蔵

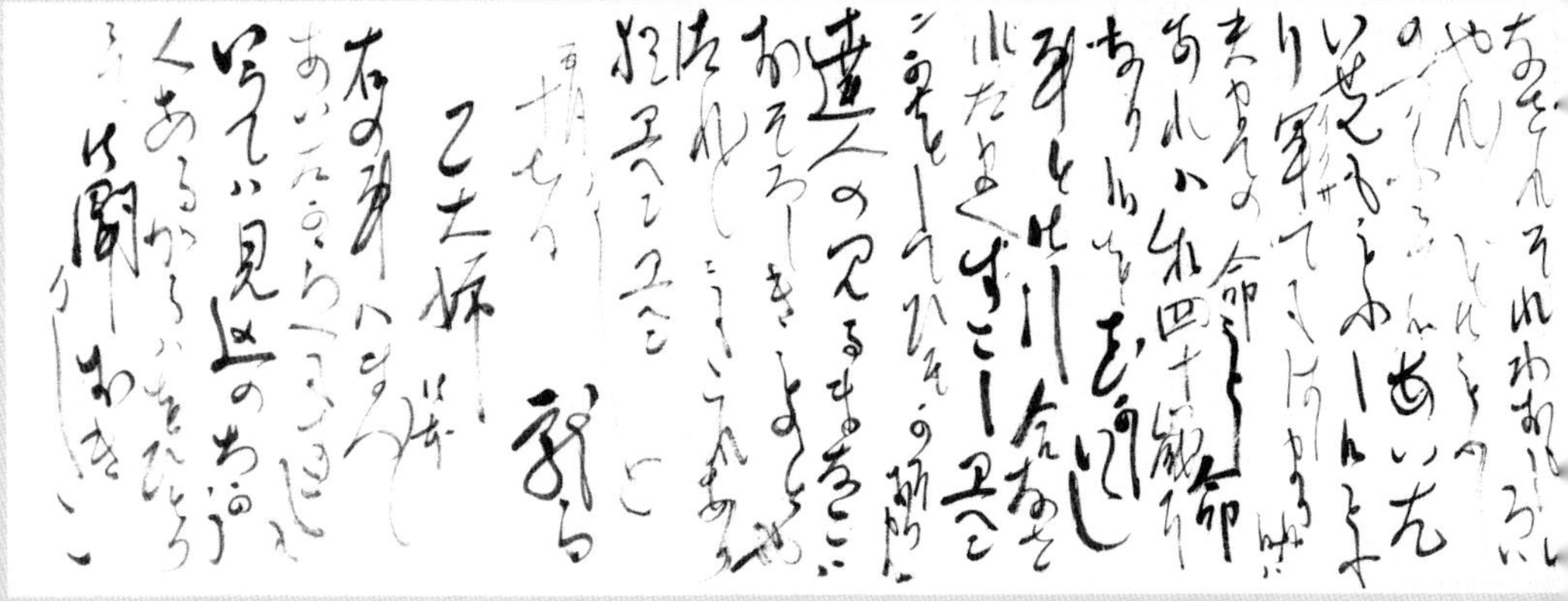

やれ〳〵と御もふし
のつがふニて候あいだ、
いぜんももふし候とふ
り軍サでもはじまり候時ハ
夫れまでの命。ことし命
あれバ私四十歳に
なり候を、むかしい、し
事を御引合なさ
れたまへ。すこしヱヘン
ニかをしてひそかにおり申候。
達人の見るまなこハ
おそろしきものとや、
つれ〳〵ニもこれあり。
猶ヱヘンヱヘン

五月十七日　龍馬

乙大姉　御本

右の事ハ、まづ〳〵
あいだがらへも、すこしも
いうては、見込のちがう
人あるからは、をひとり
ニて御聞おき、　かしこ

やってみろ　といって下さる
というようなわけで、
前にも言ったように
もし戦いでも始まれば
それまでの命。今年無事で
あれば私が四十歳になる
時のことを、むかし（文久三年三月二十日の手紙で、四十歳まで家に帰らず勝海舟先生の門下で頑張ると）言ったのを思い出して下さい。すこし「エヘン顔」（自慢げな表情）して、目立たぬようにしています。
（私に目を掛けてくれる勝先生のような
達人の見る目は
大したものだとか、
「徒然草」にも書いてあります。
なおエヘン、エヘン（これがホンネ）。

五月十七日　龍馬

乙女姉さんみもとに

この手紙のことは、まずまずの
間柄の人へでも、少しでも言うと誤解されたり
するので、お姉さんお一人が聞いて下さい。　かしこ

海軍に熱をあげる

文久二年（一八六二）脱藩し、文久三年海軍塾を勝海舟とともに建ち上げた。望月亀弥太《かめやた》、甥の高松太郎、千屋寅之助（後の菅野覚兵衛）が龍馬の紹介で入り、上町の近藤長次郎も早くから加わっていた。

「各地から四、五百人も集まり、大きな蒸気船で訓練し、やがて土佐へも遠洋航海に出る」と姉乙女に大見得を切り、将来の夢

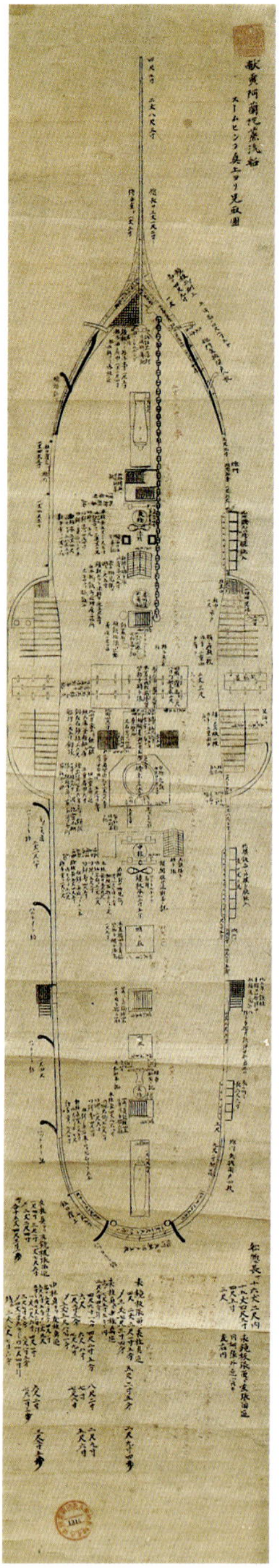

スームビング（観光丸）実測平面図／長崎県立長崎図書館蔵

神戸海軍操練所跡碑

生島四郎太夫別邸跡●勝海舟は生田に屋敷と海軍塾を構えたが、そこには住まず、生島の別邸に寄宿していた。生島家は神戸村の庄屋だが、奥平野村にあるこの別邸は養子であった四郎太夫の生家

を語った龍馬だったが、現実は幕府のテンポも遅く、八月十八日の政変もからんで、海軍操練所建設は進まなかった。

　その穴を埋めるために、勝海舟は、福井からの資金も入れて建設した宿舎と研修所兼用の「勝塾」で訓練を始めた。ここには浪人ものも多く参加していたため、目を光らせていた幕府役人が、やがて実力行使に走り始める。

　元治元年（一八六四）六月五日京都池田屋で起きた衝突事件は代表的なもので、新選組隊長の近藤勇自ら踏み込んで「部屋改め」をし、海軍塾で龍馬の仲間の望月亀弥太、龍馬が計画していた蝦夷《えぞ》開拓のため現地を視察してきた北添佶磨《きつま》など多くの同士が犠牲になった。

蝦夷開拓計画瓦解する

　龍馬は、勝海舟や、幕府の水野忠邦らに、勤王、佐幕でいがみ合う若者たちを幕府の船に乗せ、蝦夷へ送り込み開拓に従事させれば、無駄に命を捨てることもなく、一石二鳥と言う提案をし、了解を得て、実行の時期を元治元年六月としていた。その矢先のことでその妙案は中止に追い込まれた。

　龍馬と勤王運動で知り合っていた北垣国道は、日記に「龍馬の北国行きは瓦解せり」と書き留めており、単なる龍馬の思いつき

長崎海軍伝習所時代の観光丸●観光丸は徳川幕府が初めて所有した西洋式軍艦。1850年オランダ・ワレシング市製。600トンの木製外輪蒸気船で、原名スームビング。安政2年（1855）6月8日に長崎に入港し、翌9日に幕府に献上された。長崎海軍伝習所の練習艦となり、勝海舟らが第1期生として訓練した。神戸海軍操練所設立にあたり練習艦として貸与された。明治元年、旧幕府の海軍総裁榎本武揚は幕府艦隊脱走に際し、既に旧式艦となっていた観光丸を同伴せず、4月11日に新政府に上納された。ちなみに幕府海軍では観光丸に士官10人、水夫火焚76人、大工1人、鍛冶職1人の計88人を乗り組ませており、勝海舟は燃料代を除いた年間予算を1万8774両余とし、うち食費だけで8052両の予算を組んでいた／「長崎海軍伝習所絵図」（部分）、佐賀県立佐賀城本丸歴史館蔵

水路閣之図●京都に移った河田小龍は、北垣国道が興した大事業「琵琶湖疏水」工事の過程から完成までを『琵琶湖疏水図誌』として描き上げた／京都府立総合資料館蔵

北垣国道■天保7～大正5、通称晋太郎
但馬出身の尊王攘夷活動家。農兵組織を献策、生野の変に関与するが敗退して鳥取に亡命。文久3年2月から4、5月ごろまで小千葉道場に匿われた。元治元年6月ごろ千葉重太郎の縁で龍馬と知遇、蝦夷地開拓計画を知る。6月5日の池田屋事件での北添佶磨闘死で、「龍馬の北国行きは瓦解せり」と日記に遺す。7月禁門の変参加のため京都に向かうが、敗北を知り長州入り。その後第2次征長戦で小倉攻めに参加。戊辰戦争では鳥取藩に属した。明治8年元老院書記官、12年6月高知県令、14年1月京都府知事に就任。琵琶湖疏水を完成させた。のち内務次官、北海道庁長官、貴族院議員、枢密院顧問を歴任／写真：『京都府史』より転載、提供：京都府立総合資料館

や、作り話でないことを裏づけている。この北垣は明治に入って、高知県令（明治十二年～）や京都府知事（明治十四年～）を歴任し、特に京都府知事時代には政敵と戦いながら、琵琶湖の水を京都に引く「琵琶湖疏水工事」に取り組み、九年を掛け、明治二十三年（一八九〇）四月完成させている。また、その工事と完成の模様を、龍馬に蒸気船を勧めた河田小龍が、明治二十一年から写生に取り組み、見事な絵巻に仕上げている。

北添佶磨■天保６～元治元、号対松軒
土佐岩目地村（現在の日高村）の庄屋出身。間崎哲馬に学び、土佐勤王党に加盟。文久3年2月脱藩し、5月に能勢達太郎、小松小太郎の3人で箱館に渡り蝦夷地の開拓や防備を視察。8月、小千葉道場に逗留中の龍馬に報告し、龍馬は北添を中心にした脱藩浪士らによる蝦夷開発を本格的に考えるようになる。北添は龍馬の忠告にもかかわらず京都に上り大仏の宿舎に潜伏したが、元治元年6月5日池田屋事件で闘死。

池田屋騒動で多くの部下が反幕府運動にからんだ疑いで殺されたため、勝海舟は監督責任を問われて江戸に呼び戻され、結局、海軍塾も、海軍操練所も一年足らずで閉鎖される。「四十歳までは家には帰らず……」の決意も空しくなってしまった。

亀山社中をたち上げる

薩摩藩は元治元年十二月「船の手先」として龍馬たちを雇い入れる事を決めた。慶応元年五月、龍馬はまず鹿児島に入り、同年閏五月、龍馬の同志たちは長崎に移って伊良林地区の亀山に活動の拠点を作った。これが「亀山社中」で、慶応三年四月まで続き、土佐海援隊に引き継がれる。

引き継がれるとはいっても、場所も仕事も仲間も変わらずに、名前と出資者が変わっただけであった。と言うのは、武力倒幕を避け、幕府自ら政権を奉還する大政奉還路線に方向を定めた龍馬と土佐藩幹部の意見が一致し、龍馬の脱藩罪が許された結果、出資者が薩摩から土佐藩へ移ったということで、あらためて、土佐藩は坂本龍馬を海援隊長に任命している。

慶応元年九月九日、乙女・おやべ宛の手紙の冒頭にも、「私共とともに致し候て盛んなる八丁目赤づら馬之助（新宮馬之助のちの寺内信左衛門）、水道町横町の長次郎（近藤昶次郎）、［甥の］高松太郎、望月（望月亀弥太）ハ死タリ。此者ら廿人ばかり同志引きつれ、今長崎の方に出、稽古方仕リ候。……」とあり、このほか千屋寅之助、沢村惣之丞らの名前が千屋家文書に識されている。

仇敵同士を結んだ薩長同盟

龍馬は、慶応元年五月、長州征伐や禁門の変で対立関係になっている薩摩と長州の和解を模索し始め、文久三年八月の政変により九州太宰府に流されていた三条実美ら五卿を訪ねたりして機会を待っていた。その後薩長和解に取り組んでいた土佐藩の土方楠左衛門（久元）から中岡慎太郎を紹介

千屋寅之助■天保13～明治26、のちに菅野覚兵衛
土佐藩庄屋千屋民五郎の3男。土佐勤王党に加盟。文久3年1月9日勝海舟の塾生となる。塾解散後は龍馬とともに亀山社中に参加、慶応2年の四境戦争では桜島丸の船将を務め、下関海戦に参加。龍馬没後、お龍の妹・君枝と結婚、戊辰戦争では長崎振遠隊の軍監。明治初年アメリカに留学し帰国後海軍に出仕。西南戦争後官職を離れ、福島県安積原野開拓を志すが失敗する／個人蔵

高松太郎■天保13～明治31、諱・清行、別名小野淳輔、坂本直
龍馬の姉・千鶴の夫で土佐藩郷士・高松順蔵の長男。龍馬の甥。九州で剣術修業中に武市半平太にあい、のち土佐勤王党に加盟。文久3年1月9日、千屋寅之助、望月亀弥太とともに勝海舟の塾生となる。勝塾解散後は長崎の亀山社中に参加、薩長同盟では近藤長次郎の補佐役となる。また海援隊隊士として大極丸購入などに尽力。慶応4年、権判事として箱館府在勤、蝦夷地経営に関する建白書を新政府に提出。函館戦争にも従軍する。明治4年、龍馬の遺跡を相続し坂本直に改名。宮内省に出仕するが、明治22年キリスト教信奉を理由に免職となる／写真提供：土居晴夫

亀山社中入口●神戸海軍操練所閉鎖ののち、龍馬ら土佐の塾生たちは薩摩藩の庇護下に入り、その外郭団体として長崎の亀山に拠点を設け、操船訓練や蒸気船による通商を行うことになる。そして薩長同盟成立の影の立て役者となる。通称亀山社中と呼ばれるこの組織はその後土佐海援隊に引き継がれていく

され、龍馬・慎太郎コンビで、薩摩の西郷と長州の木戸（桂小五郎）による同盟締結を呼びかけた。すれ違いを繰り返しながら京都の薩摩藩邸に入り、龍馬が西郷と家老の小松の説得に成功。そのあとは双方から意見を出し合う形で、慶応二年一月二十一日、または二十二日までに六項目の合意が得られた（木戸の書簡による）。さっそく木戸は大坂の宿で、これを書き留めて龍馬のもとに送り、龍馬は木戸の求めに応じて、六項目の条文の真裏に返事を書いて送った。

「表に御記成され候六条ハ、小、西両氏及、老兄・龍等も御同席ニて談論セシ所ニて、毛も相違之無候。後来といへども決して変わり候事之無ハ、神明の知る所ニ御座候。
平寅二月五日　坂本龍」

いわゆる「薩長同盟裏書」である。

木戸からの手紙は四メートルにも及ぶ長いもので、上記六項目のほか、「龍馬が下関からの船便の遅れで、一月十八日の会合に間に合わず気を揉んだが、来てくれてほっとした。着いてからは「折角の旨趣も小、西両氏らへも得と通徹、且両氏どもよりも将来見込みの辺りも御同座に而、委曲了承仕り此上無し。……」（同盟の趣旨を、薩摩の西郷隆盛と小松帯刀両氏に徹底的に説得したところ、お二人からも、あなたの居るところで将来を見込んだ意見も出て、細か

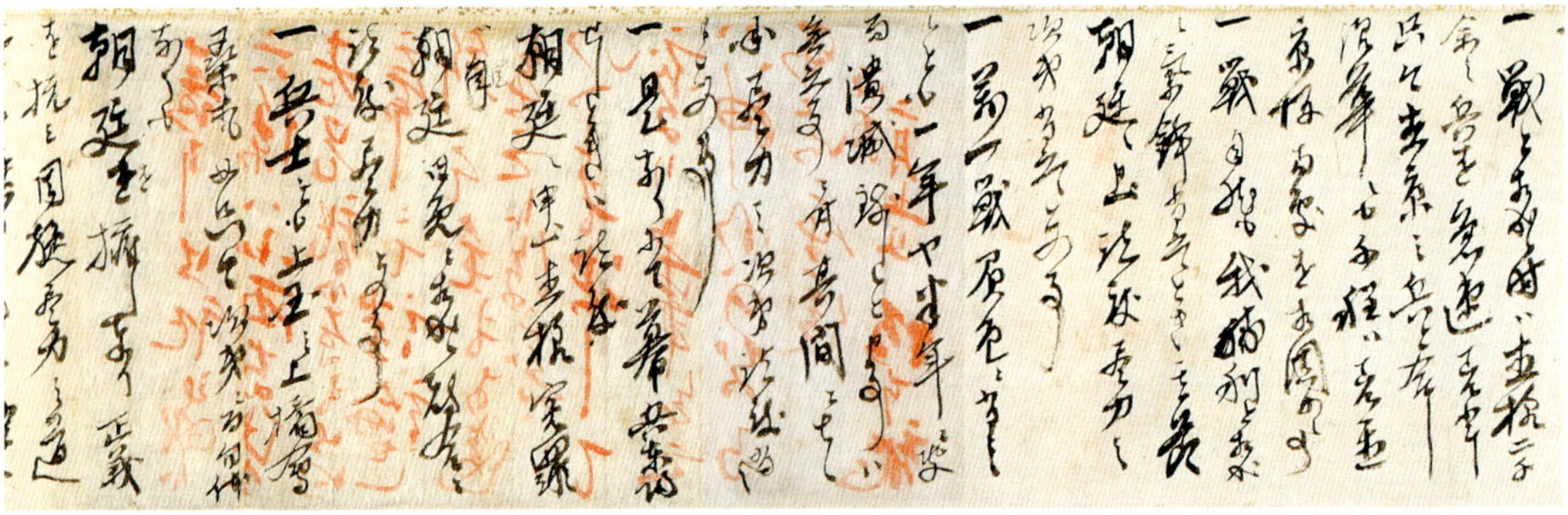

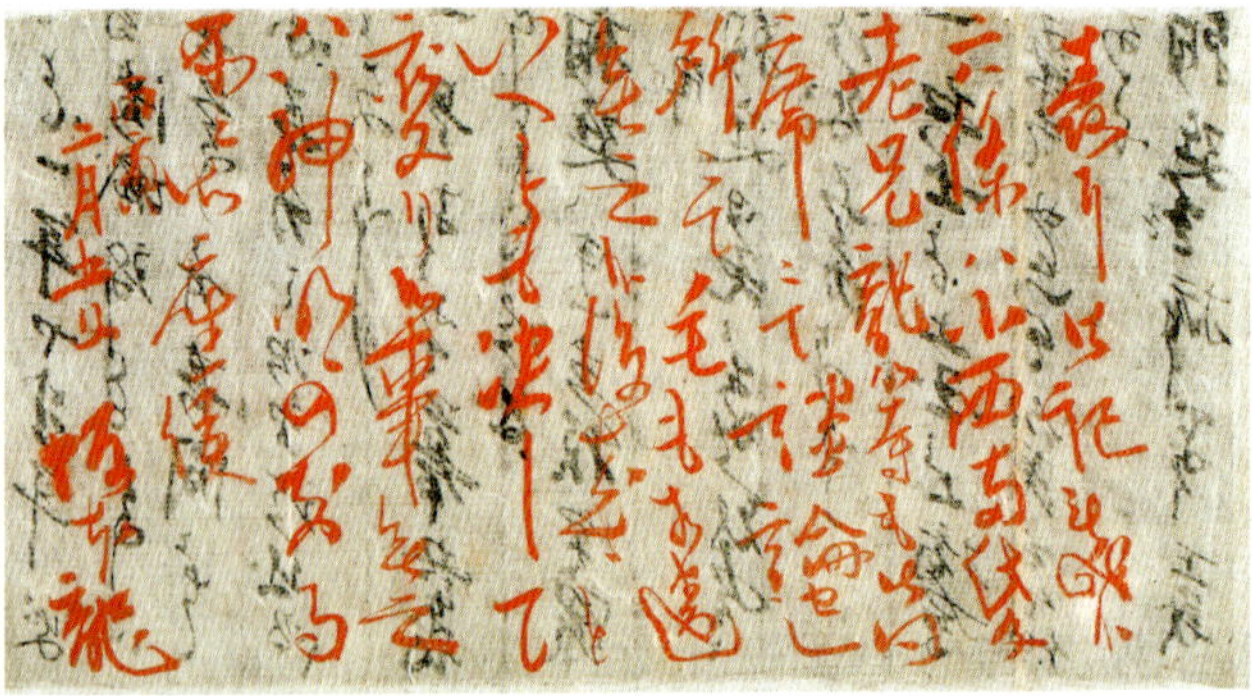

薩長同盟六項目の条文が書かれた桂小五郎からの手紙（上）と坂本龍馬の裏書（下）●薩長同盟成立の翌日（または翌々日）の慶応2年1月23日、桂小五郎は大坂の宿で盟約内容を6項目にまとめ、龍馬の宿舎である寺田屋に寄越し龍馬に確認の裏書を求めた。しかし、幕吏の襲撃で、両手の指を負傷して筆を持つことができなかった龍馬は、2月5日になってようやく桂の手紙の裏に確認した旨の朱書きをしている／宮内庁書陵部蔵

同志社大学西門前に立つ薩摩藩邸跡碑●薩長会談が行われた薩摩藩京都藩邸は京都御所の北隣にあった。現在の同志社大学構内にあたる

いことまでまとったことはこの上もありません）と龍馬の説得が有効であったことを大変喜んでいることがわかる。龍馬が遅れてきたので、龍馬は同盟成立にまったく役に立たなかった、という暴論を述べた人がいたが、「きのうはありがとう」という手紙、とくにその中の「薩摩の二人を徹底的に説得」というあたりは、暴論を退ける十分の説得力を持つ。龍馬記念館では、これに現代語訳もつけて展示し、誤解を解く努力を続けている。

幕吏に命を狙われる

ところで、この木戸の手紙は遅くても一月二十三〜二十四日には龍馬のもとに届いたはずだが、返事の日付は二週間も先の二月五日。実は二十三日夜、宿舎の伏見寺田屋で襲われ、両手の指に刀傷を負って返事が書けなかったためだ。

同盟締結を確認しそれぞれの宿に引き上げ、龍馬は長州から警護の役で同行してくれた、鎗の名人三吉慎蔵の待つ伏見寺田屋へ落ち着いた。ひと風呂浴びて、長い経過を振り返りながら和解を喜び、そろそろ寝ようとしたとき、寺田屋に住み込んで手伝いをし、終いの風呂を使っていたお龍が、二階にかけ上がってきて、「ご用心成さるべし。謀らざる敵のおそい来たりしなり。鎗

現在の寺田屋2階の部屋●寺田屋は慶応4年1月の伏見の戦いで焼失、現在の建物はその後再建されたもの／写真：上野正義

三吉慎蔵■天保2～明治34、諱時治
長府藩士。今枝流剣術師範小坂土佐九郎2男。三吉十蔵に養子入りし、藩校敬業館、長州藩校明倫館で文武を学ぶ。宝蔵院流鑓は免許皆伝。「鑓の慎蔵」と称えられ長府藩主毛利元周の側近となる。慶応2年1月印藤聿の紹介で龍馬と知り合い、護衛のため龍馬とともに上京。寺田屋で幕吏の襲撃を受けるが鑓で応戦後脱出、薩摩藩邸に龍馬救援を依頼。帰国後その功で加増される。以来龍馬の信頼篤く、龍馬死後は生前の約束通りお龍を一時預かり、土佐に送り届けた。維新後は宮内省等に出仕／写真提供：三吉治敬氏

持たる人数は梯《はしご》の段を登りしなり。」（怪しい奴らが大勢、二階へ上がろうとしていますよ！）（慶応二年十二月四日、兄権平一同宛て龍馬の手紙）と急を知らせたため、二人は鑓とピストルで応戦した。

龍馬は応戦中、左右の指に刀傷を負い、弾込め中弾倉を落としてピストルを諦め、二人は敵が怯《ひる》む隙に、裏階段を下り隣の家の中を壊しながら通り抜け裏通りに出る。龍馬は怪我のため、途中の材木小屋に身を隠して休み、一足先に寺田屋を抜け出し急を知らせたお龍と、材木小屋から駆けつけた無傷の三吉の通報で出動した薩摩藩の一隊に助けられ、伏見の薩摩屋敷に保護された。

このすさまじい戦いと苦しい脱走の模様は、慶応二年十二月四日兄権平、一同宛の手紙に克明に識されているが、実際の事件

龍馬が隠れた材木小屋跡●濠川沿いにあり、現在は淀川造船の木材加工場になっている。このあたりは当時木材貯蔵場がたくさんあったという。薩摩藩伏見藩邸からは濠川沿いに船で下ると近い。寺田屋から徒歩5分の距離にある

龍馬が潜んでいた材木小屋内部の古写真／写真提供：霊山歴史館

から一年近く経って描写が新鮮なのは、ピストルを使っての実戦が初めての経験で、拭い切れないほどの鮮烈な印象だったからだろう。

龍馬自身の言葉によれば「敵壱人障子の蔭より進ミ来り、脇指を以て私の右の大指の本をそぎ、左の大指の節を切割、左の人指しの本の骨節を切たり」と書いているので、ピストルの引き金を持つ右手に、反動を抑えるため左手を添えていたことがわかる。

にも拘らず、最近でも「右手の指に怪我をし」と書いてある本が多いのに驚く。千頭清臣作『坂本龍馬』の挿絵（49ページ上）として公文菊僊《くもんきくせん》が描いた大正時代のものでも、袴をはき右手に短銃を持ち、左手は腰に当て、階下の敵を撃っている。龍馬の手紙からすれば、『風呂より上がりし儘なれば袴は着る間なし』。また敵とは階段越しではなく二階の部屋で戦ったので、この絵も間違い……。この頃まだ手紙の研究ができていなかったのだろう。

「……彼《か》の指の疵ハ浅手なれども動脈とやらにて翼［翌］日も血が走り止ず、三日計《ばかり》も小用に参ると、目舞《めまい》致候。……」「疵は六十日ばかり致し能直りたり」（慶応二年十二月四日の龍馬の手紙より　乙女宛て）という大怪我だった。

生涯最大の至福と ワイルウェフ号の遭難

京都の薩摩藩邸に移って介護を受けたあと、西郷や家老の小松帯刀の招きで、お

龍とともに慶応二年三月四日大坂を発ち、六月四日薩摩を出るまで、霧島連山高千穂の峰に登り、周辺の温泉や景勝地を訪ね保養に専念した。「日本初の新婚旅行」と言われているが、龍馬の生涯で最も落ち着いた楽しい三か月だった。この模様を十二月四日姉乙女に宛て、高千穂の峰と天の逆鉾の絵入りの手紙にして送っている。

公文菊僊が描いた千頭清臣作『坂本龍馬』の挿絵●階段を前に鑓を構えた三吉慎蔵と右手でピストルを構えた龍馬が描かれているが、これは公文の事実誤認。龍馬の手紙によれば、このとき、龍馬らは表階段から離れた奥の部屋におり、捕り手は階段を昇り、障子を打ち破ったり、火鉢をひっくり返したりして、大音響をたてながら龍馬らがいる部屋に迫っている。これに対し慎蔵は袴をつけたが、龍馬は袴をつけることができないまま捕り手を迎えている。向かってくる捕り手にピストルを4発放ち、そのうち少なくとも1発が命中し敵を倒している。そのときのピストルの持ち方は絵のような片手ではなく、左手を右手に添えており、そのために廊下の襖越しからきた敵に脇から両手の指を切られることになった

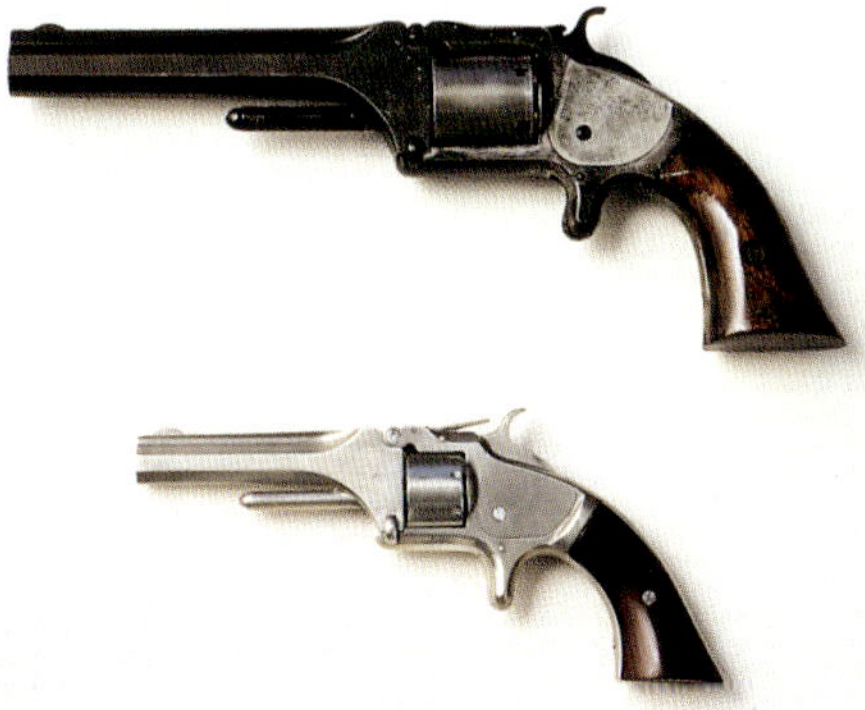

龍馬が寺田屋で使用したスミス＆ウエッソン2と同型のピストル（上）●薩長同盟締結の前、幕吏に狙われている龍馬を心配した高杉晋作が、上海で購入したものを龍馬に送った。下はその後手に入れたスミス＆ウエッソン1 1/2。暗殺時にはこのピストルを持っていた／複製、高知県立坂本龍馬記念館蔵

しかしこの間、亀山社中が薩摩藩から借りていた帆船「ワイルウェフ号」が、長州が薩摩に渡す米を積んで長崎に立ち寄った「ユニオン号」に曳航されて、四月二十八日鹿児島に向かっていたところ、途中の甑島《こしきじま》付近で嵐に遭い、航行の自由を失って五月二日、五島列島中通島の潮合崎《しおやざき》（現在の新上五島町）の近くで座礁沈没するという事件が起き、船将・黒木小太郎や、天誅組敗走や禁門の変でも命を落とさなかった池内蔵《くら》太《た》ら十二名が犠牲となった。龍馬はのちにこの地区を訪れ、救助に努力してくれた村人たちにお礼を述べ、慰霊の碑を建ててほしいと碑文と費用を手渡した。現在、

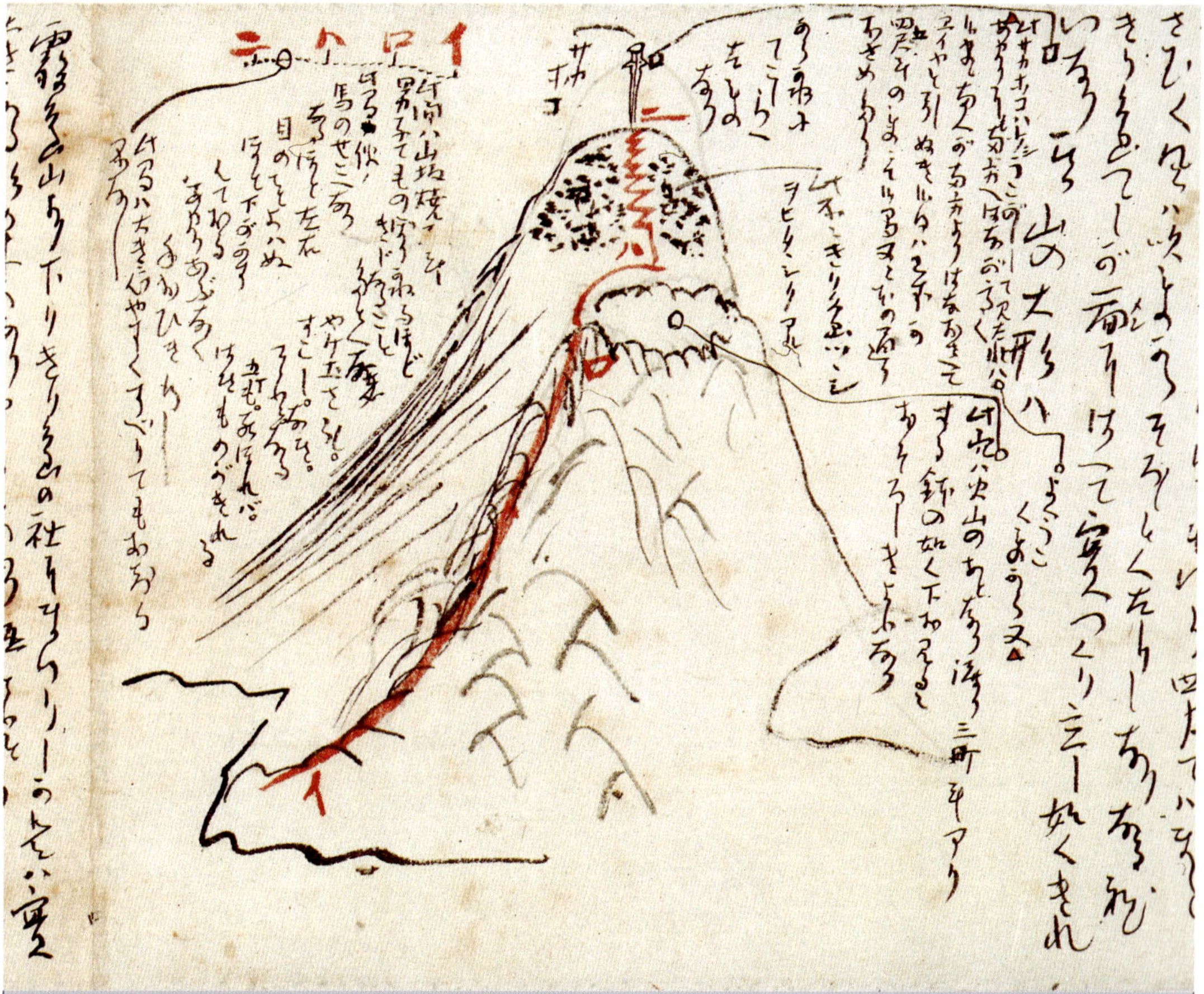

龍馬の手紙3

Column3

慶応2年12月4日付乙女宛

小椋　克己
坂本龍馬記念館館長

京都国立博物館蔵
（国重文）

この手紙は慶応二年（一八六四）十二月四日、薩長同盟成立の翌々日（翌日とも）の同年一月二十三日夜、寺田屋で襲われ怪我をしてから、薩摩、長州、長崎に行ったその年の出来事を姉乙女宛に知らせたもの。長さ一メートル七十五センチの全紙サイズの手紙で、通常の半切サイズに直すと全長三メートル五十センチクラスの長い手紙である。

さて、手紙の内容は、前段では、妻になったお龍の紹介。寺田屋で急を知らせたお龍のことに触れ、「此龍女がおればこそ、龍馬の命ハたすかりたり」と、お龍が龍馬の命の恩人であることを強く印象づけるとともに、自分がお龍と結婚したことをハッキリ示している。話はお龍の身元にも及び、京都柳馬場三条下ルの楢崎将作の娘で、将作死後、家は滅んであとかたもないこと、お龍が二十六歳で、龍の名は父母が付けた名であることなどを記している。

次の段は、西郷隆盛や、小松帯刀らの招きで療養のため赴いた薩摩での旅行記。薩摩藩京都留守居役の吉井幸輔と一緒にお龍を伴って蒸気船で鹿児島に赴き、吉井の誘いで霧島の温泉めぐりや霧島山（高千穂峰）登山をしたこと。

そして三段は、西郷の使いで桜島丸に乗って長州に赴き、一戦したことや長崎に出たことを紹介し、最後に、薩長同盟以降、常にガードし、気を配ってくれた西郷隆盛の事績を簡明に説明している。

写真は、同年四月、お龍とともに登った高千穂峰の山頂で逆鉾に出逢うまでの行程を事細かに図解した挿絵部分。

○この穴は火山のあとです。直径は三町ばかりあり、すり鉢のようで下を見ると恐ろしいようです

○この間はあの「馬の背越え」です。なるほど左右目が届かぬくらい下がかすんでいます。あまり危かしいので、お龍の手をひいてやりました

など、注釈をつけている（現代語訳）のが新しい。

こういう図解入りの表現で、誰にでもわかるよう説明する能力は龍馬ならではのもの。こんな表現力の自由さが、薩長同盟などを実現した龍馬の源泉だったのかも知れない。

龍馬ゆかりの地碑●ワイルウェフ号（WILDWAVE）遭難者の霊を祀った慰霊碑の地に立つ／写真提供：新上五島町

池内蔵太■天保12～慶応2年、諱定勝土佐藩士池史右衛門の子で龍馬の友人。剣を日野根道場で、学問を岩崎弥太郎に学ぶ。文久元年出府、安井息軒門に入り諸藩の志士と交流。武市半平太らの土佐勤王党結成に参加。同3年脱藩。長州の遊撃隊参謀となり外国艦船を砲撃、8月には天誅組挙兵、元治元年7月の禁門の変に参加し敗退。慶応2年、薩長同盟で上京する龍馬に随行、後亀山社中に参加する。同年5月2日、薩摩に回航中のワイルウェフ号で遭難死。

流れ着いたワイルウェフ号の舵棒／写真提供：新上五島町

ワイルウェフ号が遭難した潮合崎／写真提供：新上五島町

流れ着いた舵棒とともにこの碑が当時を偲ばせている。

下関海戦に参加する

さらに六月四日、休む間もなく、薩長同盟に則ってユニオン号（桜島丸）を長州へ引き渡すため、龍馬が船将となり、菅野覚兵衛ら亀山社中の仲間とともに鹿児島を出発、小倉の幕府軍と関門海峡で戦ってい

ユニオン号模型●ユニオン号は慶応元年10月17日、薩長同盟成立の前提として長州藩に売却するために薩摩藩がグラバーから購入したイギリス船。薩摩藩は桜島丸と命名したが、長州藩への引き渡しをめぐって紛糾、薩長同盟成立後の慶応2年2月無事解決した。龍馬は同年6月2日薩摩から長崎を経て長州まで同船を回航、6月17日、高杉晋作の要請を受け第2次征長戦の下関海戦に参加した。この戦いのあと、桜島丸は正式に長州藩に引き渡され、乙丑丸として長州藩籍となった。写真はNHKが放映した『龍馬がゆく』で使われた模型／野市町教育委員会蔵、龍馬歴史館寄託

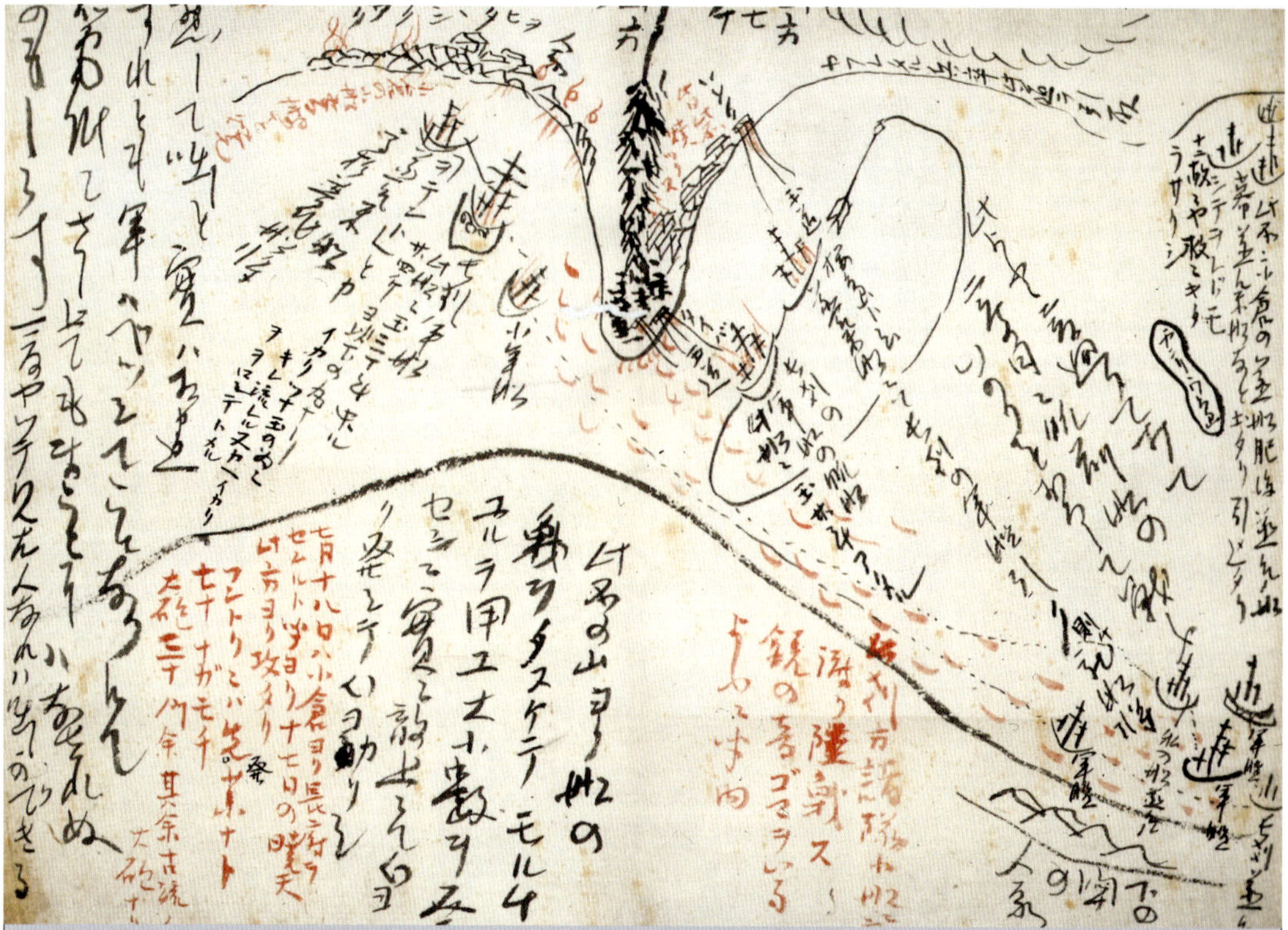

手紙の中に描かれた「下関海戦図」

龍馬の手紙4

Column4

慶応2年12月4日付坂本権平宛

小椋　克己
坂本龍馬記念館館長

龍馬は、幕府自ら政権を朝廷に返すという、武力無しの倒幕路線を選んだのだが、唯一戦争したのが、高杉晋作とともに戦った「馬関海峡長幕海戦」（小倉海戦）である。

朝敵の汚名を蒙った長州に代わり、銃や蒸気船を薩摩藩の名で買い、長州に回すという「薩長同盟」の具体化の一つとして、慶応二年六月十六日、龍馬や菅野覚兵衛ら亀山社中の一行が薩摩名「桜島丸」（長州では乙丑丸《いっちゅうまる》）を関門海峡の下関沖まで運ぶ。

折から長州は第二次長州征伐を受け、四境戦争を戦っていた。そこで高杉晋作の要請を受けて、小倉口攻撃開始に合わせ、「桜島丸」の船将として参加する。結果は勝ち戦となり、龍馬もゆとりの中で現場をスケッチし、この手紙の中で、初めて体験した海戦についてのさまざまな感想を所狭しと書き入れた「下関海戦図」が生まれる。

龍馬は見通しが立ったところで船を菅野覚兵衛に任せて下船し、下関の火の山に登って戦の成り行きを見守った。そこからの眺めが、巌流島も含めて描かれた「海戦図」と同じ。龍馬のデッサン力は確かなものである。

下関側から門司の半島近くへと移動しながら幕府軍を攻めている龍馬の「桜島丸」と、門司の半島の東側付け根あたりで長州船団の指揮を取る高杉の「ヲテント」という小型蒸気船などを描いた「一筆書き」がしゃれている。

「晋作は酒樽を引き寄せ酒を振舞い、へたへた笑いながら指揮を取り、とうとう敵を打ち破った」（現代語訳）と、船の戦力のゆとりに注目している。

この戦いは六月十七日に始まったのだが、「海戦図」の中で龍馬は「前の日に幕府軍が攻めてくると聞いたので、七月十七日朝早くここへ来た」（現代語訳）と書いている。高杉からの情報だろうが、なぜ、一か月先の日付になったのか。

龍馬はメモや手紙に「二時を過ぎる頃」とか「十一時」など、いまと同じ時刻表記をしている。じつは蒸気船の中には西洋時計があり、船中では十二時間制なので、日付も旧暦よりも約一と月先の太陽暦を使っているはず。そのためについその習慣が出て一か月先の日付を書いてしまったのではないか?。答えは龍馬に聞くしかない。

坂本ツル氏蔵、京都国立博物館に寄託

る高杉晋作船団の応援を兼ねて、慶応二年六月十七日、下関に着き、長州の軍船を率いて門司の半島に砲撃を加えた。この応援で幕府軍は敗退し、八月頃までに第二次長州征伐は終わりを迎える。龍馬にとって、これは初めて経験する海戦で「少ない犠牲で強い攻撃力が出せること」、「火の山の上から援護射撃をして威力を発揮したこと」などを、慶応二年十二月四日、兄・権平、一同宛の手紙に絵図を入れて解説している。

家宝の「吉行」を譲り受ける

慶応二年は、大怪我の寺田屋事件で幕を開け、薩摩の新婚旅行をはさんで、大砲を使った下関の海戦を経験するなど、危険が身に迫っていることを感じたのだろうか。寺田屋での奮戦記、新婚旅行思い出の記など、今年の重大ニュースを家族宛てに書いた慶応二年十二月四日、もう一通の、短いながらも示唆に富む手紙を、兄権平に送っている。

「……此頃願上度事は古人も云在り、国家難にのぞむの際ニハ必、家宝の甲《かぶと》を分チ、又ハ宝刀をわかちなど致し候事。何卒御ぼしめしに相叶《あいかない》候品、何なり共遣わされ候得バ、死に候時も　猶御側《おそば》に之在候思之在候。何卒御願申上候。……」（昔の人は、国難に赴くときは、家宝のかぶとや刀を分け与えたそうです。どうかお考えに合う品を何でも良いですから送ってください。そうすれば、私が死んだ時も、ご先祖様のそばにいる思いを持てるからです。何卒よろしく）

これらの手紙は長崎で書かれたもの。暮れやすい師走の一日、来年の多難さを考えながら、募る思いが次々に筆を運ばせたの

火の山山頂から見た朝の下関海峡と門司の半島
●慶応2年6月17日早朝から、この海峡を挟んで海戦が始まった。長州藩海軍総督の高杉晋作率いる長州海軍と奇兵隊などの諸隊が、翌日予定されていた幕府軍の上陸作戦を制して門司攻撃を仕掛けたのである。晋作率いる丙寅丸（原名オテント）と癸亥丸・丙辰丸は門司半島（写真中央）の東側（写真左側）の海域を遊弋して田ノ浦砲台などを砲撃、龍馬が率いる桜島丸（乙丑丸）と庚申丸は半島西側（写真右側）海域を回遊しながら門司砲台や陣地を砲撃した。火の山からもモルチール砲（臼砲）で援護射撃を加えたことが龍馬の手紙に書かれている。小倉藩の砲台も応戦したが、移動しながら砲撃する軍艦には歯が立たず、その間に小舟で上陸作戦を敢行した奇兵隊など長州藩の諸隊によって、門司周辺の砲台や陣地は1日のうちに陥落した。戦いの見通しがたった時点で桜島丸を菅野覚兵衛に任せて火の山に上った龍馬は、戦いの成り行きを観戦、山頂から見た海戦の模様を右ページのように絵入りで兄権平に送っている

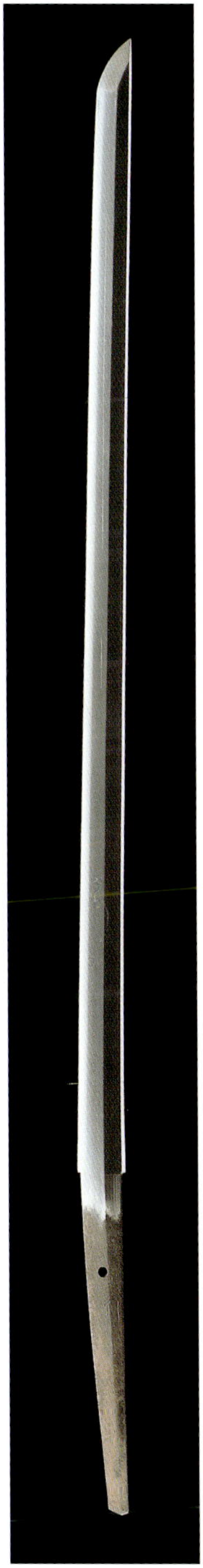

龍馬の佩刀「吉行」
／京都国立博物館蔵

だろう。この手紙に対し兄権平は、二尺二寸の吉行の直刀を選び、翌慶応三年二月土佐に来て山内容堂に会い、京都へ出て国政に参加するよう勧めに来た西郷隆盛に「龍馬に渡してほしい」と頼んだ。

何人かの手を経てそれを受け取った龍馬は大変喜び、慶応三年六月二十四日、兄権平宛の手紙に、

「西郷より御送り遣わされ候吉行の刀、此頃出京ニも常に帯び仕候」

と書き、刀剣家も誉めてくれるとご満悦ぶりを知らせている。

しかし慶応三年十一月十五日、京都近江屋で刺客に襲われた際、龍馬は床の間からこの吉行を取り、相手の刀を鞘ごと受けとめたが、切っ先が額を切り裂きそれが致命傷となって闘死。「死に候時も、御側に之在り……」が現実となってしまった。

福岡藤次■天保6～大正8、諱孝弟
土佐藩家老福岡家の分家福岡左近兵衛の2男。吉田東洋の門で学び、東洋の参政時代は藩政に参画。東洋暗殺後は辞職するが、文久3年復職、重臣として活動。慶応3年頃尊王派に転向し、後藤象二郎とともに海援隊・陸援隊の創設に尽力する。明治に入ると、三岡八郎や桂小五郎らとともに龍馬の「船中八策」を基礎に「五箇条の御誓文」の原案を起草。元老院議員や文部卿を歴任
／写真提供：高知県立坂本龍馬記念館

仇敵後藤象二郎と手を組む

話が少し先へ行ったが、いま触れた慶応三年二月十七日の西郷、山内容堂会談をきっかけに、土佐藩大監察福岡藤次らは幕府を倒すには必要な人物と考え、二月、龍馬と中岡慎太郎の脱藩を赦免することにした。これに先だって一月十三日、長崎の清風亭では、土佐藩参政・後藤象二郎と龍馬が、初めての会談を行っていた。

この会談はふとしたきっかけで実現した。慶応二年十一月龍馬が友人で土佐藩士の溝淵広之丞と往来で話していた時、龍馬とは旧知の土佐藩船「夕顔」の船長・武藤颿《はやめ》が来かかったので姿を隠した。溝淵がいぶかって聞くと、「どうして父母の国を忘れられるだろうか。故郷の人に会っても、知らない人に出会ったようにするのは、もし挨拶でもして、土佐へ戻れと言われると、今やりかけている国の改革が挫折してしまう。そのようなわけで失礼したのだ」と答え、手紙にも書いて送った（慶応二年十一月）。

「……数年間東西に奔走し、屡々故人に遇いて路人の如くす。人誰か父母の国を思ハざらんや。然ニ忍て之を顧ざるハ、情の為に道に乖《もと》り宿志の蹉躓《さち》を恐る、なり……」

溝淵がこの手紙を武藤に見せると、武藤は龍馬の真意を知ってかえって喜び、溝淵や土佐商会の松井周助が会談を斡旋した。

この会談で後藤も龍馬も「勤王開国」で幕府が政権を朝廷に返すことでは一致し、むしろ薩長同盟の武力倒幕路線ではなく、先に幕府が自らの役割に終止符を打てば、無益な内戦を引起こして国力を下げ、阿片戦争当時の香港のように、外国の侵入を助けるようなことにはならない、ということで「大政奉還路線」の推進に力を合わせることが決まった。

亀山社中を海援隊に組織替え

土佐藩に籍が戻った龍馬は、四月「海援隊長」に任じられ、薩摩藩の組織だった「亀山社中」は、出資者が土佐藩となり「海援隊」となった。もっとも場所も、メンバーも仕事も同じなので動揺もなく、土佐藩から出向いてきた大監察・福岡藤次の申し伝

海援隊幹部と土佐藩士●左から長岡謙吉（10ページ参照）、岡本健三郎（90ページ参照）、坂本龍馬、陸奥源二郎（伊達小次郎、181ページ参照）、菅野覚兵衛（45ページ参照）、白峰駿馬とされるが、岡本は溝淵広之丞（9ページ参照）、陸奥は山本復輔（洪堂）とする説もある。白峰駿馬は、越後長岡藩士鵜殿瀬左衛門の3男で、勝海舟が頭取時代の築地軍艦操練所に学び、元治元年ごろ龍馬と知り合い、海舟の神戸塾閉鎖後は龍馬と行動を共にし、亀山社中・海援隊に参加、大極丸の船将を務めるなど幹部として活躍。明治に入ってからはニューヨーク海軍造船所に学び、長崎に白峰造船所を設立。山本洪堂は土佐出身。龍馬といつ合流したかは不明だが、海援隊では下関や大坂で商事を受け持っていたようだ。慶応4年長崎奉行所占拠に参加、箱館戦争に従軍ののちは大阪で医業を営んだという／写真提供：霊山歴史館

えを聞いた。

慶応三年四月二十八日、菅野覚兵衛・高松太郎宛ての龍馬の手紙の中で「小生をして海援長と致し、諸君そのままにて、修行仕り候よふ、つがふ（都合）つけくれ候所、是皆西郷吉が老公（山内容堂）に説き候所と存じ候。福岡藤次郎（藤次）此儀お国より以て承り候」とある。文面から、移管の話は西郷が出し、容堂が承知したことがわかる。

その月の二十三日、海援隊創設一番船として大坂へ向かっていた「いろは丸」（百六十トン）が、瀬戸内海の讃岐箱ノ岬近くで、長崎に向かっていた紀州藩の大型船「明光丸」（八百八十トン）と衝突し、いろは丸は、備後福山の鞆の港へ曳航中沈没するという事件があり、この手紙は海援隊士に、一戦交える覚悟を持ち、談判記録や航海日誌を保管せよ、という緊急業務命令の冒頭に書かれたものだ。つまり隊員に「亀山社中」から「海援隊」に変わったことが徹底されないうちに事件に巻き込まれたことがわかる。

冴えた龍馬の危機管理でいろは丸事件完全勝利

いろは丸事件は、慶応三年四月二十三日午後十一時頃起きた。龍馬たちが乗っていた

ものは、明光丸に乗り移り全員無事だったが、積荷と、四国大洲藩から借りていたいろは丸は失われた。いろは丸は、長崎へ銃を買いに来ていた大洲藩の国島六左衛門に龍馬が購入を勧めたものだが、船を購入したことで国島の立場は複雑になり、前年慶応二年暮れ、国島は自刃したという経緯のある船で、この航海では、海援隊が三月からの借り入れを申し込み、一航海十五日間五百両で契約していた。

紀州藩と海援隊の談判は上陸した鞆（広島県福山市）で行われ、龍馬らはその場での決着を迫ったが、紀州藩は長崎での仕事が急ぐと言って出港してしまった。龍馬らはこれを武士にあるまじきことと受けとり、長崎での談判に持ち込み、さらに土佐藩の参政・後藤象二郎も五月二十二日の交渉から加わり、イギリスの提督の裁定、薩摩藩五代才助の調停などを経て、紀州藩は海援隊に賠償金八万三千両（のち七万両に減額）を支払うことで決着し、大洲藩には土佐藩

いろは丸想像図●1862年イギリス・グリーノック製。原名サーラ（Sarah）、総トン数160トン、全長54mの鉄製蒸気船。文久3年（1863）9月10日、薩摩藩が長崎でグラバーから購入し、慶応2年（1866）に胡蝶丸とともに長崎のボールドウインに売却した。同年12月、大洲藩が坂本龍馬の勧めで購入し、伊呂波丸と改名。慶応3年、海援隊が3月から借り入れ、4月の初航海で霧のなか讃岐国箱ノ岬沖で紀州藩船明光丸（880トン）と衝突、沈没した。現在潜水調査が行われ、いろは丸とほぼ断定できる船体が発見されている。船具や石炭などが引き上げられているが、龍馬が積んでいたと主張した小銃はまだ発見されていない。勝海舟の『海軍歴史』によると、想像図のような外輪船ではなくスクリュー船とされており、船体調査からもその可能性が高いが、まだ不明で今後の調査に期待がかかる。なお引き上げられたものは福山市鞆の「いろは丸展示館」に展示されている／画：岡部澄雄、高知県立坂本龍馬記念館蔵

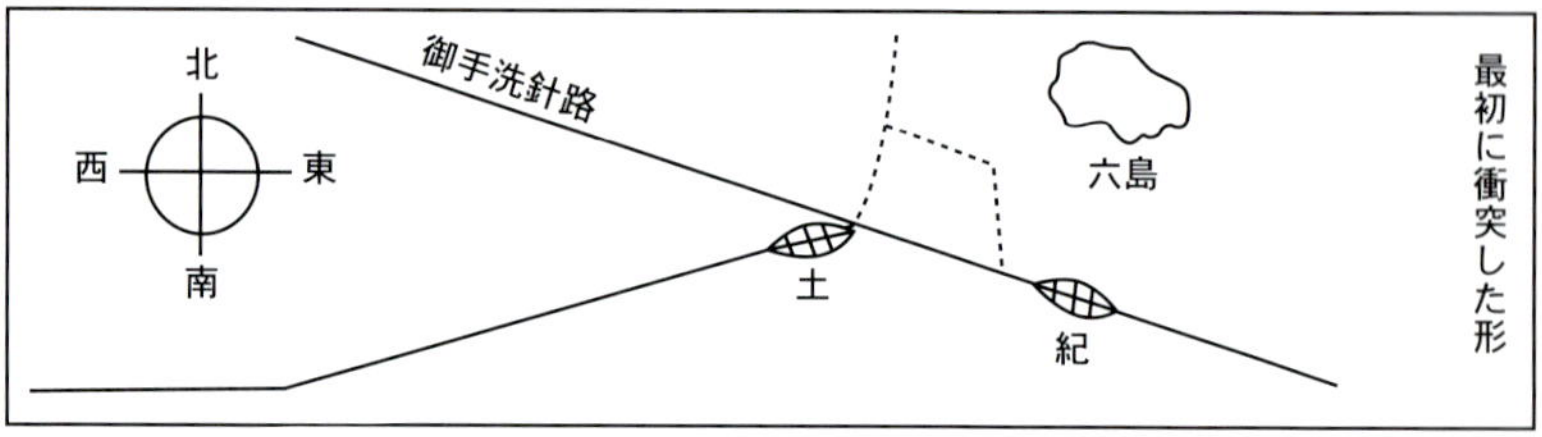

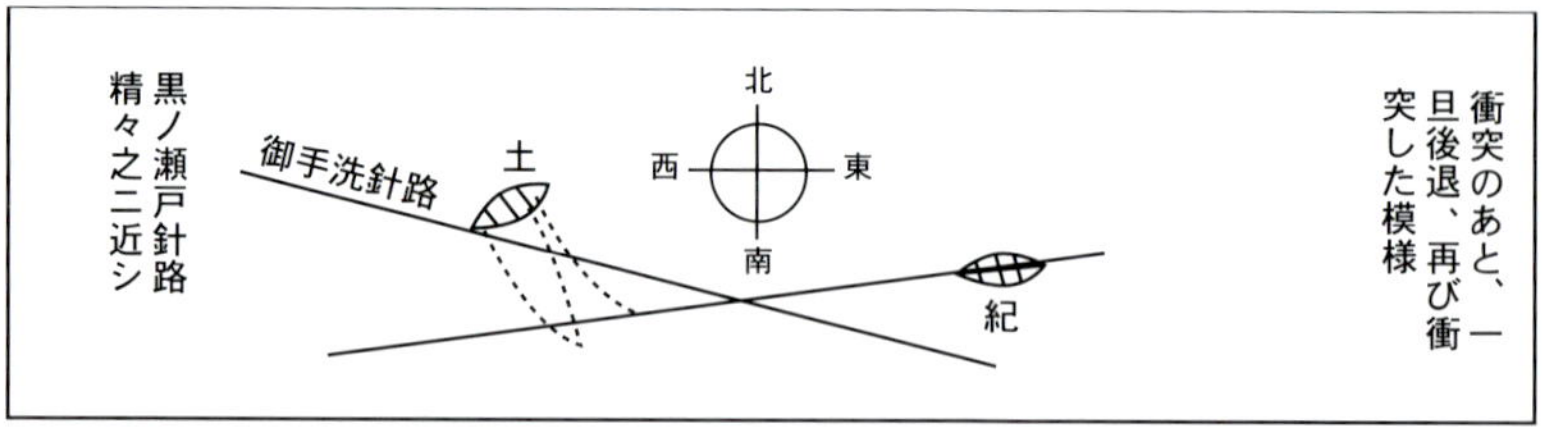

いろは丸と明光丸の海路図●御手洗航路上を西進していた明光丸を発見したいろは丸は、左に舵を取り、遅れていろは丸を発見した明光丸は右に舵をとった後、左に戻し、衝突した。衝突後、いろは丸乗組員は明光丸に乗り移ったが、当直士官が甲板にいなかったという。またその後明光丸はいったん後進していろは丸から離れたが、再び前進して再度いろは丸に衝突、これが沈没の原因になった。明光丸は乗組員全員を乗せ、いろは丸を鞆港に曳航しようとしたが途中で沈没した／土佐藩国事史料64「いろは丸航海日記」から作図

鞆港●古代から瀬戸内海航路の要衝として知られる古い港町。『万葉集』に大伴旅人や遣新羅使が鞆の浦の歌を詠んでいるのが文献上の初見で、『延喜式』『平家物語』(長門本) にも登場する。南北朝争乱期には九州を足掛かりにした足利尊氏の拠点になり、足利直冬も中国探題として大可島城に入っている。戦国期には毛利氏が鞆城を築き、のち織田信長に追われた15代足利将軍義昭が鞆城に依った。江戸時代には福島正則が鞆城を拡張して海城にしたが慶長14年 (1609) 一国一城令で廃城。その後はしだいに港町の色彩が強まり、河村瑞軒の西廻り航路整備によってその重要な基地となり、交易によって大いに発展した。また江戸時代を通じて朝鮮通信使の寄港や、瀬戸内海を行く参勤交代の諸大名、オランダ商館長、琉球使節なども寄港し、国際色豊かな町として知られた。幕末には三条実美らが長州に下る途次立ち寄り、ペリーも飲んだという高麗人参を使った滋養酒を賛美する歌を詠んでいる。山と海に挟まれた狭い土地に『延喜式』に登場する沼名前神社や足利尊氏が建立した安国寺を初めとする社寺や江戸、明治期の商家が、ところ狭しと立ち並び、電柱さえなければ幕末当時の情景を彷彿させる町並みが至る所に見られる。写真下の大屋根が朝鮮通信使を接待した福禅寺対潮楼 (国指定史跡)

から、船価など四万二千五百両が返還されたという (平尾道雄著『坂本龍馬海援隊始末記』より)。

龍馬にとっても、国中をとっても初めての蒸気船同士の衝突事故とその処理は、その後の海難事故処理の参考例になった。龍馬も兄に宛てた手紙で「日本の海路定則を定メたりとて、海船乗らは聞に参り申候。……」と自信を深めている。

残された手紙から見る龍馬の危機管理と事件対応は、二十一世紀にも通用するみごとさだ。

【四月二十七日】寺田屋お登勢宛
「これから長崎。ちょっと忙しくなるがご心配なく」(噂のもとを安心させる作戦)

【四月二十八日】菅野覚兵衛、高松太郎宛
海援隊へ事件を知らせ、航海日誌の写しを送り今後の作戦を指示。
「紀州はいろは丸乗組員を助け鞆の港へ送ったが、そのまま出港してしまった。これではひと戦争免れず、血を見ざるをえない」と紀州へ強い不満を述べる。

【五月五日】三吉慎蔵宛
「交渉は長崎へ舞台を移したが、どう片づくか分からず、自分の命も分からない。しかし海援隊の訓練や仕事は続ける。」(方針明示)

【五月七日】伊藤助太夫宛

「自分達のいた自然堂には親友といえども立ち入らせないように」
（非常に備え、身辺整理をほのめかす）

【五月七日】伊藤助太夫宛
「自分らの後事は三吉慎蔵と印藤聿に頼め」
（紀州藩との談判に臨む覚悟を示す）

【五月八日】三吉慎蔵宛
遺書とも取れる悲壮な内容。
「万一の事あれば、お龍を土佐へ帰す。国本から手伝いのものが迎えに来るので、それまで預かって欲しい。よろしく」
この時は万一にならなかったが、十一月十五日の龍馬暗殺で、三吉はこれを実行した。

【五月中旬】寺田屋伊助宛
近況報告と紀州への怒りをあらわす。五月十五日から長崎で談判が開始、龍馬も出席し紀州藩と激しく渡り合う。
論点の二つを紀州側認める。
一．衝突した時、明光丸側に「見張り」がいなかったこと。
二．衝突後バックした明光丸が、もう一度真横からいろは丸に突っ込んだこと。

【五月下旬・二十七日】（二通）高柳楠之助宛
相手方、紀州藩明光丸の船将高柳に対しても堂々と論陣を張る。

対潮楼から望む仙酔島●朝鮮通信使に「日東第一の景勝」と讃えられた。海援隊側と紀州藩側の交渉はここでも行われた／写真：鞆の浦歴史民俗資料館

「あなたの船が二度も衝突してこちらが沈没したので、筋道を立てて謝るのが当然だ。四月の事件直後、現場近くの鞆の港で、世界の公法（万国公法）に従い、その場で話し合おうと言ったのに、世界の公法とは幕府に処置を願うことと言って、我々を鞆の港に置いたまま出発し、自分の用事だけを済ませてあとはそのまま。『これ不解の第一に候』……」と相手の誠意のなさを責め、さらに「最早《もはや》、乗組員一同貴藩の御手ニ倒レ申すより外是無く」と、紀州藩へ斬り込む覚悟を示す。

【五月二十七日】伊藤助太夫宛

土佐藩参政・後藤象二郎の談判出席や、

江戸期に保命酒の蔵元として栄えた太田家住宅（左）と、西国諸大名の宿泊所であった太田家本陣“朝宗亭”（いずれも国重文）●長州に落ちる三条実美らの七卿もここに宿泊した

福禅寺対潮楼古写真●昭和はじめ頃の絵はがき。現在のように下を走る海岸通りはなく、眼下はすぐ海だ／提供：鞆の浦歴史民俗資料館

魚屋萬蔵宅●紀州藩が準備した交渉場所。外観は変わっているが、内部は当時の姿を伝えている。対談は4月24日から27日までここと対潮楼で続けられたが、決着がつかず、明光丸は27日長崎に出港、交渉の舞台は長崎に移されることになった

鞆港に面して建つ「いろは丸展示館」●鞆の浦の名物「保命酒」の蔵を改造してあり、すぐ北には、京都から落ちてきた三条実美ら公卿が宿泊した保命酒蔵元の太田家がある。館内には沈没したいろは丸の船体と遺物の引揚状況を示した原寸大ジオラマや、多数の引揚品を展示するほか、2階には坂本龍馬が紀州藩との交渉のため滞在した枡屋2階が再現されている

龍馬が滞在した枡屋●日本初の国立公園に指定された名勝・鞆の浦の仙酔島に面して建つ。枡屋は土佐藩の取引商人で、龍馬は階段のない2階の隠し部屋で寝泊まりしたと伝えられ、近年その部屋が発見され、「いろは丸展示館」に再現された

「いろは丸展示館」に再現された枡屋の龍馬滞在の部屋

五代才助の仲裁などで談判の目鼻もつき、手紙の調子にもぐっと余裕が出る。

「船の争論は私の思うように運んだ。土佐人だけはみんな必死で兄弟のように頑張った。嬉しいじゃないか」

この談判の間、龍馬は丸山遊廓で「船を沈めたその償いは、金を取らずに国を取る」という歌をはやらせ、世論を味方につけるムードを作る。

【五月二十八日】伊藤助太夫宛（三通）

「後藤象二郎も頑張って議論し、今朝、紀州藩がついに薩摩へ詫びの仲立ちを頼んだ。ただ、鞆の港で捨てられたことは、武士へのはずかしめなので、土佐の殿様へきちんと挨拶すべきだ。いずれにしても面白い運びとなった」と、ひと月の努力が報われたことを喜んでいる。

【五月二十八日】お龍宛

残っているお龍への手紙はこの一通だけ。「戦覚悟の交渉もやっとやり遂げたのでご安心。お龍のいる下関へ寄りたかったが、後藤と京都へ行くので、それがすんだら寄るから」と書き、事件の経過にも触れている。この後藤との船旅で「船中八策」が誕生するが、この手紙でも「このたびの船旅はまことに楽しみ」とそれへの期待を見せている。

【五月二十九日】小谷耕蔵ほか（海援隊士）

宛

船、荷物、乗組員の手回り品に至るまで、紀州藩が弁償することになったことを海援隊に知らせる。

【六月二十四日】兄・権平宛

いろは丸事件の顛末を初めて国もとへ報告。心配をかけまいという配慮か。

「龍馬の船の議論がすばらしく、これが日本の海上交通安全規則のもとになった。船乗りがみな相談に来るが、嬉しいことだ」と鼻高々だ。

龍馬も、後藤象二郎も、この事件にほぼ一か月間専念したため、大政奉還への動きは足踏みした。事件が片づくのを待ちかねたように、六月九日に京都へ出発したのも、それを取り返すためだが、肝心の山内容堂は土佐に帰ってしまっていた。

「船中八策」を発表

船旅の中で、龍馬はかねて「国是七条」を手本に用意していた新国家像を、後藤に示した。これが船中八策だが、発表される文章の仕上げは、同乗していた海援隊の書記・長岡謙吉が担当している。

この国づくり案を将軍が理解し、幕府が政権を朝廷に返せば、内戦なしで近代国家に生まれ変わる、そうした希望を託した将来像だ。ではその船中八策を見てみよう。

「船中八策」（慶応三年六月十五日発表）

〈本来カタカナだが平仮名にした〉

一、天下の政権を朝廷に奉還せしめ、政令宜しく朝廷より出づべき事。

（政権奉還、幕府政治の終結）

一、上下議政局を設け、議員を置きて万機を参賛せしめ、万機宜しく公議に決すべき事。

（議会制度と公議制）

一、有材の公卿諸侯及び天下の人材を顧問に備へ官爵を賜ひ、宜しく従来有名無実の官を除くべき事。

（人材の登用と旧来の行政の改革）

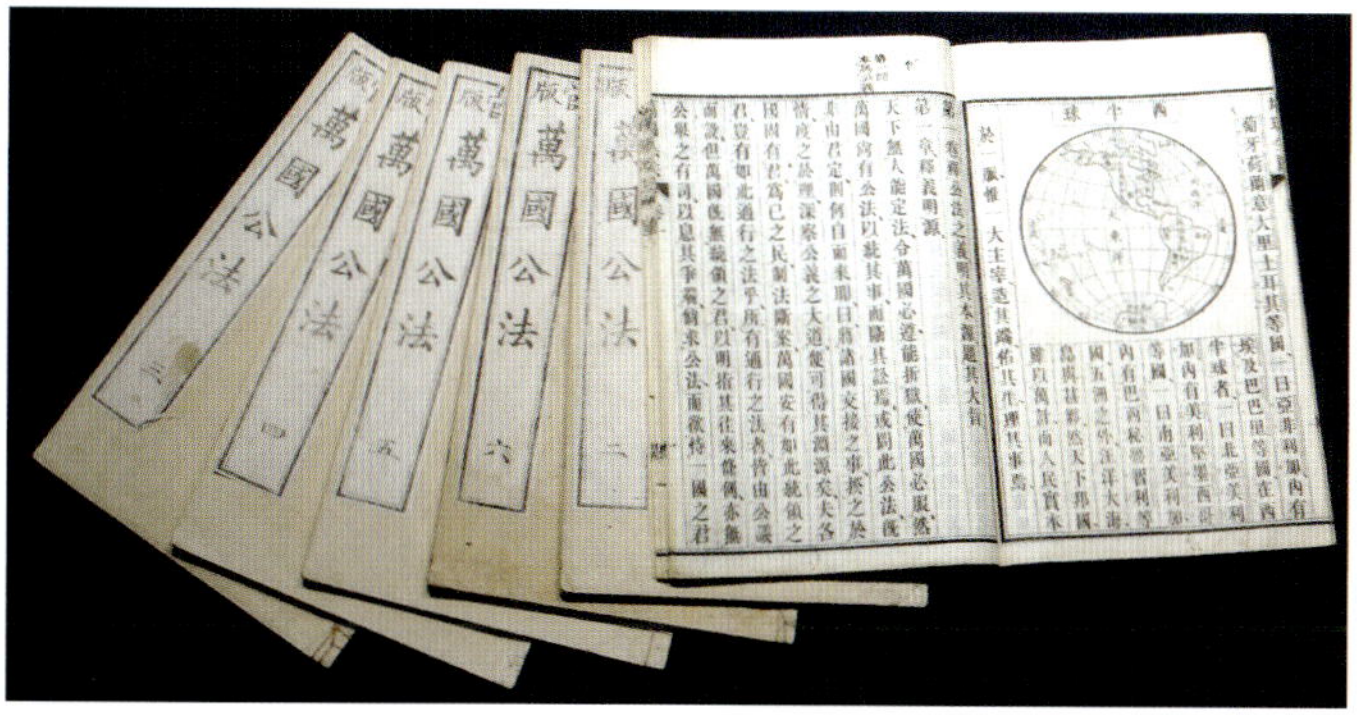

『万国公法』●現在の国際法にあたるもので、龍馬はいろは丸事件の談判に際し、「万国公法」に則った真理を求め、海援隊からも『万国公法』の出版を企画し、秋山先生なる人物から取り寄せている。ただし、出版されたかどうかは不明。写真は土佐藩開成所が慶応元年翻刻した『官版万国公法』／高知県立図書館蔵

長崎の丸山遊廓にあった「花月」の門●龍馬はこうした遊廓で、「船を沈めたその償いは、金を取らずに国を取る」という歌をはやらせ、世論を味方につける工作をした

土佐藩船「夕顔」の絵馬●慶応3年（1867）6月7日、いろは丸事件が解決した坂本龍馬は、大政奉還実現のために後藤象二郎らとともに海路長崎から京都に向かう。その時乗船したのが「夕顔」。「夕顔」は1863年イギリス製で、659トンの鉄製の蒸気船。土佐藩が慶応3年1月長崎でW.J.Altから購入した。龍馬はこの船中で「船中八策」を長岡謙吉とともに作成した。この絵馬は「夕顔」乗組員が土佐藩の海軍基地があった種崎から程近い仁井田神社に奉納したもの／仁井田神社蔵、写真：高知市立自由民権記念館

一、外国の交際広く公議を採り、新に至当の規約を立つべき事。
（国の交際と平等条約の締結）

一、古来の律令を折衷し、新たに無窮の大典を選定すべき事。
（昔の憲法を参考にし、将来恥ずかしくない憲法を作る）

一、海軍宜しく拡張すべき事。
（海軍の増強と国防）

一、御親兵を置き、帝都を守衛せしむべき事。
（近衛兵の設置）

一、金銀物貨宜しく外国と平均の法を設くべき事。
（為替レートの設定）

以上八策は方今天下の形勢を察し、之を宇内万国に徴するに、之を捨て他に済時の急務あるなし。苟もこの数にを断行せば、皇運を挽回し、国勢を拡張し、万国と並行するも亦難しとせず。伏して願わくは公明正大の道理に基き、一大英断を以て天下を更始一新せん。

龍馬の手紙には「日本」という言葉がよく登場するが、幕府と藩に代わって、議会制度を持つ近代国家「日本」の実現を目指す龍馬は、その具体的な国のかたちを八つ

の項目にまとめた。これは、文久三年（一八六三）神戸に勝海舟の海軍塾を建てる時、龍馬は福井藩に資金を借りに行き、そこで福井藩の政治顧問・横井小楠から、前年、幕府を改革のために考えた「国是七条」について教えられた。公議制度、人材登用、海軍拡充、貿易管理など、船中八策と同じ理念の項目が四つあり、龍馬は四年間それをじっと温め「八策」にまとめた。なお参考までに「国是七条」は次の通りで、四～七項が「船中八策」に生かされた。

一、大将軍上洛し、列世之無礼を謝せ。
一、外藩譜代に限らず、賢を選びて政官と為せ。
一、諸侯の参勤を止め、述職と為せ。
一、大いに言路を開き、天下に公共の政を為せ。
一、諸侯の家室を帰せ。
一、海軍の兵威を強めよ。
一、相対交易を止め、官交易と為せ。

十九世紀に書かれたにもかかわらず、二十一世紀の今に立派に通用する先見的感覚で、中には、行政改革、平等条約、為替レートなど、今日の課題として残っているものさえある。これは「大政奉還建白書」に生かされ、「五か条のご誓文」にも引用され、近代国家「日本」の指針になった。

船中八策をもとに、大政奉還路線での改革を進める段取りは、後藤の説得でこれを土佐藩の方針とすることが決まり、次いで武力討幕派をも説得、さらに六月二十二日京都で薩摩藩の小松帯刀、西郷隆盛、大久保利通らと、土佐藩幹部らが薩土盟約を結んでこの路線を合意した。この席には龍馬と中岡慎太郎も同席、さらに龍馬と中岡は岩倉具視を訪ね、公家たちにも大政奉還についての理解を求めている。芸州藩もこれに賛同し、七月に入り山内容堂に幕府へ建白を進言し、具体的に動こうとしたとき事件が起こった。

イカルス号事件勃発

七月六日、長崎でイギリス水兵が殺され、その嫌疑が海援隊にかかった。「イカルス号事件」で、大政奉還路線の主役、後藤と龍馬は、これに専念せざるを得なくなった。結果は冤罪となったが、国際問題を抱え、イギリス公使パークスが土佐藩に乗り込み、さらに九月三日から長崎で審問が行われるなどで、二か月が過ぎてしまった。

せっかく盛り上がり絞り込んだ大政奉還への動きに緩みが出始めた。長州の木戸も、九月に入り「台本はおもしろいが芝居で間違うと、舞台まで壊れる」と例え話で暗に武力倒幕も視野に入れることをほのめかし始めた。

小銃一千挺を土佐藩に売る

十日に海援隊士への嫌疑が晴れると、龍馬は小銃一千三百挺をオフンダ商人から購入、うち一千二百挺を芸州船震天丸に積み

H.S.パークス■1828～1885
第2代駐日イギリス公使。スタッフォードシャー出身。アヘン戦争の時から通訳として中国に駐在、アモイ領事、上海領事を経て慶応元年閏5月駐日公使。四国艦隊の長州攻撃を主導した先代オールコックが訓令違反とされ本国召還になったあとを引き継いだ。この時点でイギリスの対日政策は反幕府勢力重視に変わり、9月には下関戦争の償金放棄と兵庫・大坂開港要求を提案、米仏蘭3国に決議させるなど、在日外交団のリーダーシップを握る。翌年6月にはグラバーの仲介で西郷隆盛と会見し反幕派支持を表明、大政奉還後は他国に先駆け天皇に信任状を提出し、新政府承認の口火を切った。

込み二十日下関で伊藤博文に会うが、薩長の武力倒幕への動きも感じ取った。

そこで龍馬はそのまま土佐に向かい二十四日に浦戸湾へ入り、種崎の中城家にひそみ、同船してきた岡内俊太郎を通じて、土佐藩・渡辺弥久馬との交渉を始めた。知らせを聞いた渡辺や本山只一郎らは、大監察森権次を伴って、夕刻浦戸湾岸松ヶ鼻の茶店で会合し、持参した一千挺の小銃は、土

渡辺弥久馬■文政5～明治14、諱利行　土佐藩馬廻り組斉藤弥三八の子。13代藩主山内豊熈の御側物頭。おこぜ組に属したが天保14年失脚、嘉永年間吉田東洋に登用され、東洋死後も近習目付、上士銃隊操練教授などを務め、慶応年間には参政となる。慶応3年8月、イカルス号事件談判のため土佐を訪れたパークスに後藤象二郎、佐々木三四郎らと臨む。9月にはライフル銃1000挺を運んできた龍馬と会談、藩での購入を決めた。維新後は名を斉藤利行と改名し明治政府に出仕、明治3年参議、同8年には元老院議官となる。

岡内俊太郎■天保13～大正4、諱重俊　土佐藩士岡内清胤の長男。横目付を務め土佐勤王党と交流。慶応3年佐々木三四郎の下で長崎の土佐商会に勤務。そのころから龍馬との交流が密になり、龍馬の手紙にたびたび顔を出す。同年7月発生したイカルス号事件で奔走。9月14日に海援隊がライフル銃1300挺を購入したときも陸奥陽之助や千屋寅之助らとともに尽力、龍馬とともに浦戸湾まで運び、渡辺弥久馬や本山只一郎らとの連絡役を務めた。その後も龍馬と行動を共にしたが、龍馬暗殺2日前の11月13日、土佐藩の出兵を促すため帰国した。維新後は明治2年刑法官に出仕、同6年には欧州を歴遊し、帰国後司法大検事、元老院議官、貴族院議員を歴任。晩年は民友党員。

イカルス号事件が起きた長崎港を長崎製鉄所から見る●長崎製鉄所は安政4年（1857）、オランダの技術によって長崎海軍伝習所の対岸飽の浦に完成した製鉄所で、小規模な船の修理が行われていたが、文久3年神戸海軍局の管轄下に入ることになった。明治に入って製鉄所は岩崎弥太郎に払い下げられ、現在の三菱重工業長崎造船所に発展する／ポンペ『日本における5年間』より、長崎県立長崎図書館蔵

佐藩が買い入れ、武力近代化に備えることとなった。

肩の荷を下ろした龍馬は、九月二十九日、晴れて脱藩後五年目の坂本家に帰り、家族や親しい仲間と旧交を温めた。しかし大政奉還への動きも急を要するため、二日後の十月一日朝、京都へ向かって旅立った。大政奉還路線に対する薩長の武力倒幕路線がまた勢いを強め、板垣、中岡、大久保などが、五月の密約にそった動きをする中で、船の故障で須崎から出直し数日を空費したことは身を切られる思いだったろう。

十月九日、船が大坂に着き、京都へ向かう途中、兄権平に宛て「此頃京阪のもよふ（模様）以前とハよ程相変り、日々にごてごてと仕候得ども、世の中は乱［れ］んとして中々乱れざるものにて候と、皆々申居候……」と、状況の厳しさを感じつつも、自らを励ますような手紙を送っている。これが坂本家への最後の手紙となった。

心配していた大政奉還建白書は、後藤象二郎が九月一日、京都に行き関係の根回しを済ませ、龍馬が須崎で足止めを食っていた十月三日、松平容堂署名の本文と、後藤象二郎ら四名の土佐藩幹部連名の別紙（副書）の二通の大政奉還建白書が、老中・板倉勝静《かつきよ》を通じて、幕府へ提出された。そして十月十三日に各藩代表を集めて二条城で、

鷲尾山から望む浦戸湾●対岸は仁井田、種崎。右奥に桂浜や龍馬記念館のある浦戸が見える。種崎は土佐藩海軍の根拠地であった／写真：吉松靖峯

最後の帰郷で龍馬が訪れた中城家●慶応3年9月24日、龍馬は震天丸で浦戸湾に入ると、船を御畳瀬に係留し、対岸の種崎にある中城家に投宿した。中城家は山内家の御船手方を務め、龍馬も少年時代から面識が会った

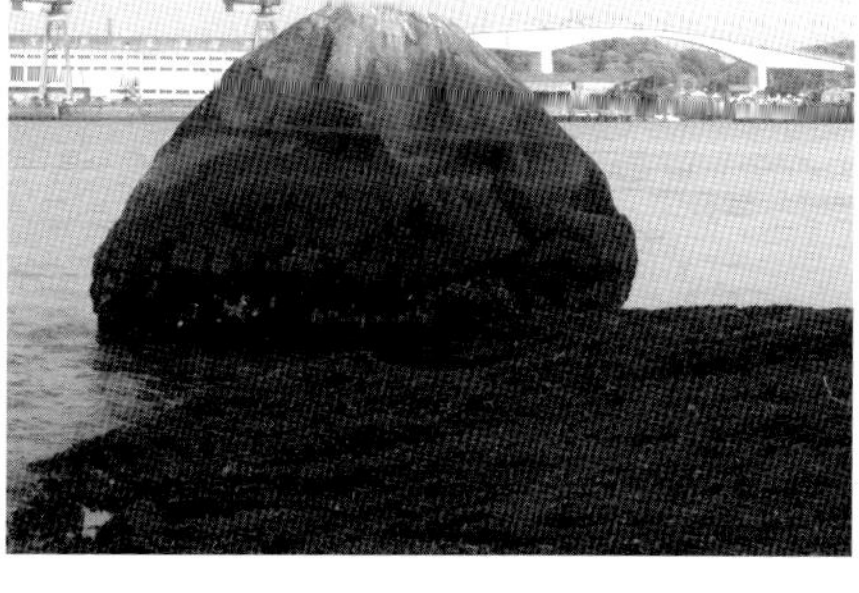

袂石●慶応3年（1867）9月24日、龍馬は広島藩船震天丸にライフル銃1000挺を積み、浦戸湾に入った。その時船を係留したのが、御畳瀬袘（あこめ）の浦にある袂石であったという。対岸は種崎で浦戸大橋が見える

板倉勝静■文政6～明治22、号松叟
備中松山藩主。周防守、伊賀守。桑名藩主松平定永の第8子で板倉勝職の養子となり、嘉永2年襲封。文久2年老中・外国掛りとなり攘夷の勅諚を受けるため将軍家茂とともに上京するが、江戸帰府後辞任。慶応元年再び老中となり、長州再征のため家茂に従い大坂に駐在。慶喜が将軍になるとフランス公使ロッシュの意見を取り入れ軍政改革を進めた。大政奉還には賛成したが、朝廷に受納されると大いに怒り、薩長2藩に対抗して幕兵の増派を要求した。鳥羽伏見の戦い後、江戸で老中を辞し日光に謹慎したが、旧幕軍に擁立され官軍に反抗。いったんは官軍に捕縛され宇都宮に幽閉されるが、大鳥圭介が奪回、会津若松城攻防戦に参加、落城後は榎本武揚の箱館政府に参加した。明治2年東京で自首、明治5年まで禁固。その後は上野東照宮神官となった／高梁市文化交流館蔵

吸江寺（ぎゅうこうじ）●鎌倉時代、夢想疎石が北条高時の母覚海夫人の招きを避け、土佐に下りここに吸江庵を構えたことに始まると伝える古寺。慶応3年（1867）9月24日、ライフル銃1000丁を持ってきた龍馬は、中城家を根城に土佐藩との売買交渉を始める。その密会交渉は場所を変えて何度か行われ、松ヶ鼻の茶店（高知市九反田）や、吸江寺（高知市吸江）、料亭半船楼（高知市五台山）で行われたと伝える。当時はいずれも浦戸湾に面した場所であった／土佐国吸江圖（橋本廣勤画、部分）、高知県立図書館蔵

重大発表が行なわれた。

龍馬は出席する後藤に「もし奉還が行われなかったら、将軍を切り自分も切腹せよ」と厳しい励ましの手紙を送り、後藤も「命を懸けて事に当たる」と返事を託して、福岡藤次とともに登城した。

大政奉還成る

午後二時から始まった会で、在京四十余藩の代表を前に将軍慶喜は、政権を朝廷に返すことを「紙に書いて」発表したと言う。もちろん意見や異議は出ず、奉還は決まった。

後藤は宿にかえり、「唯今下城、今日之趣取敢えず申上げ奉候。大樹公政権を朝廷に帰するの号令を示せり。此事を明日奏聞、明後日参内勅許を得て直様《すぐさま》政事堂を仮に設け上院下院を創業する事に運べり。実に千載之一遇天下万姓の為大慶之に過ぎず。……」と認め、使いの者に持たせ三条小橋の西「酢屋」で海援隊士ら同志と待つ龍馬に届けた。

龍馬は「よくぞ断じ給えるものかな。余は誓ってこの公のために一命を捨てん」と涙を流さんばかりに感激した、と伝えられている。

慶応三年（一八六七）十月十五日、政権奉還が朝廷の許しを得たあと、すぐ発足す

二条城本丸●幕末、徳川慶喜在城のころの本丸天守台には物見太鼓矢倉があげられていた。写真は明治初年の撮影で人力車と瓦斯灯が見える／写真提供：西ケ谷恭弘

徳川慶喜■天保8〜大正2
第15代将軍。水戸藩主徳川斉昭の7男。早くから開明的資質が注目され、弘化4年一橋家当主となる。嘉永6年ごろから次期将軍候補として松平慶永（春嶽）島津斉彬、伊達宗城、徳川斉昭ら有力大名に擁立されるが、井伊直弼の登場で挫折。文久2年復活、公武合体策に基づく幕政改革で将軍家茂の後見職となる。攘夷鎖港を迫る朝廷に、後見職辞任表明で切り抜ける。第1次征長戦はうやむやのうちに休戦、龍馬らによる薩長同盟締結、これを軸とする倒幕勢力の団結強化を招く。第2次征長戦は幕府軍大敗北の中将軍家茂が病死、征長戦終結後の慶応2年12月第15代将軍となる。フランス公使ロッシュの助言で、財政・軍事改革を進めるが、ついに慶応3年10月、大政を奉還した（86ページ参照）／写真提供：霊山歴史館

二条城二の丸御殿を望む●慶応3年10月14日、徳川慶喜は二条城二の丸御殿の大広間に京都在勤の約40藩の重臣らを召集し、土佐藩から提出されていた大政奉還建白書を受け、政権を朝廷に返すことを発表した。土佐藩からは後藤象二郎、福岡藤次が出席した。龍馬は海援隊の同志らとともに、酢屋で事の成り行きを待ち受けていた。後藤に決死の覚悟で望むことを要請し、もし、慶喜が大政奉還をしない場合は、隊士一同で慶喜を御所参内の道筋に待ち伏せ、斬り込む覚悟であることを後藤に書き送っている。龍馬は、大政奉還推進の一方で、その成否の要は、江戸の銀座を京都に移して国家財政の実権を握ることにあり、また、大政奉還がならない場合はすみやかに土佐藩兵を上京させ、武力倒幕に移るべきことを10月10日ごろの後藤宛書簡で述べている／写真：上野正義

るはずだった上院下院が実現するのは、実に、二十四年先の明治二十三年（一八九〇）なので、後藤象二郎の喜びは何だったのか、いったいその間、明治政府は何をしていたのか、といいたくもなる。

新政府綱領を書き上げる

龍馬はこの喜びの中で、新政府のあり方について思いを巡らす。新政府を維持する

ための財政の大切さを考え、福井に飛んで、三岡八郎（由利公正）と十六時間にわたって話し合っている。明治政府で由利は太政官札の発行に取り組んだ。この話し合いのあと、龍馬は船中八策をもとにした新政府綱領を書き上げた。

新政府綱領八策（慶応三年十一月五日頃）
〈船中八策をもとにメモ風に書いたもの〉

三岡八郎（由利公正）■文政12～明治42、諱義由
福井藩士三岡義知の子。嘉永4年北陸を遊歴した横井小楠の思想に触れ感銘。嘉永6年ペリー来航で江戸に上り、翌安政元年には品川御殿山警備。大小銃・弾薬製造掛となり、城下に鉄砲製造所等を建設。将軍継嗣問題で藩主慶永を助け奔走するが、慶永失脚後は藩の政治顧問に就任した小楠の教化で藩政改革に着藩財政の建て直しを実現。文久3年藩の挙兵上京計画を推進するが挫折、幕末まで蟄居処分となる。文久3年龍馬と知り合い、慶応3年11月新政府の財政問題で相談に訪れた龍馬と会談、龍馬の推挙で新政府の参与となり、政府の財政危機を救う。また『五箇条御誓文』の原案を作成。明治以降、東京府知事、元老院議官、貴族院議員等を歴任。明治3年から由利公正を称す／写真提供：福井市立郷土歴史博物館

福井城本丸巽三重櫓●福井城は、天正3年（1575）織田信長自らの縄張で建てた北庄城を原初とし、慶長5年（1600）12月徳川家康の子結城秀康が新たに構えた輪郭式の城。天守台にあった「福の井」から福井城と命名され、福井の街名にもなった。寛文9年（1669）に天守が焼失、以来写真の東南隅の巽櫓が天守代わりとなっていた。幕末の16代藩主となった松平慶永（春嶽）は天保9年（1838）田安家から迎えられた養子。本丸御殿に住み、殖産興業に務め安政6年（1859）には物産会所を設けて藩内物産を商品化し、藩財政を立て直した／写真提供：福井市立郷土歴史博物館

莨屋（たばこや）古写真●莨屋は現在の福井市照手1丁目にあった旅館。慶応3年（1867）11月初旬、福井に三岡八郎を訪ねた龍馬が宿泊、三岡の来訪を受けて新政府の財政政策について夜を徹して16時間に及ぶ会談を行った。現在はその場所に碑が建てられている（133ページ参照）／写真提供：福井市立郷土歴史博物館

第一義　天下有名の人材を承知し顧問に供ふ

（人材の登用）

第二義　有材の諸侯を撰用し　朝廷の官爵を賜ひ　現今有名無実の官を除く

（登用した人材への待遇と、仕事をしない役所の整理）

第三義　外国の交際を議定す

（国交、条約）

第四義　律令を撰し　新たに無窮の大典を定む　律令既に定れば　諸侯伯皆此を奉じて部下を卒す

（憲法と国の体系をつくる）

第五義　上下議政所

（議会制度）

第六義　海陸軍局

（海軍と陸軍の整備、拡充）

第七義　親兵

（政権を持った朝廷を守る、専門の部隊）

第八義　皇国今日の金銀物価を外国と平均す

（為替レート）

右預め二三の名眼士と議定し、諸侯会盟の日を待って云々。〇〇〇自ら盟主と為り此を以て朝廷に奉り、始めて天下万民に公布云々。強坑非礼公議に違ふ者は断然征討す。権門貴族も貸借する事なし

（この綱領に諸侯の賛同が得られれば、慶喜公が盟主となり、朝廷に申し上げ、その上で、国中の人々に、新政府の仕組みを知らせる。これに逆らうものは、討ち倒す。大名貴族と謂えども容赦はしない）

慶應丁卯十一月　坂本直柔《なおなり》（龍馬の本名）

「云々《うんぬん》」とあるのは、船中八策でも述べた通りで省略、という意味合いだろう。また〇〇〇は徳川慶喜を指していると考えられている。

福井から帰り着いた日の十一月五日に書いた、とも思われるので、由利との話に励まされたのだろう。重大な決断で大政奉還をした慶喜将軍を、盟主という形で新政府に入れ、敵味方関わりなく、ともに新しい国づくりに取り組もう、という龍馬の純粋な気持ちが見えるが、現実は、薩長が支持せず、龍馬の没後戊辰戦争が起き、将軍慶喜はその名誉を奪われてしまう。

龍馬はこのあと十一月十五日、京都河原町三条下る、醤油醸造業「近江屋」の二階で中岡慎太郎といるところを襲われ、闘死する。三十三歳。中岡は三十歳だった。

実行犯はともかく、黒幕については、いまだ謎の中だ。

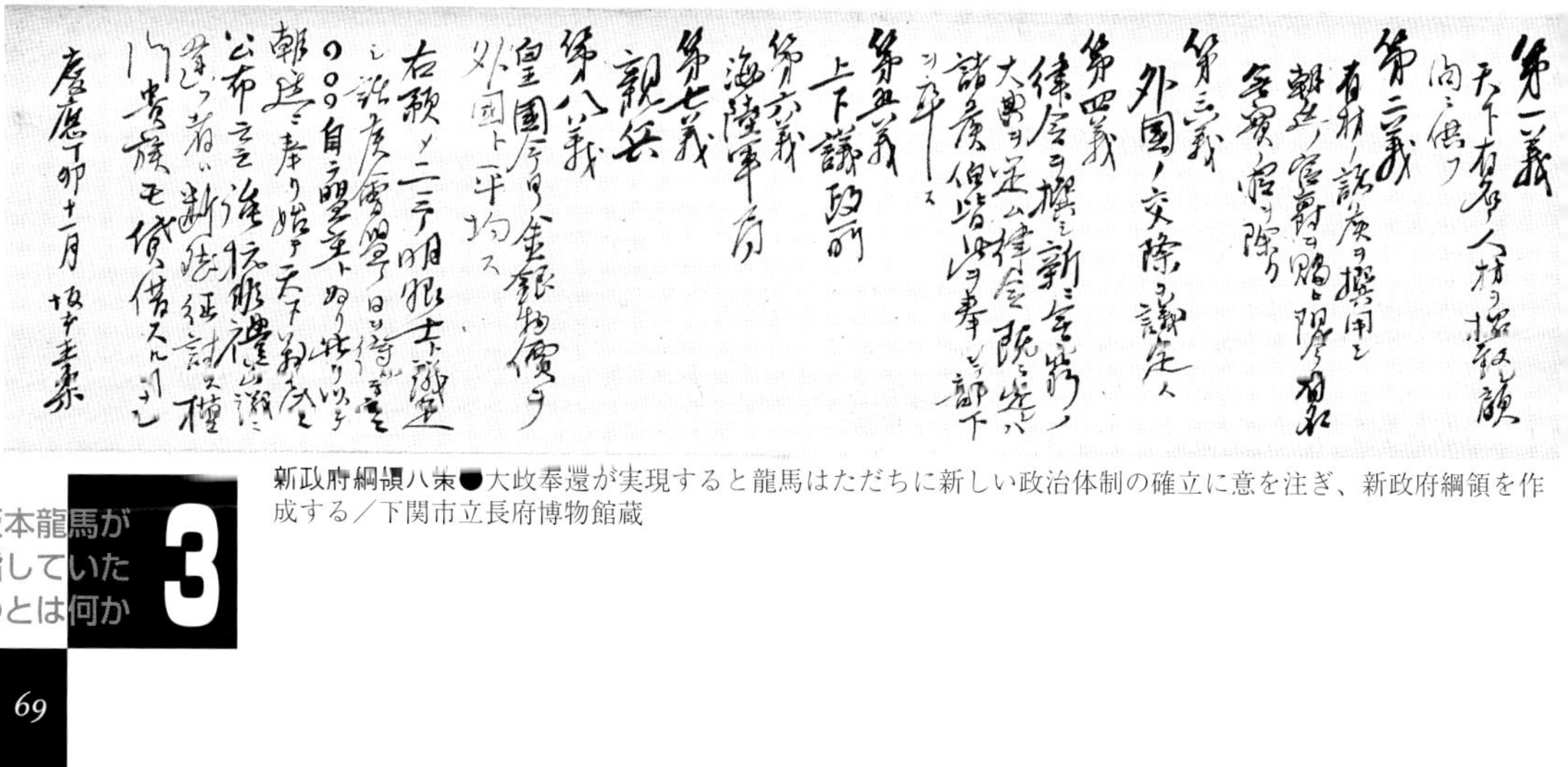

新政府綱領八策●大政奉還が実現すると龍馬はただちに新しい政治体制の確立に意を注ぎ、新政府綱領を作成する／下関市立長府博物館蔵

りょう

4 龍馬の妻はどんな人生を送ったのか

阿井景子 作家

りょうと称する若い女の写真が出廻っているが、りょうの写真は現在一種類しかない。

明治三十二年、りょうの談話をきくため、彼女の陋屋を幾度か訪れた川田瑞穂が、さいごに写真を撮らせて欲しいと頼むと、りょうは、

「西郷さんとの約束で、写真は撮らぬことにしています」

と断った。

「西郷さんの写真はすでにあります（肖像画しかない。※阿井）」と川田が言うと「それでは」と応じたという。（「明治百年と坂本龍馬」川本直水）

私たちが目にする額がはげあがり、頬がすぼんだ晩年の写真である。

川田のきき書きは、この年十一月、「土陽新聞」に「千里駒後日譚」として連載された。川田は後に維新史編纂室を経て、早稲田大学の教授となる。

―

りょうは天保十二年（一八四一）京都柳馬場三条下ル町医者の家に生れた。

父は楢崎将作、母は貞（夏とも）。五人兄弟の長女で、光枝、君江、太一郎、次郎の弟妹がいた。

龍馬は（慶応元年九月九日付）姉乙女《とめ》に、

「次郎は五歳、むすめ惣領は二十三、次ぎが十六歳、次ぎは十二歳」「太郎（太一郎）九歳」と書き送っている。（新かなに訂正。以下同）

りょうの没年から逆算すると、この年齢は文久三年（一八六三）になる。

だが、君江は十二歳ではなく十一歳。港区麻布光林寺の君江の墓碑には「昭和九年九月二十日八十二歳」と没年が刻まれている。

楢崎家は資産があり、稼業は繁盛していて一家七人が楽に暮らせる“大家”であった。

しかし将作は「勤王道楽」で身を滅ぼす。

彼は若い志士が頼ってくると金品を与え、親切に面倒をみたので、屋敷には絶えず若者が出入りし、数人の食客が屯ろしていた。

儒者頼三樹三郎、梁川星巌、池内大学らとも親交があり、お互に往き来をしては、天下国家を論じあった。

それゆえ安政の大獄がはじまると、将作は六角の獄舎に送られる。翌年の恩赦を待つことなく暑中の獄舎で病死した。文久二年（一八六二）六月二十日。家族はのぞみを断《た》たれた。

将作入牢後、一家は彼の借財（勤王道楽の）を抱え、衣類・道具類を売って細々と暮らしてきたが、もはや限界にきていた。

りょうは家族を支えるために奉公に出る。

だが、光枝が「悪者」にそそのかされて大坂へ連れ去られる事件が起こった。

それを知ったりょうは着物を売って旅費をつくり、光枝のいる大坂の女郎屋へ乗り込んだ。

「死ぬる覚悟にて刃物をふところにして喧嘩をいたし……とうとうその妹を受け取り京都へ連れかえりたり。珍しきことなり」

龍馬の手紙である。

▶川田瑞穂が撮影した晩年のりょう／写真提供：土居晴夫

龍馬とりょうが何時どこで知りあったか不明だが、前記手紙の年齢、龍馬が西上していた時期を考えると、文久三年四月以降と思われる。

それを裏付けるように、りょうは、

「元治元年に京都で大仏騒動というのがありました。あの大和の天誅組の方々が大分おりましたが、幕府の嫌疑を避けるために、龍馬等と一処に大仏へ匿れておったのです」

と語っている。

りょうと知りあった龍馬は、一家の窮状をみかねて、彼女の母や妹を志士たちの飯炊き、縫張りに雇い入れていた。

だが池田屋の変後、浪士・志士たちの詮議がきびしくなり、池田屋の変で同志望月亀弥太《かめやた》が斬殺されたことで、大仏の隠れ家は手入を受ける。

わずかな家財は役人に押収され、取調べのために貞が連行された。

貞はすぐに釈放されたが、危険を感じた龍馬（江戸へ行く途中から戻る）は、貞を杉坂の尼寺へ、太一郎を金蔵寺へ、君江と次郎を神戸の勝海舟に、りょうを伏見の寺田屋へ預けた。

二

寺田屋の女主人登勢は、りょうを養女扱いで引き受け、捕吏の目をごまかすためにりょうの眉を剃り、名を春と改めた。

有名な寺田屋事件が起こるのは、りょうが寺田屋へきて、二度目の正月を迎えた慶応二年一月二十三日。

この日龍馬は桂小五郎と西郷隆盛の意見を調整し、懸案の薩長同盟を成立させたことで興奮していた。

彼が京の薩摩藩邸から、伏見寺田屋へ戻ってきたのは深夜であった。

龍馬の手紙によれば「正月二十三日八ツ時半（午前三時）頃なりしか、一人の連れ三吉慎蔵（長州の支藩長府藩士）と咄して風呂よりあがり、最早寝んと」している時に、裸のりょうが飛び込んできた。

りょうの談話によれば、

「あの時、私は風呂桶の中につかっていました。これは大変だと思ったから、急いで風呂を飛び出したが、全く着物を引掛ける間も無かったのです。実際全裸《まるはだか》で、恥も外聞も考えては居られない。夢中で裏梯子から駆け上って、敵（捕吏）が来たと知らせました。

その時坂本は、自分の羽織を手早く行灯《あんどん》にかぶせて、光を敵の方に向け、自分と三好さんは暗い方に

お登勢●天保2～明治10、寺田屋女将
大津で旅館を経営する大本重兵衛次女。弘化4年寺田屋6代目伊助に嫁ぐ。放蕩者の伊助に代わり寺田屋を切盛り、文久2年の寺田屋騒動では冷静に対処し殺された9烈士を鄭重に弔った。元治元年夏ごろから龍馬の定宿となり、龍馬の依頼でりょうを預かったり、龍馬とりょうの結婚後はりょうの母親の面倒を見ている。龍馬が「学問ある女、尤人物なり」と評価し心を許した女性である／写真提供：土居晴夫

寺田屋風呂桶●りょうの証言によれば、龍馬襲撃の夜風呂に入っていたおりょうは、窓にあたる鑓の音に気付き、捕吏が寺田屋を囲んでいることを知ったという／写真：上野正義

かくれて、敵が表梯子から上って来る鼻先へ、鉄砲を打《ぶ》っ放しました。私はしばらく様子をみていましたが、あぶないと思ったので、元の裏梯子から湯殿の方へ引き返しました」

とある。

りょうは、龍馬の投げて寄越した男着物をまとい、咄嗟の判断で伏見下板橋の薩摩藩邸まで夜道をひた走り、龍馬と慎蔵の危急を告げた。

りょうの機転で龍馬は救出され、慎蔵は自力で藩邸へ辿りつく。

龍馬らは、伏見から西郷のいる京都の薩摩藩邸に

寺田屋裏階段●一刻も早く龍馬に知らせるため、衣類も着けず昇った裏階段は、りょうにはこのようにも見えただろうか。あるいは灯りもつけず、2階の行灯の光を頼りに深夜の階段を昇ったのだろうか／写真：上野正義

移されるが、龍馬は右手親指、左手親指と人指《さ》し指に傷を負っていた。

「明くる日も血が走り止まず、三日ばかりも小用に参ると目まい」がする龍馬を、りょうは帯も解かずに看病する。

　龍馬の傷は「浅手なれども動脈」に達していた。しかも彼は病みあがりの体で寺田屋脱出後、疎水に飛び込み、ずぶぬれになったので、高熱を発していた。

　りょうの献身的な看護に「この龍女おればこそ、龍馬の命は助かりたり」と龍馬は、この年十二月四日、乙女《とめ》に書き送る。

　りょうを自分の妻として西郷や小松帯刀（薩摩藩重役）に紹介し、兄権平《ごんぺい》あての書状に「名は龍今妻なり」、同日（十二月四日）の乙女あての手紙には、「私妻は則《すなわち》、将作の女《むすめ》なり。今年廿六歳、父母の付けたる名龍、私が又鞆《とも》とあらたむ」と記した。

　後年りょうは、「大仏の和尚の媒介で、私と坂本は縁組をしました」と語り、恰好をつけているが、祝言はしなかったようである。

　ともあれ、この日から薩摩で過した三か月が、りょうにとっては生涯最良の日々となる。

　幕吏の目を逃がれるために、西郷が鹿児島に誘ったからで、下関で慎蔵と別れた龍馬とりょうは三月

鹿児島市天保山に立つ坂本龍馬新婚の旅碑／写真：住吉重太郎

現在の塩浸温泉／写真：住吉重太郎

十日鹿児島に到着した。

二人は、日当《ひなた》山、塩浸《しおびたし》、霧島などの温泉地を経めぐり、湯治を兼ねた新婚旅行を楽しむ。龍馬三十二歳、りょう二十六歳であった。

霧島から帰った龍馬は、「長州へ使を頼まれ」六月四日りょうを伴い乗船、鹿児島を出港する。「長崎へ月琴の稽古に行きたい」とりょうが言ったからで、龍馬は「長崎のしるべ」にりょうを頼み、

りょうが愛した月琴●月琴は江戸時代長崎に渡来した中国人が奏でていた中国の楽器。のち長崎の町人文化として定着した。現在、小曽根吉郎氏主催の保存会が伝承する／高知県立坂本龍馬記念館蔵

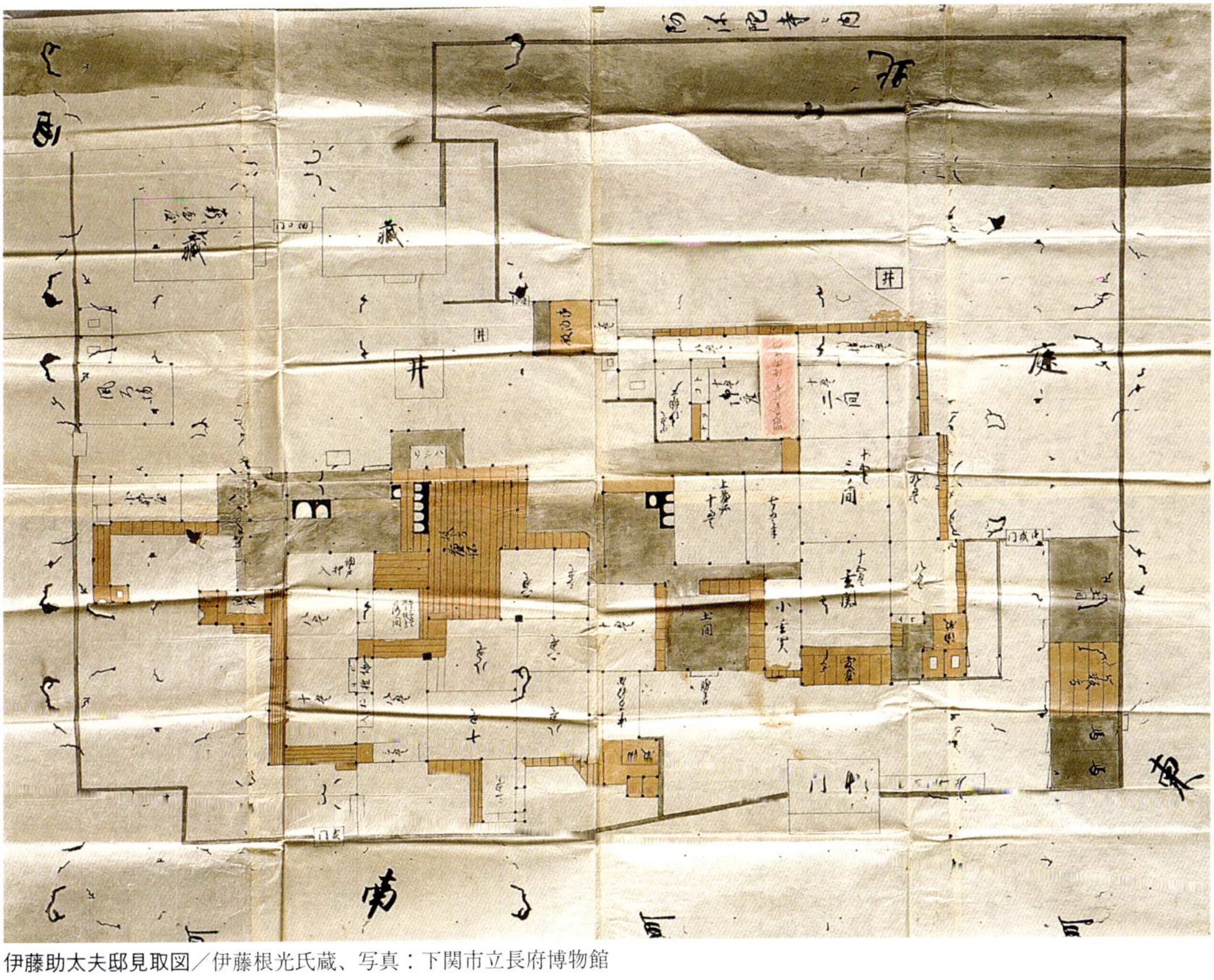

伊藤助太夫邸見取図／伊藤根光氏蔵、写真：下関市立長府博物館

長州へ向った。

　そのりょうが、龍馬と下関の名家伊藤助太夫邸に移り住んだのは慶応三年二月。

　この年一月、長崎・榎津の清風亭で、後藤象二郎（土佐藩参政）と会見した龍馬は、後藤の尽力で、経済的に行き詰っていた「亀山社中」を海援隊――土佐藩海軍補助部隊――として再発足させた。四月のことである。

　だが、下関にきてからのりょうは一日も気持ちが休まらない。

　海援隊長として東奔西走する龍馬が刺客に襲われた夢をみるからで、りょうは時々訪れてくる三吉慎蔵にそのことを訴えた。慎蔵とは寺田屋以来「熟懇」となっていた。

　龍馬は、長崎（海援隊本部）から上下するたびに下関に寄港していたが、自宅へ足をのばすことはなかった。

　その龍馬が、土佐藩大監察・佐々木高行と家に立ち寄ったのは、同年八月十四日である。

　二日前の夜、土佐藩船夕顔丸で須崎港（高知県須崎市）を出港した龍馬は長崎へ行こうとしていた。

　佐々木は、りょうの印象がよくなかったのか、日記に次のように記す。

「八月十四日……五ツ頃下ノ関ニ淀《ママ》泊ス。才谷ノ案内ニテ、稲荷町大坂屋に休息シ、才谷ノ妻ノ住家ニ才谷同伴、同妻ハ有名ナル美人ノ事ナレ共、賢夫人ヤ否ハ知ラズ、善悪共《トモ》為《ナ》シ兼ヌルヨウニ思ワレタリ」

　想うにりょうが不吉な夢見を口にし、自分を同行するよう龍馬にせがんだからであろう。

　当時、武士の妻は何事があろうとも、黙って夫の門出を見送るのがたしなみとされている。

　上級武士佐々木にとって、人前もはばからず龍馬にとりすがって同行をせがむりょうの姿は、取乱しているようで苦々しく映じた。

　だが、悪夢に脅えるりょうは、佐々木の目など気にしてはいられない。寺田屋の危難から龍馬を救ったりょうは、自分が龍馬の傍にいれば、刺客から龍馬を守れると信じていた。

　虫の知らせであろうか。

三

下関市長府の三吉慎蔵邸跡●りょうは龍馬の死後、その遺言のとおり、土佐の坂本家に引き取られるまでのあいだ長府の三吉慎蔵邸に預けられた

坂本家離れ縁側●昭和15年10月撮影されたもの。写真右から寺石正路、河田小龍孫娘・中安墨子、左端は河田小龍の末娘・三谷卯之子。坂本家にきたりょうもおそらくこの縁側に腰を掛けたことだろう

龍馬が刺客に襲われた十一月十五日の夜も、

「私は龍馬が全身朱《あ》けに染んだ血刀をさげ、しょんぼり枕元に立っている夢をみた」

とりょうは語っている。

龍馬横死の報は、京から長崎の海援隊本部にもたらされ、長崎から海援隊士・浦田運次郎が下関に来て、三吉慎蔵に伝えた。

十二月二日で、浦田は「事を告ゲテ、直チニ」帰った。

慎蔵は、この悲報を持って即刻伊藤助太夫邸に行き、「有志ニ報知シ、談合ノ上、変事ヲ」りょうに告げる。（「三吉慎蔵日記」より）

寺田屋以来「熟懇」となった慎蔵は、龍馬からこの年五月八日付きの手紙で、万一のときは「愚妻」を高知へ送り返して欲しい、その間は「尊家で御養いおきくださるよう」と依頼されていた。

龍馬横死を慎蔵に告げられたりょうは、次のように語っている。

「私は妹の君江と共に香を焚て心ばかりの法事を営みました。九日目に三好《ママ》さんや助太夫も寄合って、更《あらた》めて法事を営みましたが、私は泣いて恥しいと堪え〳〵していましたが、到頭堪え切れなくなって、鋏でもって頭の髪をふっつりと切り取って龍馬の霊前に供えるが否や、覚えずワッと泣き伏しました」

不吉な夢に脅えつつも、りょうはまさか龍馬横死が現実になるとは思わなかったにちがいない。

龍馬の遺志を遵守する慎蔵によって、りょうと君江は、彼の家（長府）に引き取られる。

長府侯は「その情を憐み」、りょうに扶持米を支給した。

妹君江が姉のところに来ていたのは、龍馬の「内意で」、近く海援隊士菅野覚兵衛と祝言をあげることになっていたからである。

龍馬は、器量よしで温和な君江を可愛がっていた。

りょうが高知の土を踏むのは、翌慶応四年三月。彼女は「一旦長崎へ下り、菅野覚兵衛と君江の婚礼を済ませ、大坂へ出て、」土佐へ向った。

慎蔵日記は「海援隊ノ諸士協議ノ上、……坂本ノ

長府藩毛利邸●龍馬の死後、長府藩主毛利元周は残されたりょうに対し、支援の金品を贈った／写真：下関市観光課

姉ノ住処ニ護送ス」と記す。

恐らく乙女が、りょうを引きとるよう兄権平（坂本家当主）に進言したのであろう。

乙女は、前年秋、風呂敷包み一つで婚家を去り、実家へ戻ってきていた。理由は拙著『龍馬の姉乙女』（光文社文庫）に書いたので、ここでは省略する。

りょうと乙女は初対面にもかかわらず、龍馬の死を語り、互に手をとりあって涙したのではあるまいか。

二人は、龍馬を通して互を知り、親愛の情を抱いていた。

かつて龍馬は「この女乙女大姉をして、しんの姉のやうにあいたがり候。“なにとぞ帯か着物か、ひとつこの者に御つかわしくだされ”」と記している。

だが、日が経つにつれ、二人の仲は険悪になっていく。

性格、育ちの違いといえばそれまでだが、りょうは一日とて「龍馬」を口にせぬ日はなかった。

龍馬を逞しい青年に育てあげ、彼のもっともよき理解者を自負する乙女にとって、それは我慢ならぬことであった。一人息子を嫁にとられた姑の心境であったろう。

りょうは「龍馬」「龍馬」と、自分のもののように言うが、彼女は坂本家が選んだ嫁ではない。

当時は、如何に本人どうしが結婚したと言っても、父母、兄弟、それに類する親族が承諾せねば、正妻——家の嫁とは認められなかった。

それゆえ龍馬は故郷のこの壁を破るべく、折にふれりょうのことを「私の妻」「愚妻」と書状にしたためた……。

だがりょうには、その自覚がなく、家事を手伝うどころか、おしゃべりをし、月琴をひき、毎日遊び暮らしている。彼女は月琴をひき申す「おもしろき女」、白刃を恐れぬ「妙な女」であった。

弟の遺志を汲み、りょうを高知へ引き取ったものの、乙女は兄夫婦に申し訳なく、これ以上、りょうを置くわけにはいかぬと思った。

怒りと嫌悪感で、乙女はついにりょうへ離別を宣言する。

「姉さん（乙女）は私に親切にしてくれました」

りょうは後年、乙女との不仲を否定し、体面を繕っているが、以後、坂本家とは無縁の人となる。

坂本家を追われたりょうは、安芸郡和食《わじき》村の千屋富之助（菅野覚兵衛の兄）を頼り、逗留した。

富之助の娘仲の談話を掲げよう。

坂本のおばさん（りょう。※阿井）が土佐へ来たのは、明治元年頃だった。その時、私はま

お龍・君枝姉妹像●坂本家を追われたりょうは、妹君江が嫁いだ菅野覚兵衛の兄・千屋富之助を頼って、しばらく千屋家（土佐国安芸郡和食村）に逗留したのち、京に戻る／高知県安芸郡芸西村、写真：高知県立坂本龍馬記念館

だ十一、二の子供だったが、お龍はその時、まさに二十八歳の女盛り……、どちらかといえば小形（小柄）の身体に渋好みの衣服がぴったり合って、細面の瓜実顔は色あくまで白く、全く典型的の京美人であった。（拙著『龍馬の妻』、宮地佐一郎氏の解説より。新かな遣いに訂正。以下同）

仲によれば、りょうが和食村にきたのは夏頃というから、坂本家にいたのは二、三月だったと思われる。

やがて京へ戻ったりょうは、龍馬が襲われた近江屋へ行き、泣き崩れた。

四

龍馬の墓守りをして暮らしたいと願うりょうは、しばらく京都に滞在する。

だが、「母や妹の世話もせねばならず、……京都には力になるような親戚もなし、東京にはまだ西郷さんや勝さんや海援隊の人もボツボツ居るので」、りょうは彼等を頼って上京した。

その時期は、彼女の談話から推測すると、明治四年末か明治五年初頭と思われる。

だが、中島信行や白峰駿馬（元海援隊士）は「洋行して居らず」途方にくれるりょうを支援した西郷隆盛も征韓論破裂で、明治六年十月に帰国した。

神奈川宿に流れたりょうは、西村松兵衛と知り合い、明治八年七月二日彼の妻ツルとして入籍。三浦郡豊島村深田二百二十二番地（横須賀市）に居住した。

松兵衛は近江蒲生郡金田村の出身西村喜左衛門次男で、呉服の行商人であったとも、当時建設中の横

お龍胸像●りょうが西村松兵衛と暮らした棟割長屋の旧地にある会社がたてた

りょう墓：横須賀市大津町、信楽寺
京浜急行本線京急大津駅下車南へ徒歩3分
京浜急行久里浜線新大津駅下車北北西へ徒歩5分
りょう終焉の地：横須賀市米が浜通り、おりょう会館
京浜急行本線横須賀中央駅下車徒歩7分
安岡金馬墓：横須賀市田戸台、聖徳寺
京浜急行本線県立大学駅下車北西へ徒歩5分

須賀造船所に資材を納める官納業者、資材の回漕業者であったともいわれるが定かでない。

安岡金馬（海援隊士）の息子で、菅野覚兵衛の縁者という安岡重雄は、

松兵衛さんは、背のすらりと高い、面長の商人あがりの温厚な人であった。どちらかといえば無口なほうで、御世辞も言わなければおべっかも使わない。滅多に怒った顔を見せたことがないという男。

横須賀に居住して後の稼業はドッコイドッコイで、横須賀の大滝町に灯の点る頃から、大滝海岸の盛り場へ荷をおろして、金花糖の鯛や大黒、恵比須《えびす》を餌にブン廻しの当りで客を釣る。現今のテキ屋に類する大道商人で……夜の十二時、一時まで営業して、儲けた金を懐中に抱いて帰ってくる。

と述べている。

りょうと松兵衛の住居は棟割長屋で三畳・六畳の二間に一坪の台所があるのみ。家財といえるものは古箪笥と縁《ふち》の欠けた長火鉢で、「仏壇だけが光っていた」。

深田に住んでからのりょうは、めったに外へは出なかった。

落魄《おちぶれ》た姿を人目にさらしたくなかったからで、軍港のまち横須賀は、龍馬のかつての同志に会わぬとも限らない。彼等は今をときめく貴紳顕官であった。

“龍馬が生きていれば……”

無念の思いが、りょうの裡で疼く。

大道商人松兵衛は、雨が降ると商売が出来ず、無収入となる。彼は三春の鈴木清次郎の家に度々、米、味噌、醤油などを借りに走った。

清次郎は土地っ子で、本業は提灯屋だが、松兵衛の隣に易の店を出していた。

不満が昂じたりょうは、酒に溺れ、

「うちは龍馬の妻や」

と叫ぶ。温和しい松兵衛を罵った。

貧しいだけならまだしも、りょうはテキ屋に類する大道商人の妻である。みじめで矜持が許さない。

清次郎によれば、りょうが「龍馬の妻」を口にし、松兵衛に威張り出したのは、横須賀鎮守府や工廠の幹部たちが募金を集めて、彼女に贈ってからだという。

というのは「土陽新聞」に連載された龍馬の伝奇『汗血千里駒』が、明治十七年単行本になると、たちまち版を重ね、ベストセラーになったからである。

歴史に埋もれていた龍馬はよみがえり、一躍英雄となった。

だがりょうの暮らしは変わらない。

貧しくみじめな現実の中で、りょうは龍馬の妻だった日々を手繰り、生きる支えにする。死んだ龍馬は、りょうの裡で美化され、理想化され、光彩を放

りょうの墓がある信楽寺●当時の住職新原了雄は、夫・西村松兵衛や鈴木清次郎とともにりょうの埋葬や建碑に献身的に臨んだ。このこのち、彼らは京都の霊山にある龍馬の墓の片わらにりょうの骨を埋葬したという

っていた。

次妹光枝が、姉の長屋に転がり込んだのは、この頃であろうか。海軍下士官中沢某に嫁ぎ、横須賀に住んでいた光枝は、未亡人となっていた。

彼女は、目あき按摩をして姉夫婦の家計を扶ける。大酒し、アル中のりょうが病臥したのは明治三十八年初冬。寝たっきりで、動くことさえままならぬ状態だったというから、脳卒中で倒れたのであろう。翌三十九年一月十四日の万朝報は、「坂本龍馬未亡人危篤」と次のように報じた。


幕末の俊傑坂本龍馬の未亡人事西村鶴女は、昨年末横須賀米ヶ浜の陋居に病に臥し、非常の窮地に陥りしより、前鎮守府司令長官井上大将（良馨《よしか》）が篤志家を勧誘して、救護を与えしことは、当時の紙上に記せしが、同女は永々の病に弱れる矢先昨今の寒気にて病いよいよ重り、日下危篤の状態なりと云う。


りょうは翌一月十五日午後十一時に没した。享年六十六。

妻の気持ちを汲んだ松兵衛は、建碑を思い立ち、鈴木清次郎（号漁龍）、新原了雄《りょうゆう》（信楽寺住職）の協力を得て、奔走する。

田中光顕、香川敬三（元陸援隊士）はじめ多くの人びとの寄付を仰ぎ、大津信楽寺境内に建碑が成ったのは大正三年八月十六日である。

碑の正面には「贈正四位阪本龍馬之妻龍子之墓」と刻まれていた。建立者が中沢光枝になっているのは、鈴木清次郎の提案による。

信楽寺境内に立つりょうの墓碑●正面には贈正四位阪本龍馬之妻龍子之墓と刻まれる。裏にはりょうの妹である中沢光枝の名が建立者として刻まれている

安岡金馬■弘化元〜明治27、のち忠綱
海援隊士。土佐藩庄屋安岡源七の2男。中岡慎太郎の影響で尊王攘夷運動に参加。文久2年、五十人組の一人として江戸に入り、千屋寅之助の紹介で勝海舟の塾に入る。文久3年、龍馬とともに藩から航海術修行を命じられ、神戸の勝塾に入るが、禁門の変に際して長州軍に身を投じ、敗北後は長州へ逃れた。やがて同藩の庚申丸士官見習いとなり、のち長崎で海援隊に参加した。維新後は土佐商会で順海丸の船将、大津裁判所判事を務めたのち退官。神戸でのアメリカ人との事業計画で法に触れ、永禁固となるがやがて赦免され、海軍機関学校で教鞭をとった。横須賀に住むりょうとの出逢いはこのころのこと。

暗殺

5 龍馬暗殺 誰が何のためにやったのか

木村幸比古
霊山歴史館学芸課長

坂本龍馬／三吉治敬氏蔵

龍　馬

中岡慎太郎／中岡慎太郎館蔵

三条大橋●旧東海道と三条通を結ぶ三条大橋はいわば京都のメインストリートに架かる橋。江戸時代には橋のたもとに幕府の高札場が設置されていた。慶応3年、この高札がたびたび持ち去られる事件が頻発し、新選組が警戒にあたっていた。そして9月12日夜、高札を持ち去ろうとした土佐藩士の一団のなかで捕縛されたのが、宮川助五郎だった。大政奉還によって土佐藩に引き渡されることになった助五郎の処置を巡って同年11月15日、龍馬と中岡慎太郎、岡本健三郎が近江屋で会合を持った。そしてその夜、龍馬と慎太郎は刺客に襲撃されることになる／写真：上野正義

龍馬暗殺には諸説あり今もって謎につつまれた点が実に多い。暗殺されるにはそれなりの動機があるはずで、当然ながら龍馬の場合は政治的意図があったことはいなめない。

大政奉還から王政復古のちょうど真ん中に起こったこの事件、それに加え未解決中であった「いろは丸事件」の賠償問題も絡み混沌としていた。

龍馬と共に殉じた中岡慎太郎も土佐陸援隊隊長として、武力討幕派の実力者とまわりから目《もく》されていたし、中岡を取りまく公卿の岩倉具視、太宰府に西下していた公卿の三条実美の両卿の手を結ばせたのも彼の功績の一つであった。もう一つ見逃せないのが犬猿の仲であった薩摩と長州に軍事同盟を画策するなど、政治の水面下で暗躍していた。

慶応二年（一八六六）ごろから幕府の志士らに対する取り締まりが強化された。一方、政治の流れも急変した時期でもあった。

一月二十一日、龍馬、中岡が東奔西走した薩長同盟が京都で成立した。同盟はあくまで両藩の密約であったので龍馬を仲介にたて文章化されなかった。しかし長州の桂小五郎（のち木戸孝允）は、密かに六か条にまとめ龍馬に二月五日、裏書を要求した。寺田屋襲撃で負傷した手で認めた裏書付きの書状は薩摩藩士の手で桂に届けられ、長州はこれを倒幕の布石にしたのである。

まさに日本が動いた一瞬といっても過言ではない。当時、薩摩が動けば日本が動くといわれた時期でもあり、龍馬の裏書は同盟の内容証明のようなものであった。

その内容は以下のようなものであった。

一、戦いに入った時は、薩摩はすみやかに兵二千を率兵上京させ、また大坂へも千人ほどで京坂を固めること。

一、長州の旗色がよくなったら、ただちに朝廷側に働きかけて長州を支援し、講和成立に尽力すること。

一、万一、長州が敗色が濃くなっても、半年や一年で潰滅《かいめつ》はありえないので、その間に援護策を講ずること。

一、幕府軍が関東へ引き揚げたならば、ただちに朝廷に図って、長州の冤罪《えんざい》を取り除くことに努力すること。

一、一橋、会津、桑名などが朝廷を利用し、薩摩の周旋をさまたげるときは、すぐさま決戦にいどむこと。

一、冤罪が晴れたうえは、薩長は誠意をもって皇国のために尽力し、天皇親政を実現すること。

この内容を一読すればわかるように、すでに倒幕後の新政府構想にまで言及している。龍馬にすれば、同盟は新しい国家建設の通過点ぐらいにしか考えていなかったのだろう。

六月七日、幕府は第二次征長を開始するが主戦力になるはずの薩摩が同盟を守り出兵を見合わせた。これは幕府にとって大きな誤算となった。

七月二十日、大坂城内で将軍家茂が逝去された。二十一歳の若さであった。幕臣らは五十日間喪に服している。幕府は要《かなめ》の将軍がなくなり、ますます政治の求心力が衰えはじめた。こうなると討幕を口走る志士らの横行が目にあまるものとなり、七月二十五日、幕府は京都市中での志士らの封じ込めにやっきとなり、見廻組、新選組の警備地域の割付を明確にした。

三条大橋制札事件

九月十二日、一つの事件が起こった。新選組と土佐藩士との大乱闘となった三条大橋制札事件である。

幾度なく三条大橋に立てられる高札が持ち去られる事件が起こった。京都町奉行所はそのつど立て直したが、再三持ち去られる。ついに新選組の出動と

岩倉具視蟄居の地●皇女和宮の降嫁などで公武合体のために働いた岩倉具視は尊攘派に憎まれ、文久3年8月洛北岩倉村に蟄居を命じられた／写真：高知県立坂本龍馬記念館

松平容保■天保6〜明治20　諱忠誠
美濃国高須藩主松平義建6子。弘化3年会津藩主保科忠恭の養子となり嘉永5年襲封。文久2年閏8月京都守護職就任、翌3年3月新選組を配下に置き、8月18日薩摩・桑名・淀の各藩と尊攘派一掃のクーデターに成功。元治元年5月新選組の池田屋事件、7月の禁門の変で長州藩兵を皆殺しにするなど、長州の憎しみを受けた。慶応3年10月の大政奉還に反対を表明、鳥羽・伏見の敗退後、抗戦を主張するが退けられ会津帰藩。明治元年会津若松籠城戦に敗北し降伏、封土没収。のち下北半島に斗南藩を再興、明治5年謹慎を解かれ日光東照宮宮司となる／写真提供：霊山歴史館

徳川慶喜■天保8〜大正2
水戸藩主徳川斉昭の7男。第2次征長戦終結後の慶応2年12月、第15代将軍となる。同3年10月14日、土佐藩から提出された建白書を受け、大政奉還するが、薩長は王政復古令発布で切り返し、慶喜に辞官・納地命令を突きつけた。慶喜は「除奸」を旗印に兵を京都に上らせるが鳥羽・伏見の戦いで敗退、船で江戸に逃げ帰ると、勝海舟の恭順論を入れて上野大慈院に謹慎。江戸開城のあと官軍による彰義隊総攻撃を前に上野を脱出、水戸に隠世。明治に入り静岡に移り、貴族院議員などを務めたほかは趣味に生きる余生を送る（67ページ参照）／写真提供：霊山歴史館

徳川家茂■弘化3〜慶応2、諱慶福
徳川幕府第14代将軍。江戸赤坂の紀州藩邸に生まれる。嘉永2年4歳で紀州藩主、その2年後将軍継嗣競争に引きずり出され、安政5年10月大老井伊直弼の独断で将軍となる。井伊が倒れると公武合体が進み、文久2年和宮が降嫁、続いて島津久光と大原重徳、三条実美と姉小路公知らが幕政改革の名目で江戸入府、その答礼として翌3年自ら上京、攘夷実行を誓約する。8月18日の政変後再び上京、第1次征長戦を開始。慶応2年には第2次征長戦となるが、幕府軍敗退の色濃くなった7月20日大坂城で死去／写真提供：霊山歴史館

なった。

十二日夜、土佐の藤崎吉五郎、松島和助、宮川助五郎、安藤鎌次、沢田屯兵衛、岡山禎六、本川安太郎、中山謙太郎の八人が、円山の料亭左阿弥《さあみ》で酒を汲みかわし盛り上がっての帰路、午後十時ごろに三条小橋へきて放歌高吟しながら高札を抜き始めた。

新選組は鉄砲の合図で一斉に斬り込んだ。宮川は負傷し捕えられ、藤崎は闘死、安藤は重傷を負い翌日に力つき土佐藩邸前で自刃、ほかの者は手負いしながらも闇に逃げ去った。京都守護職松平容保は新選組出動の隊士に、一人につき金三枚の褒美を下した。

十九日、この事件で土佐藩は、近藤、土方を宴席に招き和解を申し入れた。しかし、このとき捕われた宮川は龍馬と土佐勤王党のメンバーとして朋友であり、龍馬暗殺当日に深くかかわってくる。

一方、幕府は将軍家茂のあと将軍決定が大幅に遅れた。それというのも将軍後見職の一橋慶喜が首をタテにふらなかった。幕府の屋台骨からして傾きつつあり、あえて火中の栗をひろいたくないのが本心であったという。

十二月五日、慶喜は重い腰をあげ十五代将軍の座についた。この就任の二十日後、二十五日、孝明天皇が崩御された。御歳三十六だった。御寺泉涌寺には将軍慶喜、京都守護職松平容保、京都所司代松平定敬が供奉した。

慶喜は幕政改革に着手し、兵制改革にまず取り組み、その中でも二条城の勤番で剣、槍、砲術の秀で

松平定敬■弘化3～明治41
美濃国高須藩主松平義建7子で、尾張藩主徳川慶勝、会津藩主松平容保の弟。桑名藩主松平定家の養子となり、安政6年14歳で藩主となる。元治元年4月最後の京都所司代に就任、同年7月の禁門の変では長州藩兵を撃退。慶応3年12月9日京都所司代が廃止されると大坂城に移り、鳥羽伏見の戦いに参加。江戸では抗戦を主張、慶応4年3月桑名藩領越後柏崎に入り、北陸征討軍と戦う。長岡落城後は会津へ逃れ、会津若松落城後は五稜郭に入る。五稜郭開城前に脱出し横浜で逮捕、永預けとなる。明治5年赦免。のち日光東照宮宮司などを務めた／写真提供：霊山歴史館

岩倉具視■文政8～明治16、号友山
前中納言堀川康親の2男。天保9年岩倉具康の養子となる。安政5年幕府に日米通商条約を認めようとした関白九条尚忠に反対、勅許を与えなかった。万延元年公武合体策の一環として和宮降嫁を推進、そのため尊攘派から憎まれ、文久3年8月岩倉に蟄居。しかし薩摩藩などが政治手腕に注目し接近、薩長同盟締結後は討幕活動の一端を担うようになり、慶応3年10月14日の討幕密勅や12月9日の王政復古に力を発揮。維新後は欧米各国を視察、帰国後西郷の朝鮮派遣を中止させた。このため明治7年刺客に襲われるが、その後も政府中枢を担った／写真提供：霊山歴史館

た者も選んで幕府見廻組に取り立てた。その後、龍馬暗殺の刺客に選ばれた桂早之助、渡辺一郎はこのときに見廻組隊士になった者である。

慶喜は公約を次々と実行した。慶応三年（一八六七）正月九日、明治天皇が即位されるや、日本近代化を視野に入れ、諸外国と公約していた兵庫開港を五月に踏切った。この時、兵庫開港金札という紙幣を発行し意欲をみせた。だが、陋習《いんしゅう》に引きずられ幕政は一向に好転しなかった。

龍馬、大政奉還に奔走

このころ、龍馬は「船中八策」をもって新しい政権づくりに奔走していた。新選組隊士の島田魁日記に興味を引く一文がある。

「卯年（慶応三年）五月ごろから王政復古の議論があり、同年七月頃将軍は政権を朝廷に返上したため関白のお預かりとなり、十月十四日改めて返上した」というのである。一介の新選組隊士にまで詳細な大政奉還の噂がすでに流れていたのである。

龍馬は大政奉還、つまり天皇に政事《まつりごと》を還し奉り、天皇親政による国家樹立を目指していた。それによる幕府を倒す倒幕論を目論んだ。だが、中岡はこの意見を激しく批判し、六月二十五日、中岡は龍馬を連れて洛北岩倉村で蟄居中の公卿岩倉具視に面会させ、密議をこらした。

岩倉や中岡はあくまで武力によって幕府を崩壊させ、領地も返納させて、その財をもって新政府樹立後の財源にあてようと説いた。いささか龍馬も心が動いた。岩倉の一言には説得力がある。慶喜が将軍職のみを返上すれば徳川の領地はそのまま残ってしまう。これでは本来の国家づくりにはならない。

幕末の人口は約三千万人、公称石高は三千万石だった。内訳は天領《てんりょう》と呼ばれる将軍家の直轄《ちかつ》領は四百二十万石、譜代大名の旗本知行地《ちきょうち》は二百六十万石、御三家《ごさんけ》と呼ばれる将軍家と血筋をともにする尾張・紀州・水戸をあわせ百四十九万石、二代将軍秀忠の兄秀康の縁《つなが》り深い越前はじめ松江・津山・明石の諸

藩八十八万石、その他の諸藩一千万石だった。この三千万石の三分の一すなわち一千万石が徳川家の財政であった。

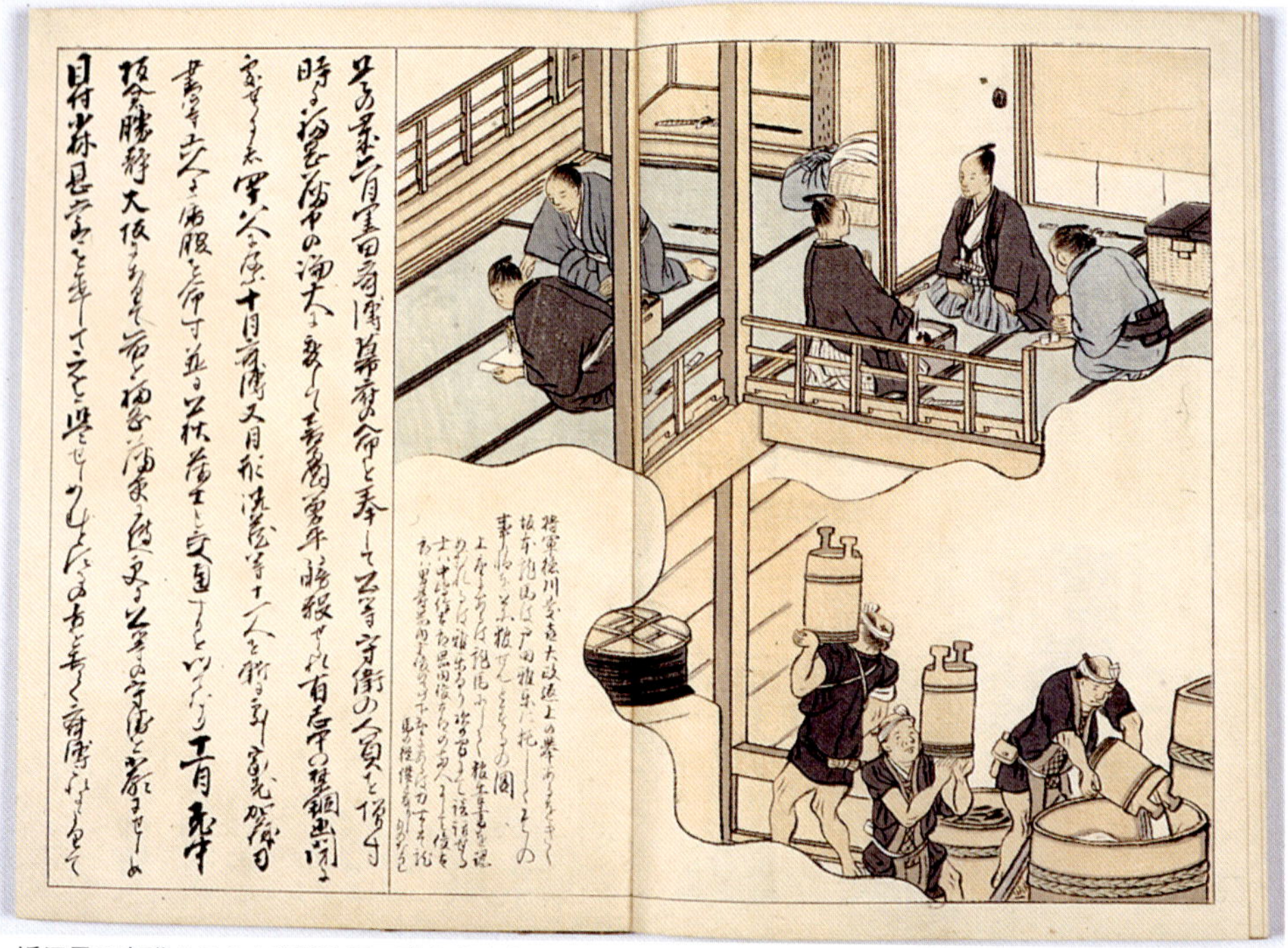

近江屋で密議をこらす龍馬と戸田雅楽●慶応3年10月6日、戸田雅楽とともに土佐藩船空蝉で土佐の須崎から大坂入りした龍馬は、9日に中島作太郎、岡内俊太郎、戸田と上京、幕吏に狙われていることから土佐海援隊の京都事務所であった酢屋には宿泊せず、土佐藩出入りの醤油商・近江屋を宿舎とした。大政奉還前後は龍馬も他の隊員たちとともに酢屋にいて情勢を見守ったが、11月5日福井から戻るとまた近江屋に止宿した。図は三条実美の一代記である『三条実美公履歴』（全五巻、明治40年刊）に描かれた近江屋で、2階左奥が新政府議定書を練る龍馬と戸田雅楽、右が中島作太郎と岡内俊太郎。1階では職人たちが醤油造りに励んでいる／霊山歴史館蔵

ちなみに天皇家は三万石で宮家、宮門跡、五摂家、公卿などあわせても十万石であった。

慶喜は新政府についてまったく異なることを考えていた。側近の西周《にしあまね》に西洋の議会制度を調査させ、二院制による議題草案をまとめさせていた。慶喜は自ら議長席に座り、再び薩長の連中を牛耳ろうとしたのである。それには将軍職と領地返納はまったく別問題にしなければならない。財政という財布さえしっかり握っておけば人事はどうでもなるという考えである。

大政奉還すれば天皇親政となり、天皇をとりまく公卿は復権し薩長とのパイプ役をつとめて奔走する龍馬の存在は、極めてめざわりであったにちがいない。

刺客に龍馬本人も狙われていることを感じていた。慶応三年（一八六七）十月十八日付、望月清平宛にも「二本松邸（薩摩藩邸）ニ身をひそめ候ハ、実ニいやミで候得バ、万一の時もこれあり候時ハ、主従共ニ此所ニ一戦の上、屋舗《やしき》（土佐藩邸）ニ引取申べしと決心仕りおり申し候」とあり、当時、龍馬は木屋町の材木商酢屋の二階に海援隊京都事務所を置いていた。龍馬は京都では長崎のような営業活動はなく、むしろ政権返上させることに奔走した。

酢屋は現在のウィークリーマンションのようなもので、同志のたまり場のような拠点にしていた。だが、ここにも幕吏の目が光っている。そこで土佐藩出入りの商人、近江屋へ家移りして身を隠した。護身用に高杉晋作から贈られた米国製のピストル、

スミス・アンド・ウェッソン（モデル2アーミー六連発三十二口径、八角筒銃身、一八六一〜七〇年までに七万七千百五十五丁製造）で前年の寺田屋では幕吏数名を射殺し虎口を脱した。いらい同種のピストルを入手し懐にしのばせていた。

狭まる包囲網

龍馬を狙うのは見廻組だった。数か月前から龍馬を探すがその影すら見出せない。佐々木只三郎ら見廻組は増次郎という小者を走り廻らせて中岡を見つけた。中岡を尾行すれば必ず龍馬を見つけることができると確信した。

暗殺される二日前、新選組から離脱した高台寺党の伊東甲子太郎が龍馬を訪ねてきた。中岡も同席しており、伊東がいうには新選組の連中が命を狙っているのでくれぐれも御用心との注進であった。龍馬は今は国家のために奔走している時、そんなことに気を止める気持ちはないといったが、中岡は伊東の親切さに感謝したのである。

事件当日、見廻組の一団が、龍馬の下宿近江屋を包囲した。

部屋では龍馬のほか中岡や岡本健三郎らが密会している様子だった。近江屋のある河原町の警備は京都守護職が担当、その任務は見廻組が代行していた。

龍馬の部屋では、三条制札事件で新選組に捕えられた宮川助五郎の身柄引き取りで話し合っていた。下横目の岡本は、藩が引き取れば宮川は上士のため切腹を命ぜられるのは明らか、土佐勤王党の宮川は龍馬、中岡と旧知の仲でもある。龍馬の海援隊か、もしくは中岡の陸援隊で引き取れば、木藩に報告する義務はなく、公武合体派の山内容堂の耳にも入らない。

龍馬には、勝塾の同志・望月亀弥太が池田屋事件で新選組に斬られ、その結果、勝海舟は幕府から内《うち》紏《ただし》があり神戸海軍操錬所が廃止された経緯がある。あの二の舞にしたくない。白羽の矢が立ったのが陸援隊であった。

中岡はこの一件で以前から話をもちかけられていた。その内容は次のようなものだった。

宮川の身柄は会津藩が町奉行の揚屋に移し、諏訪常吉を使者にたて土佐藩に身柄引き渡しを中し渡されていた。これを受け、土佐留守役中村禎助は快諾して同藩大目付福岡藤次と協議したものの、宮川は脱藩の身であり、そのうえ三条制札事件を引き起こしているだけに、土佐に送られれば死罪はまぬがれない。福岡は思案の末、中岡に処置を依頼していた。

しかし中岡も、陸援隊をもって武力討幕を画策していた時期でもあり、大事なときに火中の栗をひろいたくない。

この夜、結論は出ず再度、福岡らを交えて話し合うことになった。岡本は四条河原町の亀田屋の看板娘タカと恋仲にあり引きあげていった。中岡も立とうとすると、龍馬はシャモ鍋をしようといい出した。そこで従僕の菊屋峰吉にシャモを買いに走らせた。峰吉は木屋町四条南入るの鳥新へ走ったが、あいにくシャモはなく、店の手代が西九条までシャモ

伊東甲子太郎■天保6〜慶応3、諱武明
常陸志筑藩目付鈴木専右衛門長男。父の罪科で藩を逐われ水戸で教育を受けたのち、江戸伊東精一郎道場で北辰一刀流を学び、見込まれて養子となり道場を継ぐ。元治元年11月、門弟を引き連れ新選組に入隊、参謀となる。新選組の勤王化を目論み近藤勇らと対立、仲間を連れて離隊、御陵衛士となる。慶応3年11月18日、近藤の招きを受けたあと、新選組の待ち伏せに遭い闘死。

中井庄五郎■弘化4〜慶応3、諱義高
大和国吉野郡十津川郷野尻村の郷士中井秀助3男。武術を好み、撃剣の達人だったという。文久3年17歳のとき上京、諸藩の尊王攘夷派志士たちと親しく交わった。なかでも龍馬と中岡慎太郎を特に敬愛、龍馬もその人柄を愛し、手紙を添えて佩刀を贈っている。龍馬暗殺後、陸奥源二郎（陸奥宗光）らと紀伊藩用人の三浦休太郎を下手人として付け狙い、慶応3年12月6日16名の同志とともに三浦が在宿する天満屋を襲撃、新選組と戦い討死。

佐々木只三郎■天保4〜慶応4、諱泰昌
会津藩士佐々木源八3男で手代木直右衛門の実弟。旗本佐々木矢太夫に養子入り。講武所剣術師範というが不明。文久3年幕府浪士組の取締並出役となり、幕府の命で清河八郎を暗殺。元治元年再度上京し京都見廻組与頭となり見廻組を率いた。慶応3年11月坂本龍馬・中岡慎太郎暗殺の指揮を執ったとされる。慶応4年鳥羽・伏見の戦いで負傷、敗走中紀州の紀三井寺で死亡。

菊屋峯吉■嘉永4〜大正5
土佐藩御用達の書店菊屋長男。菊屋には中岡慎太郎が下宿したことから交流が始まる。龍馬暗殺の慶応3年11月15日、岡本健三郎が去ったのちに龍馬から軍鶏を買ってくるよう頼まれ、出かけたため難を逃れた。近江屋に戻って襲撃を知り、急遽白川の陸援隊屯所に知らせた。その後暗殺者が新選組であると考え、団子売りに変装して新選組屯所に足しげく通い、隊員の動きや部屋割りまで調べあげたという／写真提供：霊山歴史館

岡本健三郎■天保13〜明治18、諱義方
土佐藩士岡本亀七の子。参政後藤象二郎の下で横目職となる。慶応3年10月龍馬とともに福井へ赴き、村田巳三郎、三岡八郎との会談に同席。同年11月15日近江屋に龍馬を訪ね、襲撃直前までいたが、所用のため退席、難を免れた。維新後は太政官権判事、大蔵大丞などを歴任。明治6年征韓論争に敗れ下野、明治10年板垣退助や三岡八郎と「民選議院設立建白書」を提出。同年の西南戦争で土佐立志社の挙兵計画に加担し入獄。出獄後は日本郵船理事となる／写真提供：霊山歴史館

を取りよせに走った。

見廻組与頭、佐々木只三郎は、踏み込むのを一時《いっとき》ばかりみあわせた。龍馬は前年に寺田屋で幕吏数名を射殺した手配人であるが、中岡を斬れば大事に発展する可能性もある。ここはくれぐれも慎重に対処しなければならなかった。

刺客の見廻組の武歴をあげれば、佐々木は神道精武流。桂早之助、渡辺篤、世良敏郎は西岡是心流。渡辺吉太郎、今井信郎は直心影流。高橋安次郎、桜井大三郎、土肥仲蔵と剣客ぞろい。まさに討たれる人も討つ人もである。

暗殺の夜

暗殺当夜を再現すると、近江屋の表八畳の間では龍馬の下僕藤吉がござに座り込み楊枝削りをしていた。近江屋は醬油商で楊枝は樽づめに欠せない。

藤吉は巨漢、もと京都相撲で雲井龍の醜名の関取りだったが勝負根性に欠け廃業、先斗町《ぽんとちょう》の料亭武乃屋の出前持ちになっていたところを峰吉の紹介で龍馬の僕になった。

近江屋の戸を激しくたたく者がいる。藤吉は峰吉が戻ったものと思い、戸の閂《かんぬき》をはずして開けた。外は暗いこともあって誰だか確認ができぬが、大柄な志士風の男が一人立ていた。

男は小さな声を押しころすように「拙者は十津川郷士の者だが、坂本先生ご在宅ならばぜひお目通り願いたい」と、おちついた口調で礼儀正しく懐中より札名刺を差し出した。

今井信郎■天保12〜大正8、諱為忠
幕臣今井安五郎長男。直心影流榊原鍵吉に師事、免許皆伝の達人。元治元年講武所師範代から神奈川奉行配下となり、岩鼻代官所剣術師範。慶応3年5月遊撃隊頭取として上京、京都見廻組与力頭となる。同年11月15日近江屋での龍馬と中岡慎太郎襲撃に加わる。戊辰戦争では古屋佐久左衛門らと衝鉾隊をつくり東北を転戦、箱館五稜郭で降伏。このとき、近江屋襲撃を自白。明治5年許されて静岡県に勤務。西南戦争では西郷に参加し一矢報いるつもりだったが時に遅れ、実行できなかった。

渡辺一郎（篤）■天保14〜大正4
京都出身。渡辺時之進長男。剣は西岡是心流、円明流、萩野流砲術、無辺流槍術、日置流弓術、大坪流馬術などを学ぶ。慶応3年京都見廻組御雇となり、肝煎まで出世。同年11月15日近江屋襲撃に参加。死の直前、龍馬を切ったのは自分だと語っている。慶応4年1月、鳥羽・伏見の戦いで敗走。このとき戦死した渡辺吉太郎と同一人物とされたことで篤に改名／写真提供：霊山歴史館

桂早之助■天保11〜慶応4、諱利義
京都所司代同心桂清助長男。剣術は西岡是心流を学び、安政4年には目録を授かっている。京都所司代同心として文久3年8月18日の政変に出動、翌元治元年6月の池田屋事件に出動、5両の報奨金を受ける。禁門の変にも出動している。慶応3年京都見廻組に抜擢、同年11月15日の近江屋襲撃には刺客の1人として加わった。慶応4年鳥羽・伏見の戦いに見廻組の一員として参戦し戦死。

渡辺吉太郎■天保12〜慶応4
江戸浅草出身。男谷精一郎に直心影流を学ぶ。文久2年小普請組から神奈川奉行支配定番役となり、元治元年京都見廻組に参加。今井信郎の供述によると龍馬と中岡慎太郎暗殺の際、2人がいる2階に踏み込んだのは渡辺吉太郎、高橋安次郎、桂早之助であったとしている。慶応4年鳥羽・伏見の戦いに見廻組肝煎として参戦し負傷、5日後死亡。

世良敏郎■生没年不詳、諱重幸
桑名藩領越後柏崎で寄合番を務める小林謙介弟。慶応3年見廻組に属する世良氏の養子となり、見廻組に参加。渡辺一郎の著述によれば、龍馬と中岡慎太郎暗殺に加わり、近江屋の現場に鞘を落としたのがこの世良だというが、確証はない。以降の事績は詳らかではない。

藤吉は龍馬には十津川郷士の中井庄五郎らの旧知がいることもあって、何の疑いもなく取りつぐ。

「少しお待ちを……」

そういって札名刺を受け取り二階へ登っていった。

札名刺を差し出したのは、佐々木只三郎だった。

実兄は手代木直右衛門といって会津藩公用方で、手代木は、この暗殺指令をしたのは「上様」と晩年語っている。

「上様」とは京都守護職松平容保だった。したがって手代木は暗殺ではなく公務といっている。

佐々木は手はず通り合図で桂を呼び入れた。桂は天保十一年（一八四〇）京都生まれ、代々二条勤番を務める家柄、将軍上洛の際の剣術上覧試合で関東の講武所の剣客をことごとくうち破り白銀五枚を下賜された。肩書は京都所司代内藤紀伊守組同心並。この年の兵制改革により、剣術優秀につき抜擢、見廻組に組がえとなり見廻組並《なみ》から肝煎《きもいり》に昇格したばかり。龍馬より五歳若く剣術の腕前は数段上といわざるをえない。

次に佐々木は戸口を渡辺一郎（篤）、世良で固めさせ、奥の間へ、今井、土肥、桜井が一斉に入り込んだ。主人新助と家族の者に「騒ぎたてると身にならんぞ」と土肥が白刃をちらつかせた。新助は腰を抜かし、妻スミは子供を抱きかかえ震えあがる。

「何とぞご容赦を」と手を合わせ懇願するばかりの新助を今井と土肥がにらみをきかせた。

札名刺を藤吉は龍馬に手渡した。龍馬は「慎太郎この者「[illegible]」とたずねる。慎太郎も首

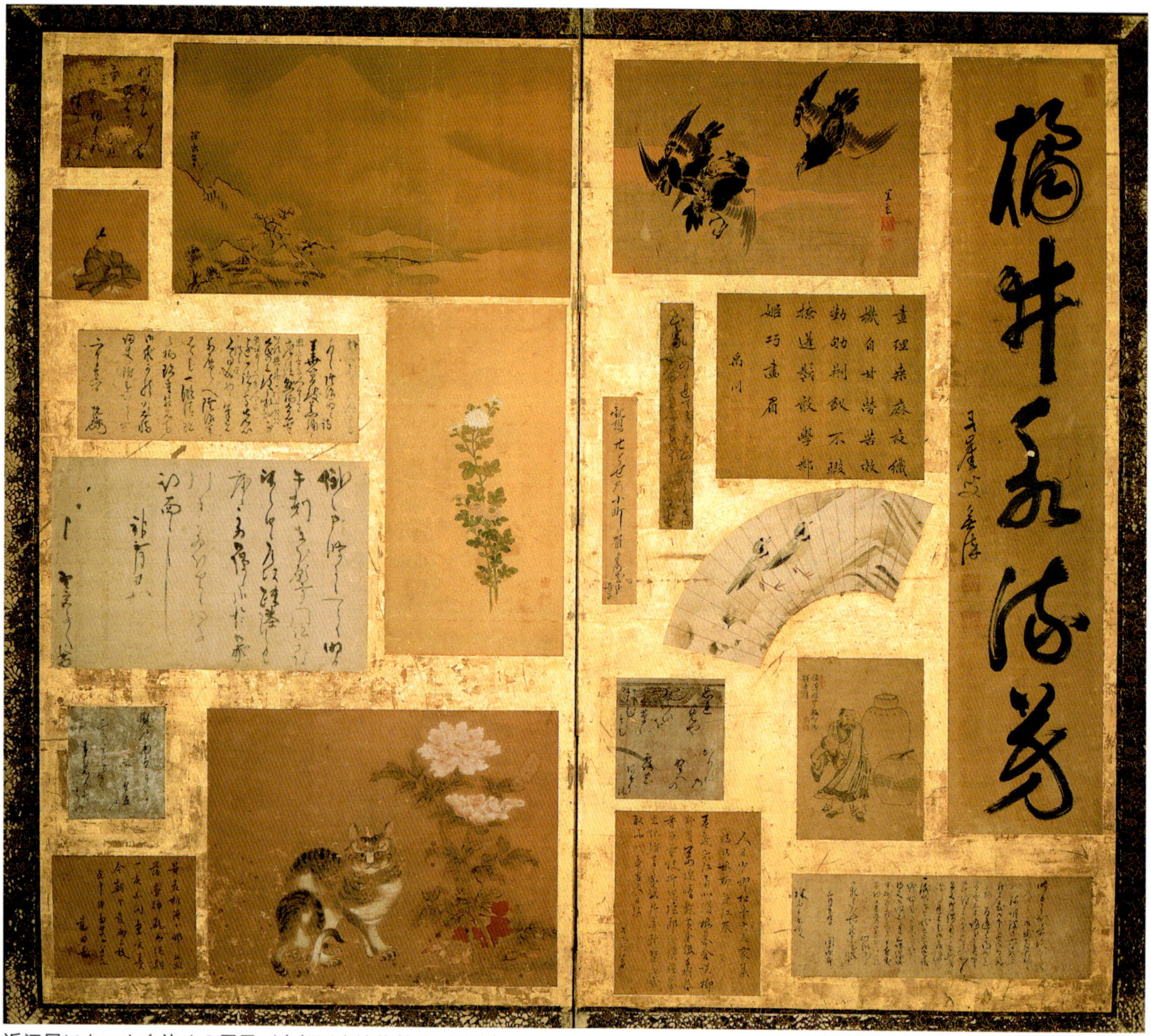

近江屋にあった血染めの屏風／京都国立博物館蔵（重文）

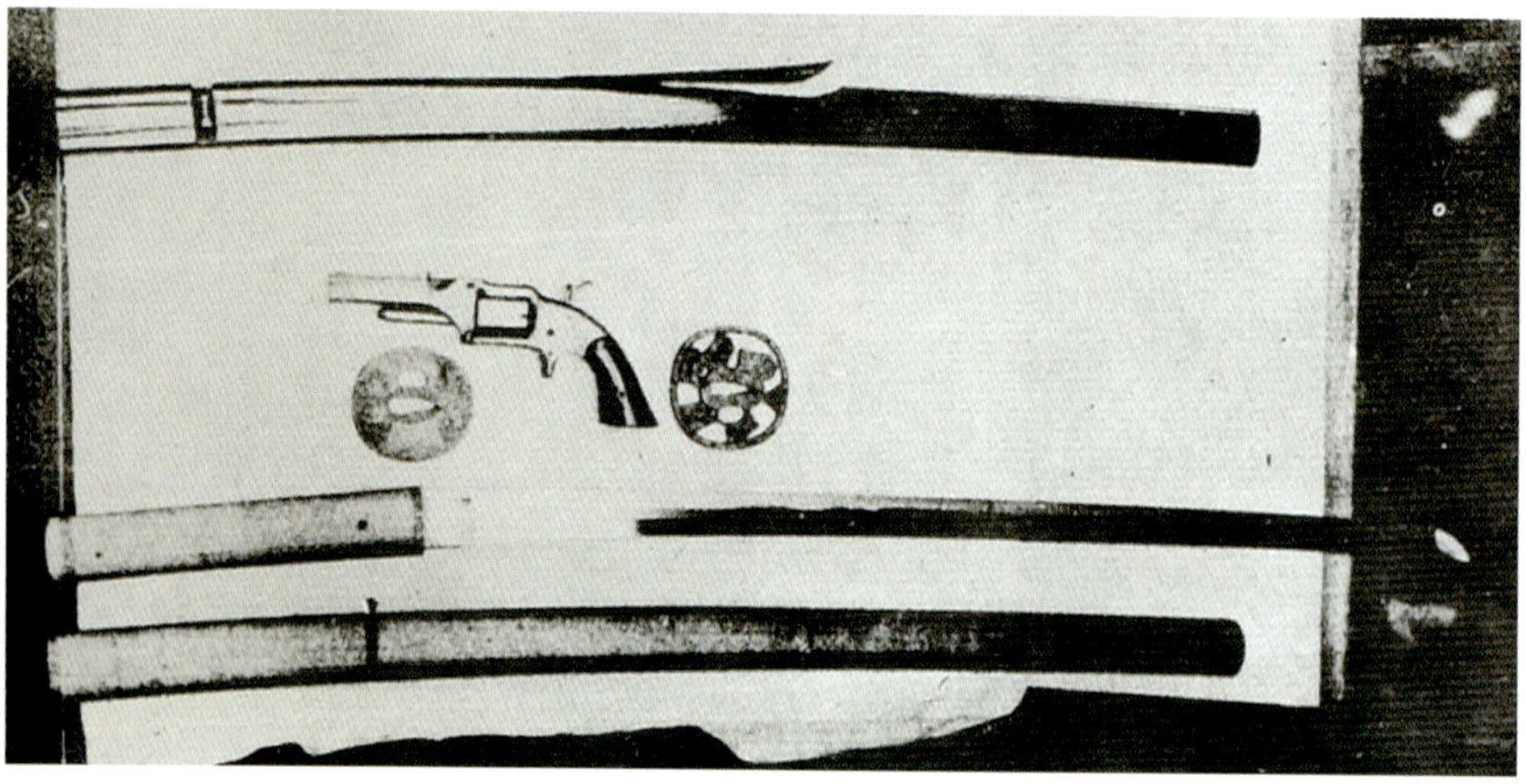

龍馬が所持していた吉行の刀とスミス＆ウエッソン1/2のピストル●刀の鞘は龍馬の脳を割った桂早之介の三太刀目によって、削り取られている。これらの遺品は現存していない

坂本龍馬血染めの掛軸●幕府見廻組による近江屋襲撃当日、近江屋を訪れた板倉筑前介が、自ら描いた寒椿の軸を龍馬に進呈したもので、龍馬はこれを床の間に掛けていた。板倉筑前介は文政5年近江生まれ。伏見街道で薬屋を営んでいたが、安政4年に醍醐家に仕え筑前介に叙任された。その後尊攘運動に加わり、文久2年には大仏の東の日吉山に文武館を建設、志士たちの隠家としたほか、天誅組や海援隊、陸援隊に多大な資金援助をしていたという。明治に入って、大津裁判所参謀、待招院下局、宮内忠中録などを歴任したが、明治5年退官し、郷里で詩画を創って余生を送ったという。霊山に石碑が立つ／京都国立博物館蔵（重文）

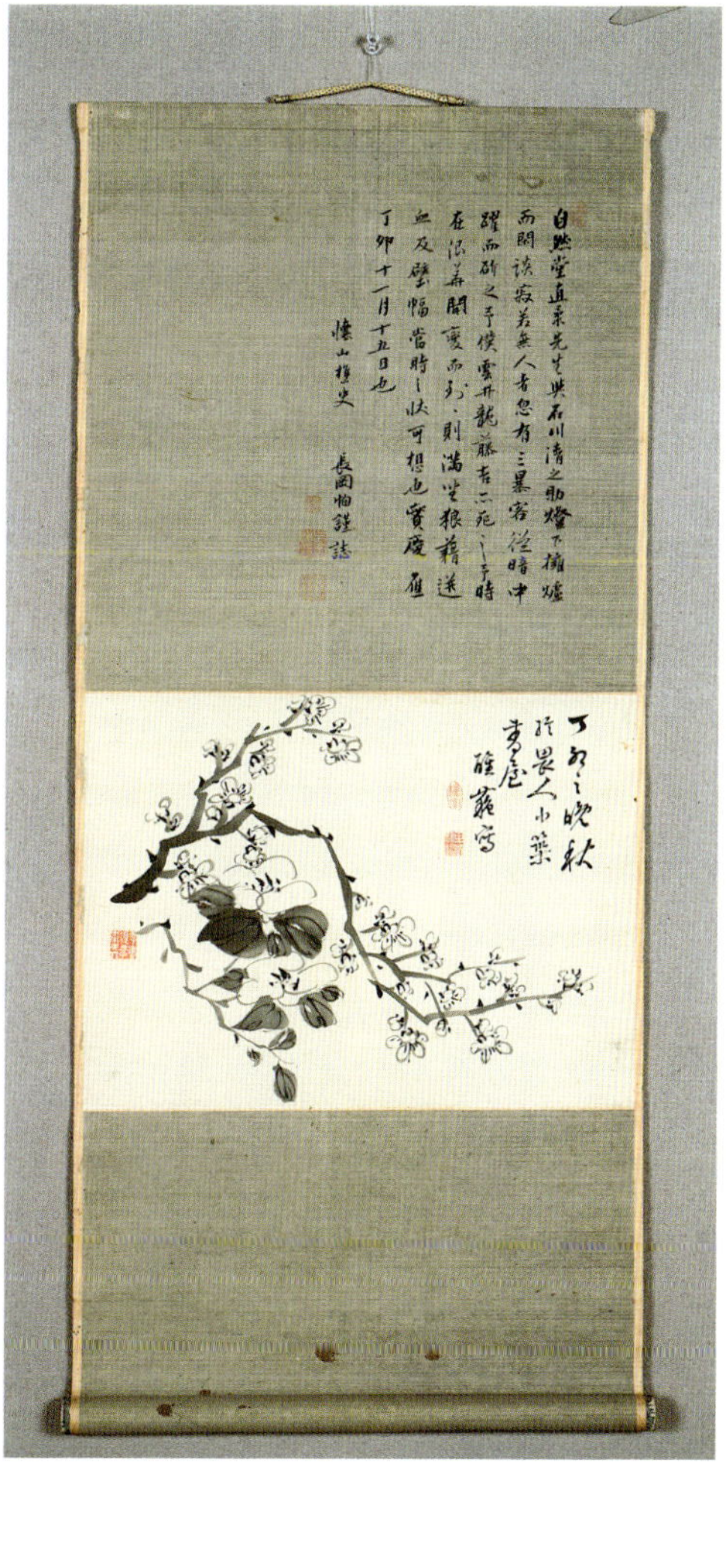

をかしげた。龍馬は藤吉にその者を呼べといった。

藤吉は階下のことは知らず階段を下りかけた。様子の異常さに気づき戻ろうとしたとき、暗い影とともに佐々木の一刀が藤吉の背中に深く斬り込んだ。藤吉はもんどりうち階段をころげ落ちる。世良と渡辺は数太刀を浴びせた。

階下の物音に龍馬は「ほたえなや」と土佐弁で声をかけた。佐々木はすぐさま、桂、渡辺（吉太郎）、高橋らを二階上り口を固めさせた。

部屋では龍馬が風邪をこじらせ着物の上に綿入れを着込んで、慎太郎と話しあっていた。桂はひとりで部屋に入り、龍馬の前に正座し目礼をした。龍馬と慎太郎はもう一度、札名刺を行灯《あんどん》に近づけて一言と声をかけあわせた。

桂は「龍馬先生」と声をかけた。龍馬は目をあげた。桂の脇差（越後守包貞）が抜き放され、龍馬の横面をなぎった。桂は両ひざを立てて、龍馬をとらえた。龍馬はあぐらをかいているので身動きできない。後ろに飛ばされながらも床の間の刀の柄を握った。そこで追い斬りで二太刀目が浴びせられた。龍馬は立ち上がりながら刀の鞘を払おうとすると、三太刀目が刀ごしに斬り込まれ、刀身ごと斬り下げられた。頭を真二つに割られ、気を失なった。

慎太郎はただ呆然と見届けていた。佐々木ら数名と中岡は斬り結ぶが短刀（信国）を左右に振り回すばかりで空を斬った。高橋に数か所斬り込まれ、両手足に重傷を負い、深手の右手は皮一枚という無残な姿で物干から隣家へ落ちた。

部屋は修羅場と化した。龍馬の愛刀は太刀打ちのところより六寸ばかり、鞘越しに刀身を三寸削り取

近江屋古写真●龍馬らが襲撃された2階8畳間の床の間。寒椿の軸はここに掛けられていた。明治初年の撮影／写真提供：霊山歴史館

近江屋内部推定模型●写真中央2階が龍馬と中岡慎太郎が遭難した8畳間／霊山歴史館蔵

岡本黄石■文化8～明治31
彦根藩中老宇津木兵庫久純の3男。岡本家の養子となり家督相続、家老本役となる。梁川星巌に師事、師の攘夷説を信じ、藩主井伊直弼に外国との交渉停止の建白書を提出。直弼の死後勤王藩への転向を表明、京都で薩長土肥の志士を祇園に招待するなど、宣伝に務めたが、そのかいなく維新後は、事あるごとに出兵を強いられた。

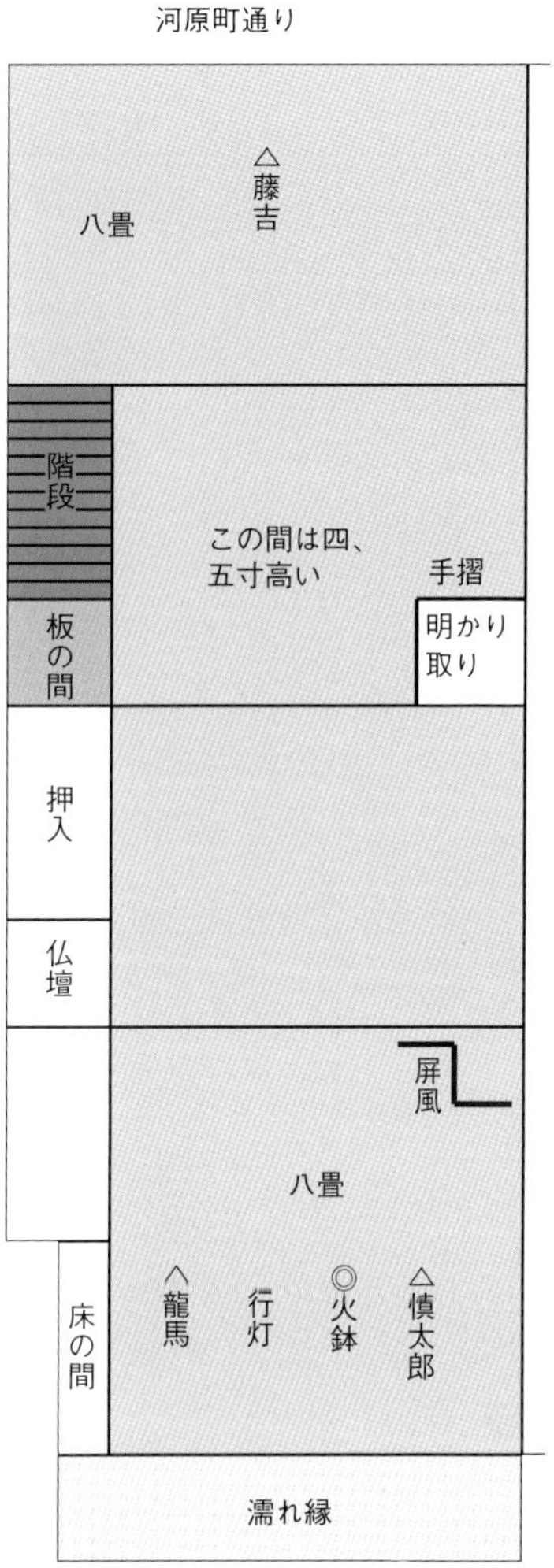

近江屋2階の推定復元見取図

られ、竜馬の前頭はザックリ割れて脳漿がふきだし、眼球はカッと見開いたまま。

それでもなお「石川（中岡慎太郎の変名）、刀はないか」と呼びつづけた。

「どうした、石川、手は利くか」といい、「手が利かぬ……」

それでも龍馬はよろめきながら行灯を提げ、次の六畳の間から階下に向かい「新助（近江屋主人）、はよう医者を呼べ」と声にならず。

刺客は龍馬に斬り付けた際「コナクソ！」と伊予弁を発したという。慎太郎はいくぶん気を取り戻し「腹が減った、焼飯が喰いたい」といい、出されたものを「うまい、うまい」とたいらげ、二日後に出血多量で没した。

龍馬の死亡日を襲われた十五日としているが、霊山の墓碑には「十六日闘死」とあり、龍馬の面倒をよくみた寺田屋おとせが作った位牌にも「十六日」と刻まれ、現在も寺田屋にある。いち早く現場に駆け付けた陸援隊田中光顕も十六日に龍馬は没したと語っている。

現在、盛大に催されている龍馬祭は、厳密にいえば襲われた日となる。

このことは明治三十九年（一九〇六）に斎行された四十年祭典概要の二條目に「期日ハ両君遭難ノ日即チ十一月十五日ス」と明記されている。

発見された密書

龍馬暗殺に諸説入り交れて論争される中で一通の密書が発見された。この密書は事件翌日の十六日付、見廻組の佐々木只三郎の実兄で会津藩重臣の手代木直右衛門が、彦根藩金奉行の石黒伝右衛門に宛てたもの。

手代木は会津藩主松平容保が京都守護職に入洛する際に従い、見廻組の指揮者として容保から命ぜられた龍馬暗殺を実弟の佐々木に伝えたとされている。

内容は「ごく内密に伺いたい（相談したい）事件があり、（石黒の）旅宿を訪ねたが出仕中で留守だった。ご苦労をかけて恐縮だが、万亭（京都祇園一力亭の別称）で待っているので来てほしい」というもので、文面から、手代木はこの密書を河原町の土佐藩邸の近くにあった彦根藩邸に託した。

彦根藩と会津藩のかかわりは深く、ペリー来航の折、会津藩が房総の海岸警備を受け持ち、見事な任務ぶりに大老の井伊直弼は感激し、以来松平容保と親密となった。

桂早之助佩刀●龍馬を切ったと伝える刀／写真：霊山歴史館

手代木直右衛門■文政9～明治36
会津藩士。幕府見廻組の佐々木只三郎の実兄。文久3年松平容保の京都守護職就任で上京、軍事奉行職副役を経て若年寄となり、尊王攘夷運動封じ込めの先頭に立った。大政奉還建白で土佐藩の後藤象二郎から相談を受けた。戊辰戦争では会津若松城籠城戦に参加、米沢藩への降伏交渉の使節となった。降伏後幽閉、明治5年赦免後は香川・高知権参事や岡山県区長を務める。

だが、井伊が開国の際に孝明天皇の勅許を得ずして独断で開国に踏みきり、批評する者をことごとく処罰した安政の大獄を断行し、ついに桜田門外の変で水戸浪士らに暗殺された。

そこで彦根藩家老岡本黄石は、井伊に重用された家臣を一掃、藩論を尊攘に統一した。岡本の部下が今回発見の石黒だった。彦根藩は文久二年（一八六二）十一月、十万石を幕命で削られ二十五万石となった。

一力亭

本来、緊急時に設置される京都守護職は彦根藩が就任することになっていた。しかし井伊の暗殺によって、幕府は政事総裁職の松平春嶽や彦根藩にも信任厚い松平容保を京都守護職に就任させた。

一方、手代木は実弟只三郎をもって見廻組を指揮し洛中の不逞《ふてい》浪士の取り締まりを強化、その実績を認められ軍事奉行副役となり、慶応元年（一八六五）

彦根藩京都藩邸跡●土佐藩京都藩邸のすぐ北側の高瀬川沿いにあった

土佐藩京都藩邸跡●高瀬川沿いにあり、近江屋や菊屋とは指呼の間にあった

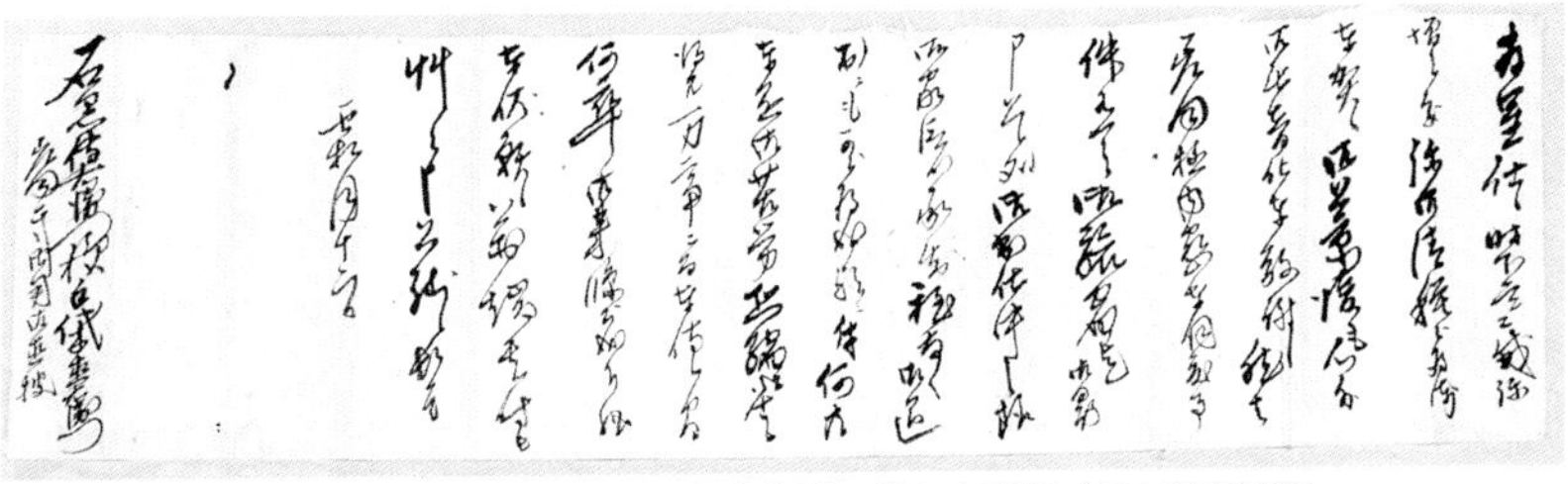

会津藩士・手代木直右衛門が彦根藩士・石黒伝右衛門に渡した密書／霊山歴史館蔵

正式に会津藩京都勤務公用方に昇格、同年、将軍徳川慶喜から積年の功を称えられ金子ならびに着物地を賜った。日頃から慶喜に対し忠誠心を抱いていた。

岡本と石黒は、水面下で手代木と手を結び大政奉還後の慶喜の処遇について密議を重ね、慶喜に再び新政権の議長席に座わらせるとともに、彦根藩の復権を目論んだ。それには龍馬の存在はいささか目障りであったに違いない。龍馬は薩長同盟の仲介役を務め、さらに公卿の三条実美、岩倉具視といった人物のパイプ役を務めている。

慶喜の前に立ちふさがっているのは、まぎれもない龍馬だった。ここで薩長の討幕論、さらに急進派公卿の討幕派を押え込むには龍馬を暗殺するしか道はなかった。

さまざまな憶測

さて、龍馬暗殺に深く関与したのは新選組だという噂が流れた。その一つには新選組の間者村山健吉が中岡の陸援隊に潜入し、龍馬暗殺が実行される約一か月前の十月九日、薩摩・十津川の討幕挙兵計画を会津藩へ報告していた。

「昨九日、近藤宇佐見応呼、公用方（会津藩）に而右の次第申し聞き候ところ、そのみぎり同人申し出で候には、新選組の内より、土州浮浪の中（陸援隊）へ間者入れ置き候。村山健吉と申す者申し出で候」（会津藩文書）とある。

暗殺の翌日十六日に村山の言動がおかしいと陸援隊屯所にて捕えた。

「十一月十六日、白川邸浪人（陸援隊）のうち新選組一人これ有り、小目付一同立ち越させ召捕り、河原町牢に入れ候事」（神山佐多衛《ごうやまさたえ》日記）

村山を河原町にある土佐藩邸内にあった獄舎に入れ取り調べたのだろうが、その内容を伝える文献は伝わっておらず不明である。

もう一つは暗殺現場に残された一足の下駄（瓢亭《ひさご》の焼印が押されたもの）は、先斗町の瓢亭へ先刻、新選組が出入りしたと店の者が証言し、また、もう一点の遺留品である朱鞘の持ち主が新選組隊士・原田左之助のものであると、新選組から離脱分裂した高台寺党の者がする。

このように龍馬の同志は新選組の仕業に間違いないと思っていた。

下駄の件であるが、当時京都では各料亭、旅館ではまわし使いをしたこともあって、まず新選組とは確定できない。原田左之助には暗殺当夜アリバイがある。近藤勇もその夜は、会津藩士山本覚馬と宴席をもちこれも不可能に近い。

龍馬暗殺を憶測する噂は他藩でもあった。

「八九人の乱入はたしかに誰とも相わからず、しかるところ、土佐邸内に此説帰り入りおり候宮川金之助（助五郎）と申す者、先年脱走人の内にて三条大橋の制札を夜中はずしに参り、新選組に捕えられ候ものの由、恐らくは右切害人は宮川の徒哉（同志）も計り難き趣にもほのかに相聞き候由、堅く口外を憚り申し候こと。十一月二十二日挙記」（鳥取藩慶応丁卯筆記）と見える。

この文献では宮川助五郎の同志が暗殺を企てたことになる。

一般によくいわれる薩摩陰謀説の文献がある。海援隊士・佐々木多門の書状で、宛先が幕府の大旗本・松平主税の家臣岡又蔵のもの。

「右の外、才谷殺害人、姓名まで相分り、是につき薩摩の処置等、種々愉快の義これあり、いずれ後便書き取り申し上ぐべきと存じ奉り候。申し上げたき儀、海山々御座候えども、取り急ぎ右、貴答（ご返事）申し上げたく、かくのごとくに御座候」（井口家文書）

龍馬の刺客の「姓名まで」判明したというのである。実は土佐藩の毛利恭助らが遺留品の朱鞘を持って薩摩藩の中村半次郎（後桐野利秋）を訪ねた。中村は新選組から離脱した高台寺党の者に見せたところ、新選組の原田左之助の差料と証言した。姓名とは原田のことであり、「薩藩の処置」とは中村が配慮したことである。

天満屋討入り

Column5

暗殺を紀州藩士の仕業と考えた海援隊は天満屋に……

猪坂行雄
フリーライター

龍馬横死の後の十一月十八日、上京していた海援隊士は七人いたが、新選組に狙われ、長岡謙吉は河原町の土佐藩邸に、その他の隊士は白川抱屋敷の陸援隊本部に収容された。陸援隊に合流した隊士たちは龍馬暗殺の刺客の探索を開始した。最も注目したのは新選組であった。現場に残された鞘を、禁裏御陵衛士らが新選組の原田佐之助のものと証言したからだ。

一方、海援隊士陸奥源二郎（陽之助）と懇意の紀州の材木商人加納宗七は、紀州藩用人三浦休太郎が怪しいと告げた。いろは丸賠償問題を根にもち、新選組をそそのかした、というのである。

そこで、まず三浦を除こうと同志を募った。長崎から上京した土佐藩遊学生の斎原治一郎（大江卓）や岩村精一郎も加わり、陸奥、関雄之助（沢村惣之丞）、岩村、斎原、加納、竹中与三郎が実行委員になった。竹中は龍馬と懇意にしていた神戸の薬種商人である。

十二月六日、三浦が一力亭に登楼したという情報が入り、翌朝駕籠を尾行したが人違い。七日昼には斎原、岩村、関が、三浦が止宿する天満屋に押し掛けたが留守。しかし陸奥から三浦は確かに在宿という情報が入り、午後九時頃、用意を整え総勢十六人で斬り込んだ。

三浦は、狙われていることを知っている。紀州藩士らと斉藤一をはじめとする新選組の猛者を護衛に酒宴を開いていた。

一番に飛び込んだのは、龍馬を敬愛していた十津川郷士の中井庄五郎。抜き打ちに切り掛かったが、頬をかすっただけ。その後は火が消されて暗黒になり、混戦状態となったが、「三浦を討ち取った」と叫ぶものがあり、海援隊士らはピストルを合図にすばやく引き上げた。

しかし、これは三浦側の機智で、三浦は負傷しただけ。後日の調査では、新選組の宮川信吉（近藤勇甥）が即死、梅戸勝之進が重傷を受けたほか紀州藩の三人が死亡、二人が負傷している。

一方、海援隊側では中井庄五郎が討死、竹中与三郎が右手首を切り落とされたが、懸命の治療で一命をとりとめた。

結局三浦は討ち取れず、龍馬暗殺の首謀者もうやむやのまま、この事件は歴史の闇の中に埋もれてしまった。

天満屋跡●中井正（庄）五郎殉難地を示す石碑が立つのみ／写真：高知県立坂本龍馬記念館

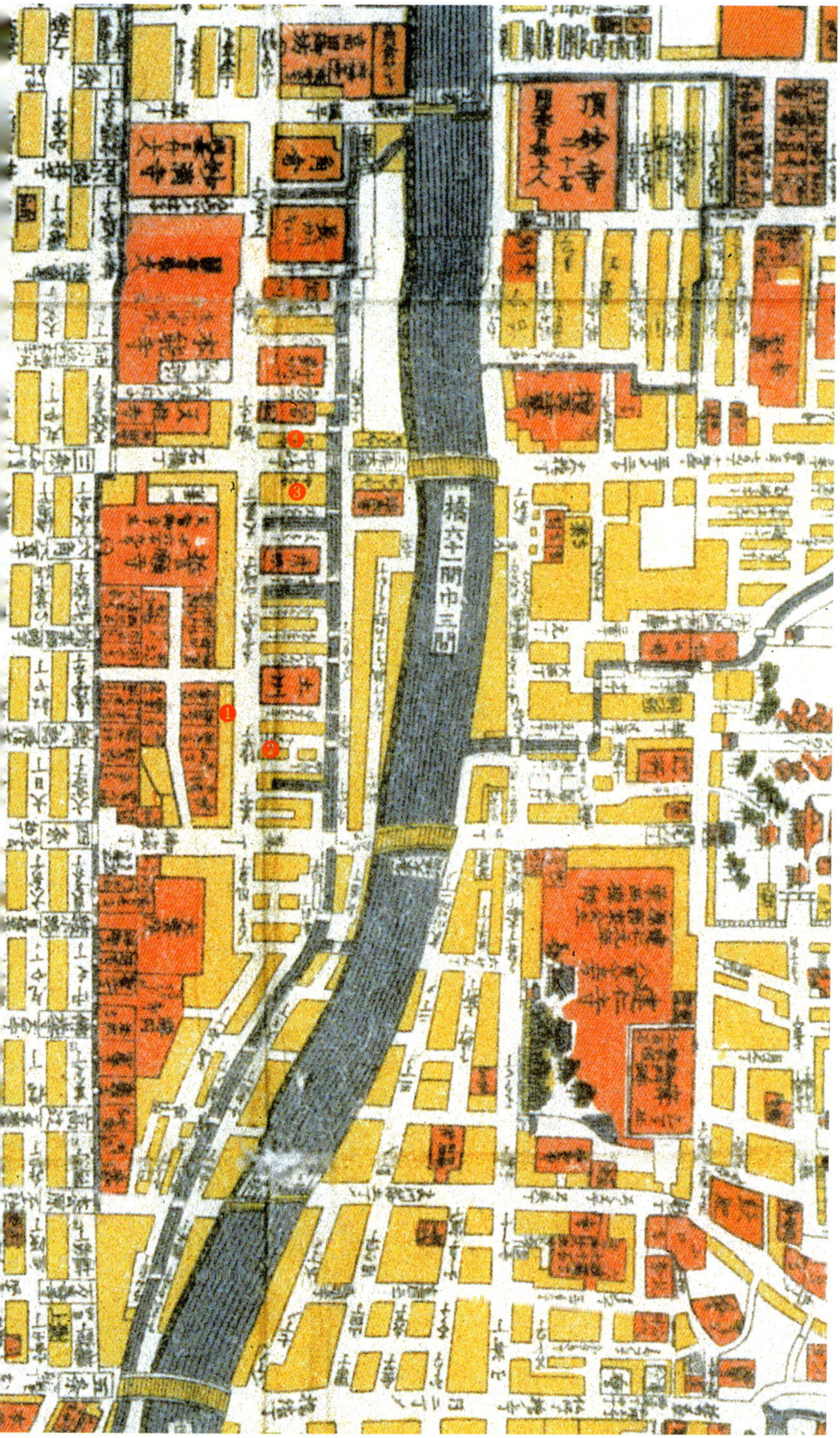

慶応4年の京都市街絵図●幕末の京都の街並が描かれた絵図。土佐藩邸や彦根藩邸、長州藩邸などが高瀬川沿いに並んでいるのがわかる。❶近江屋、❷菊屋、❸酢屋、❹池田屋／改正京町御絵図細見大成（部分）、京都府立総合資料館蔵

これを持って薩摩の者と決めつけることはできないのではなかろうか。

もう一つ、蜷川新の著書『維新正観』によると、「刺客は逃げてゆくとき鹿児島弁で私語した、と近江屋の女中が海援隊士中島信行に密かに語った」というのであるが、暗殺現場に中島は立ち会っておらず、そのころ、中島は長崎にいたのである。

龍馬を斬ったとされる見廻組桂早之助の子孫宅へ当時の維新史料編纂官川田瑞穂（のち早大教授）が調査し、暗殺に使った脇差を子孫の証言をもとに確認している。暗殺直後に論功行賞として佐々木から送られた和歌も残っている。

影やとき月やはおそき山の端を
いづれはうつる谷川の水

文献的に見て、最も有力視される見廻組説をくつがえすだけの資料は未だ発見されていない。

龍馬探訪

6 龍馬の人生を追体験する

坂本龍馬（中央）と伊藤助太夫（右）●左は伊藤家の使用人。助太夫は九三と名前を改めているが、これも龍馬の「役者のような名前を変えては」という意見に従ったものと伝えられるなど、両者は深い信頼で結ばれていた。屋敷の一室を提供して妻お龍を預かるだけでなく、かなり多額の活動資金を調達するなどの支援も行っている／伊藤根光氏蔵

三浦　夏樹
高知県立坂本龍馬記念館学芸員

土佐勤王党と、龍馬を育んだ風土

土佐藩は身分制度が他藩よりも厳しいことで有名である。武士の中も上士・下士と分かれており、政治に参加できるのは上士だけで、下士は服装など様々な面で差別を受けることが多かった。

関ヶ原の戦いの後、それまで土佐を治めていた長宗我部家に替わり、掛川（今の静岡県掛川市）から山内家が入ってきた。

長宗我部家は取りつぶしになるが、関ヶ原の戦いで西軍に味方をしたことが直接の原因ではなく、その後のお家騒動が原因であった。

長宗我部元親には四人の男子がいたが、天正十四年（一五八六）、豊臣秀吉の命により九州征伐に出兵した際、戸次《へつぎ》川の合戦で長男の信親を失い、すべての歯車が狂い始める。信親は身長六尺一寸（百八十四センチ）、知勇兼備と伝えられており、父・元親の期待は大きかった。長男を失った元親は四男の盛親を溺愛し家督を継がせるが、三男親忠が反抗を見せ、結局関ヶ原の戦いの後、盛親が親忠を殺害した。これが家康の知るところとなり、長宗我部家は取りつぶしとなったのだ。

土佐の歴史にとって、戸次川の合戦で長男信親を失ったことが、幕末にまで影響を及ぼしている。歴史に"もし"はタブーであるが、もし信親が生きていれば、お家騒動は無く、山内家も土佐に入ってくることは無かったのではないか。そうなれば下士が虐げられることも無く、龍馬や武市瑞山、岡田以蔵らの活躍も無かったかもしれない。

しかし、現実には山内家が土佐を支配し、土着の者たちは虐げられる、という構図が生まれた。これが土佐人の反骨精神として脈々と受け継がれ、幕末に爆発したのである。

これは武士だけではなく、農民のまとめ役

坂本家墓所

Column6

市の史跡としての整備検討中

岡林　一彦
高知市役所
龍馬・お龍の会

1か所に統合された坂本家墓所●民間業者による開発によって奥は無惨に山が崩され、土が露出している。まだ残るいくつかの墓地は絶壁の崖上に取り残されてしまっている

坂本家墓所は、誕生地の西北西、丹中山《たんちやま》に存在している。

父八平、母幸、兄権平、姉栄・乙女、龍馬の養子（甥）直、そして祖先をはじめ龍馬につながる二十一人の霊が眠っている。龍馬の墓は遠く暗殺された地、京都霊山護国神社にある。

つい最近、周辺一帯の山は、民間業者により開発が進められ、悲しいかな、山は崩されていき、無残に孤立していく墓も出てきた。二か所に分かれていた坂本家の墓地も統合された。

高知市教育委員会では、平成十五年坂本家墓所を高知市史跡に指定し、目下整備計画の策定作業を進めている。整備に併せて丹中山にあった幕末維新の志士や文人、商人たちの無縁墓石の保存を求める声が、郷土史家を中心に上がっている。

龍馬の誕生地

Column7

龍馬誕生祭と龍馬の生まれたまち記念館

岡林　一彦
高知市役所
龍馬・お龍の会

龍馬誕生祭

毎年十一月十五日、上町の記念碑前では、龍馬誕生祭の式典が開催される。地元の人たちは偉業を尊び、ファンは飛翔の原点に立ち、参列者は自分の龍馬像を描き、その生き方に共鳴し、顕彰を進めていこうと誕生日を祝いあう。

夜は、近くの升形商店街に特大のバースデーケーキが飾られ、年の数だけローソクに炎が灯る。参加者みんなが、それぞれの思い思いのままお祝いの輪を広げ、声高に語り合い、賑やかに龍馬さんを共有する。

龍馬誕生祭／写真：岡林一彦

「龍馬の生まれたまち記念館」がオープン

平成十六年（二〇〇四）三月、龍馬を産み育んだ高知市上町に「龍馬の生まれたまち記念館」が誕生した。

龍馬を支えた家族。何が龍馬を育て、どのように飛翔していったのか。龍馬の少年時代から、脱藩までの成長を中心にその目で、その耳で、体いっぱいにふれることができる。

建物は県産木材をふんだんに使い、土佐の自然の呼吸が香り漂う。坂本家の離れ座敷をイメージした和室もあり、龍馬の声が聞こえて来そうだ。

龍馬が、この地に産声をあげて百六十九年。ようやく原点ともいえる地に記念館が生まれた。まだ小さな点だが、ふるさと誕生の地にある記念館にふさわしく、全国の龍馬ファンの想いがふれあう交流の拠点として、育てられ成長するように願っている。

龍馬の生まれたまち記念館

である庄屋たちにも共通している。龍馬や中岡慎太郎が生まれた天保年間は全国的に飢饉が発生し、大坂では大塩平八郎の乱が起こっていた。こうした中土佐藩では、長年虐げられてきた庄屋たちが、格式保持（昔の地位への復帰）を求めて同盟を結び、藩に訴えを起こした。この同盟文には、「庄屋は大皇直属の身分である」という尊皇思想がふんだんに盛り込まれており、後の土佐勤王党に大きな影響を与えている。

武市半平太（瑞山）邸／写真：吉成好史

仁位田浜砲台跡古写真●安政2年11月徳弘孝蔵は仁井田浜で門下生による砲術稽古を行った。龍馬もこの稽古に参加している／高知市立三里小学校蔵

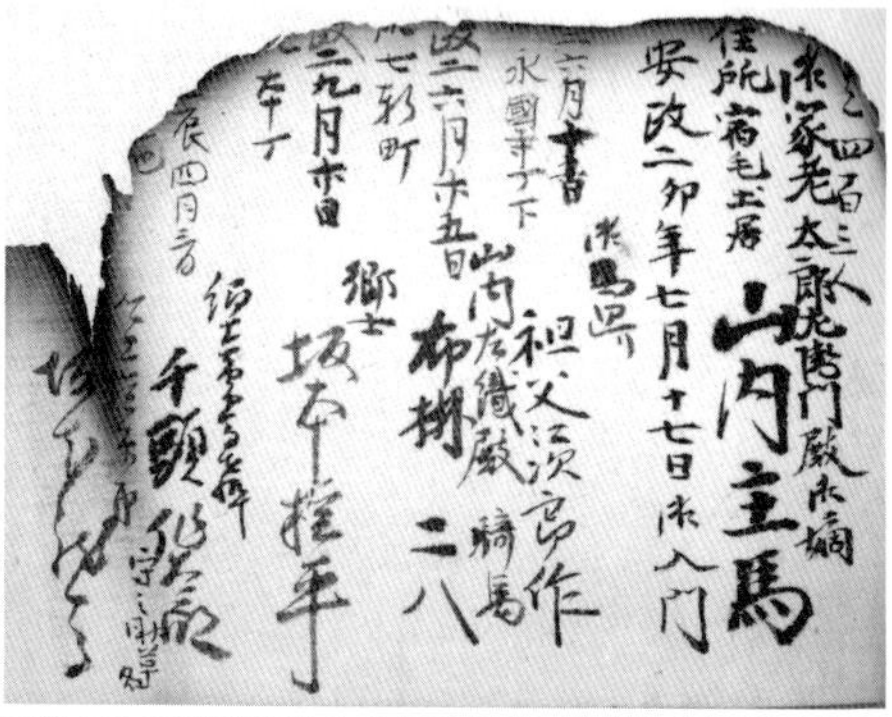

安政2年の徳弘塾塾生名簿●龍馬（左端）と兄坂本権平の名が見える。このほかにも岡田以蔵など、のちに龍馬と深い関係を持つ人々の名が確認できる／高知市民図書館蔵

土佐藩国境の立川番所書院●安政5年11月、水戸藩の志士住谷寅之助らが、吉村虎太郎の紹介で尊攘運動遊説ため立川番所を訪れ、土佐勤王党員である龍馬ら数人が応接した。住谷は、国内情勢を何も知らない土佐藩士らに失望して帰ったが、龍馬については人物であると評価している／写真：高知県立坂本龍馬記念館

こうした背景の中、天保六年（一八三五）十一月十五日、龍馬は郷士坂本家の次男として上町の本町一丁目に生まれた。

高知の町は、高知城を中心とした廓中を挟んで、西が上町、東が下町となっている。そして南北に城下四ヶ村と呼ばれる井口村、小高坂村、潮江村、江ノ口村があった。上町は士農工商の内、農民以外が混在する町だった。

坂本家の本家である才谷屋も本町三丁目にあり、龍馬の生家とは二百メートルほどしか離れていない。才谷屋は、六代目の直益の時に最盛期を迎え、城下屈指の豪商になる。直益は長男の直海を分家させ、郷士株を取得させた。龍馬の父・八平は郷士坂本家の三代目に当たる。

龍馬は成人してから、商人的な発想で道を切り開いていくことがよく見られた。利をもって薩摩と長州を結びつけたことや、蝦夷の開拓、竹島の開拓などは、普通の武士の家の子では考えつくことは無かったのではないだろうか。また、亀山社中や海援隊は身分に拘らない集団だった。給料も隊長から平隊士まで同じという平等さ。こうした考え方には、生まれ育った環境が大きく影響を及ぼしていると思われる。

また、龍馬は人に恵まれていた。二番目の母である伊与は、川島家から嫁いできており、龍馬と乙女はその川島家によく遊びに行っていたらしい。川島家には「ヨーロッパ」というあだ名を持つ川島猪三郎がおり、龍馬たちは世界地図などを見せてもらい、世界の話を聞いていたそうである。

そして、兄・権平の妻の弟である川原塚茂太郎は、早くから龍馬に「土佐にいては土佐一国だけの論ができ、世界を横行すれば世界の論ができる」と教え、世界に出ることを示唆していた。

それから、龍馬は坂本家の山林を管理していた田中良助とも親しく、よく遊びに行っていた。田中家の裏には八畳岩と呼ばれる大きな岩があり、高知城下を眼下に眺め、はるか太平洋まで一望することができる。ここから見える高知は小さな存在で、その高知に縛られることの馬鹿らしさを龍馬は感じたのではないだろうか。

　もう一つ面白い話が伝わっている。龍馬はたびたび長姉・千鶴の嫁ぎ先である安田（今の高知県安田町）の高松順蔵の家を訪ねていた。龍馬は訪ねていっても挨拶もせずに、座敷に上がり、そのまま寝ころび、起きると縁に立って向こうの屋根越しに見える太平洋をいつも眺めていたそうである。脱藩して、京都伏見の寺田屋で世話になっていた頃、寺田屋は「まるで安田の順蔵さんの家にいるような心持ちだ」と家族に語った手紙が残っている。高松家はよほど居心地が良かったようだ。

中岡慎太郎生家／写真：高知県立坂本龍馬記念館

　しかし、安田町は高知市から五十キロメートル以上東にあり、車でも片道一時間以上かかる行程である。おそらく徒歩で訪ねていったと思われるが、龍馬の健脚ぶりに驚かされる。

　順蔵はかなりの知識人で、山内容堂から再三の招聘があったにも関わらず、固持してこれを受けなかった。中岡慎太郎をはじめ、東部の若者は順蔵を慕って教えを請う者が多かったが、龍馬も順蔵から多くのことを学んだ一人である。

　龍馬は、学問は早くから挫折をした。しかし、このような風土や人の中で育ったことにより、身分や土佐一国に拘ることのない、大きな視野で物事を考えられる若者に成長していった。

Ⓒ昭文社

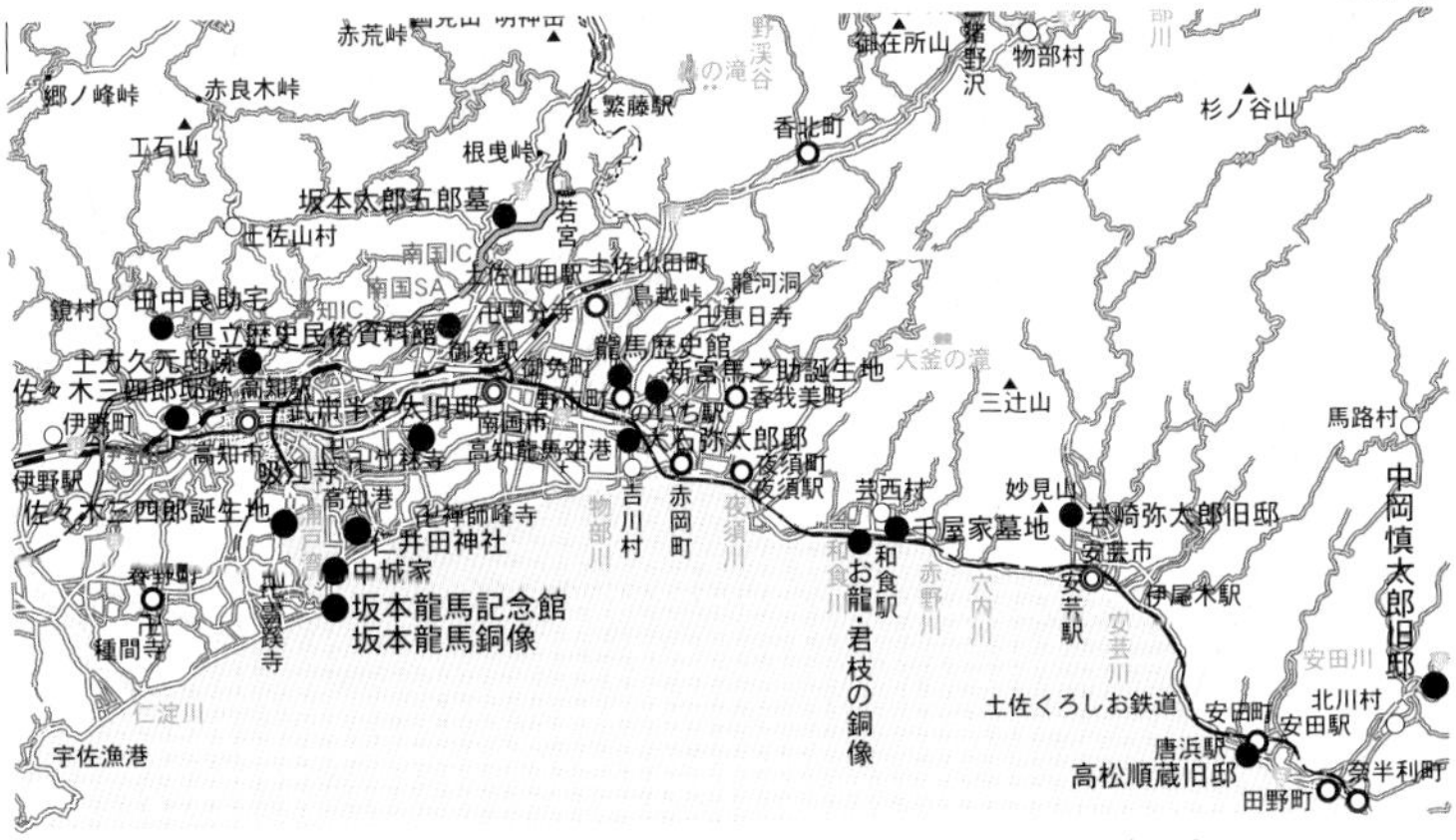

坂本太郎五郎墓：南国市才谷　JR高知駅から県交通バス領石・田井方面行領石下車徒歩20分
高知県立歴史民俗資料館：南国市岡豊町八幡　JR高知駅から歴史民俗資料館行終点下車（1日3便）または領石・
　　田井方面行学校分岐（歴民館入口）下車山方向へ徒歩15分
田中良助邸：高知市柴巻　JR高知駅から県交北部交通バス円行寺行終点下車北へ徒歩50分
土方久元邸跡：高知市北秦泉寺　土佐電鉄バス北秦泉寺方面行金谷橋下車徒歩10分
佐々木三四郎（高行）邸跡：高知市佐々木町　JR土讃線高知商業前駅下車北へ徒歩20分
佐々木三四郎誕生地：高知市瀬戸　JR高知駅から県交通バス長浜・桂浜行瀬戸下車徒歩3分
坂本龍馬銅像：高知市桂浜、桂浜公園内
坂本龍馬彰勲碑：高知市桂浜、桂浜公園内
　以上　JR高知駅から県交通バス桂浜行終点下車
高知県立坂本龍馬記念館：高知市桂浜　JR高知駅から県交通バス桂浜行龍馬記念館前下車徒歩1分
中城家：高知市種崎　土佐電鉄バス種崎行種崎一区下車徒歩1分
仁井田神社：高知市仁井田（「夕顔」絵馬奉納地）
　　土佐電鉄バス種崎方面行仁井田森田前下車東へ徒歩20分
仁井田砲台跡：高知市仁井田（遺構なし）　土佐電ドリームサービスバス十市・後免方面行小池下車徒歩3分
吸江寺：高知市五台山吸江　土佐電鉄バス前浜方面行護国神社前下車東へ徒歩5分
武市半平太生家：高知市吹井（瑞山神社、武市半平太墓隣接）
　　土佐電鉄バス前浜方面行瑞山神社前下車東へ徒歩5分
龍馬歴史館：香美郡野市町大谷（龍馬の一生を蝋人形で展示）　土佐くろしお鉄道のいち駅下車北へ徒歩10分
新宮馬之助誕生地：香美郡野市町新宮　土佐くろしお鉄道のいち駅下車北東へ徒歩15分
大石弥太郎旧邸：香美郡野市町大谷　土佐くろしお鉄道のいち駅下車南へ徒歩15分
千屋家墓地：安芸郡芸西村　土佐くろしお鉄道和食駅下車土佐電鉄バス室戸岬・甲浦方面行叶木下車徒歩10分
お龍・君枝の銅像：安芸郡芸西村琴ヶ浜　土佐くろしお鉄道和食駅下車徒歩10分
岩崎弥太郎生家：安芸市一ノ宮　土佐くろしお鉄道球場前駅下車、車で10分
岩崎弥太郎銅像：安芸市江ノ川上公園　土佐くろしお鉄道安芸駅下車西へ徒歩[illegible]分
高松順蔵邸跡：安芸郡安田町　土佐くろしお鉄道安田駅下車南へ徒歩10分
野根山二十三士の墓：安芸郡田野町福田寺　土佐くろしお鉄道田野町下車東へ徒歩3分
中岡慎太郎生家・中岡慎太郎館：安芸郡北川村柏木
　　土佐くろしお鉄道奈半利駅から村営バス中岡慎太郎館前下車徒歩1分
立川番所跡：長岡郡大豊町刈屋（上記地図の範囲外）
　　JR土讃線大杉駅から大豊町民バス（1日3～4便）立川刈屋下車徒歩10分

⑰左行秀邸跡：高知市上町2丁目（明治時代）
土佐電鉄上町1丁目下車北へ徒歩2分

⑱高知城：高知市丸の内1丁目
土佐電鉄高知城前下車北へ徒歩3分

⑲福岡孝弟（藤次）誕生地：高知市升形
土佐電鉄グランド通下車北東へ徒歩1分

⑳山内容堂公邸跡：高知市鷹匠町2丁目、鷹匠公園
土佐電鉄県庁前下車南へ徒歩3分

㉑旧山内家下屋敷長屋展示館：高知市鷹匠町1丁目、三翠園ホテル敷地
土佐電鉄県庁前下車南へ徒歩3分

㉒土佐山内家宝物資料館：高知市鷹匠町2丁目、山内神社
土佐電鉄県庁前下車南へ徒歩3分

㉓武市瑞山（半平太）殉節之地：高知市帯屋町2丁目、四国銀行帯屋町支店
土佐電鉄大橋通下車北へ徒歩2分

㉔板垣退助誕生地：高知市本町2丁目、高野寺境内
土佐電鉄大橋通下車南へ徒歩2分

㉕後藤象二郎誕生地：高知市与力町
土佐電鉄大橋通下車南へ徒歩3分

㉖吉田東洋記念之地：高知市追手筋2丁目（吉田東洋暗殺地）
土佐電鉄堀詰下車北へ徒歩5分

㉗山田町獄舎遺構：高知市洞ヶ島町、薫的神社境内
JR高知駅から西へ徒歩15分

㉘間崎滄浪（哲馬）邸跡：高知市北本町1丁目
JR高知駅から西南へ徒歩7分

㉙武市瑞山（半平太）道場跡：高知市菜園場町
土佐電鉄菜園場町下車北へ徒歩3分

㉚山田町獄舎跡：高知市はりまや町3丁目
JR高知駅から南へ徒歩10分

㉛河田小龍邸跡：高知市南はりまや町2丁目
土佐電鉄はりまや橋下車東へ徒歩3分

㉜長岡謙吉邸跡：高知市南はりまや町2丁目
土佐電鉄はりまや橋下車東へ徒歩3分

高知市街の旧跡

❶坂本家墓所：高知市山手町
　土佐電鉄上町5丁目下車北へ徒歩10分
❷岡上菊栄・赦太郎の墓：高知市山手町
　土佐電鉄上町5丁目下車北へ徒歩10分
❸永福寺：高知市井口町
　土佐電鉄上町5丁目下車北へ徒歩5分
❹平井収二郎・加尾誕生地：高知市山手町
　土佐電鉄旭町1丁目下車北へ徒歩10分
❺徳弘董斎（孝蔵）邸跡：高知市中須賀町
　土佐電鉄旭町1丁目下車北へ徒歩3分
❻弘瀬健太邸跡：高知市井口町
　土佐電鉄上町5丁目下車北へ徒歩3分
❼池内蔵太邸跡：高知市西町
　土佐電鉄上町4丁目下車北へ徒歩5分
❽望月亀弥太邸跡：高知市西町
　土佐電鉄上町4丁目下車北へ徒歩5分
❾坂本龍馬誕生地：高知市上町1丁目、上町病院、ホテル南水
　土佐電鉄上町1丁目下車東へ徒歩1分
❿龍馬郵便局：高知市上町1丁目
　土佐電鉄上町1丁目下車南へ徒歩3分
⓫龍馬の生まれたまち記念館：高知市上町2丁目
　土佐電鉄上町1丁目下車南へ徒歩3分
⓬才谷屋跡：高知市上町3丁目、喫茶さいたにや周辺
　土佐電鉄上町2丁目下車南へ徒歩1分
⓭左行秀鍛冶場跡：高知市上町3丁目
　土佐電鉄上町2丁目下車南へ徒歩1分
⓮近藤長次郎邸跡：高知市上町2丁目
　土佐電鉄上町2丁目下車南へ徒歩2分
⓯河田小龍塾跡：高知市上町3丁目
　土佐電鉄上町2丁目下車南へ徒歩5分
⓰日根野弁治道場跡：高知市上町1丁目
　土佐電鉄上町1丁目下車南へ徒歩5分

高知市街と桂浜へはMY遊バス、よさこいぐるりんバス、土佐電鉄路面電車が1日乗り放題の「MY遊パス」（700円）が便利

桂浜の銅像

Column8

土佐のシンボル 桂浜の銅像修復

岡林　一彦
高知市役所
龍馬・お龍の会

昭和三年（一九二八）五月二十七日。坂本龍馬が京都で凶刃に倒されて六十一年目、ふるさと高知に龍馬の勇姿が蘇った。あの、桂浜に立つ坂本龍馬銅像である。

龍馬の銅像建設は、幕末維新から、自由民権へと龍馬の志を引き継ぐ明治生まれの青年たちの熱い想いから発した。

大正十五年（一九二六）八月、四人の若者の旗揚げからその活動は開始されていった。建設趣意書には「銅像の大きさ日本一」と壮大な目標が掲げられた。

建設地を桂浜に決め、木柱を打ち込んで運動の成功を誓い合い、活動に弾みをつけると、高知県内に強引ともいえる遊説を強行。その勢いは地域各所に拡がっていき、それぞれに拠点が生まれ、取り組みは高知県連合青年団全体の大きな運動となっていった。

その活動はさまざまなドラマを繰り拡げ、募金目標の二万五千円を集めきり、龍馬の銅像が生まれた。

銅像の高さは十七尺五寸(約五・三メートル)。台座を含めた高さ四十四尺五寸（約十三・五メートル）。まさに日本一の堂々たる龍馬の誕生となった。銘板は「建設者　高知縣青年」となっている。

以来、ふるさとのシンボルとして、太平洋戦争にも出陣せず、南海地震にも倒れず、桂浜の大地にしっかりと立ちつづけてきた。

その間、龍馬の生きざまと行動力、そしてその精神に感銘した幾多の人々に、希望と勇気と励ましを与え続けてくれた。

桂浜に陸揚げのため浦戸丸から艀に載せ変えられる龍馬像／『坂本龍馬先生銅像ものがたり』より

昭和3年5月27日の桂浜坂本龍馬銅像建立記念式典／『坂本龍馬先生銅像ものがたり』より

しかし、銅像が立つ桂浜の自然環境は苛酷で厳しい。

真夏の灼熱の太陽は像を高温に焼き、一方、南国とはいえ冬の夜は冷える。また、たびたび襲来する台風は、風速数十メートルの潮風を叩きつけてくる。

七十年を越える長い年月は、その繰り返しを重ねていき、だんだん銅像を傷めていったのである。

平成九年（一九九七）三月、高知市観光課の手によって痛んだ銅像の診断が行われた。

特に三トンもの全体重を支え続けてきた足許の亀裂はひどく、四方に拡がっている。

そして台座と結合するアンカーボルトが消耗裂断、その用を果たしていなかった。

内部を見れば、像をつないでいるボルトの大半が劣化・腐食して溶け、鋳掛けで合わせ目した個所に隙間が表れ、塩水の浸入も重大な影響を与えていた。当然、経年経過による金属疲労も深刻に進行している。

結果は、診断したすべての部分に問題があり、倒壊の原因に結びつく可能性があるという、恐ろしく危ない状態が判明した。

よく倒れずに、頑張ってくれたものと診断に立ち会った人々はあらためて感謝・感激・感動した。

それならば、七十年を越えて私たちに希望と勇気と励ましてくれた恩返しの番だと、大手術の決断をし、成功を誓った。

釣り降ろされる龍馬像●平成11年2月、台座から切り離され、木枠に守られて初めて地上へ／写真：岡林一彦

地上に降りた修復前の龍馬像の素顔／写真：岡林一彦

「日本も龍馬も倒しとうない!!」を合言葉に、修復のための募金を全国に呼びかけた。

それは、建設当時の明治の青年たちの心意気、想いを引き継ぐ運動であった。そして、たくさんの心配と励ましが寄せられ、募金は五千万円の目標を超過し達成された。

平成十一年二月、銅像は手術のため、建設後初めて地上に降りた。わたしたちが初めてふれる「龍馬」の素顔だった。「龍馬」に面と向かい会っての対話。そのやさしい表情のなかにも、遠く未来を見つめるまなざしには、強い意志が伺える。

修復手術は、今ある最良の技法と素材を使い、最高の技術スタッフ陣で挙行された。それは、龍馬の精神・生きざまを次の世紀、世代へ受け継いでいくという重大な使命と心意気をこめた者の誇りと、細心の神経が要求される作業となった。

像本体と台座をつなぐ地山《じやま》は新しく鋳造、龍馬の両足のブーツをピッタリと収め固定され、足許はしっかりと完璧に治った。内部のボルト・ナットは、腐食に強いステンレス製を使ってしっかりと結合され、隙間のあったつなぎ目にはブロンズの象嵌がはめ込まれ、補修された。

また新たに、像全体を一体化し、強化するため内部にステンレスでアングルを組み、結び合わせて体力アップを図った。

表面のキズもきれいに直され、一段と男前となった。

平成十一年三月二十八日、「龍馬」は元気に復活。再び桂浜の風景のなかに立ち、今を生きる私たちに魂の叫びを響かせた。

「ありがとう。つぎは日本の洗濯ぜよ」

修復なった龍馬銅像除幕式●平成11年3月28日、気球による除幕が行われた／写真：岡林一彦

江戸の龍馬 1

龍馬の足跡を歩く

皆川真理子
東京龍馬会

千葉定吉道場と土佐藩砂村屋敷

龍馬がはじめて江戸にやってきたのは、嘉永六年（一八五三）四月のことであった。目的は剣術修行で、桶町の「小千葉」と呼ばれた北辰一刀流、千葉定吉の道場に通ったといわれている。

桶町は、土佐藩上屋敷（現在の国際フォーラム）からほど近い鍛冶橋御門外の町地で、現在の東京駅八重洲口付近にあたる。だが、嘉永六年十二月の切絵図には、杉森稲荷（現在の椙森神社）近くの新材木町（現在の中央区日本橋堀留町一丁目付近）に、また、翌月嘉永七年一月の切絵図には「鍛冶橋御門外すぐの狩野屋敷内（現在の中央区八重洲二丁目七、もしくはその前の鍛冶橋通り）に「千葉定吉」の名前が確認でき、いずれも桶町ではない。おそらく狩野屋敷が桶町から近いので、ここが桶町の道場と呼ばれていたのであろう。しかし、龍馬の

土佐藩上屋敷跡●鍛冶橋門を入った左側にあった。かつては東京都庁の建物があり、都庁が西新宿に移ってからは、東京国際フォーラムの敷地。鍛冶橋門のすぐ外側にあった千葉定吉道場とは目と鼻の先だが、龍馬がこの上屋敷に入ることはおそらくなかっただろう

鍛冶橋門跡から見た狩野家屋敷跡●現在の鍛冶橋交差点。脱藩後の龍馬が寄宿したという千葉定吉道場はこの一画にあった

高橋由一が彩色した明治初年の江戸城鍛冶橋門●桝形門と橋が架かる堀は現在の鍛冶橋交差点、門の左側奥に土佐藩上屋敷、また橋の右側に小千葉道場のある狩野家屋敷があった／写真提供：西ケ谷恭弘

土佐藩築地屋敷跡●19歳の龍馬が初めて暮らした江戸はこの藩邸の中だった。もっともペリー来航による沿岸警備の役目で、ここにいた期間はあまり長くなかったようだ。現在は中央区役所、キャピタルホテル、築地警察署（写真）などになっている

福井藩上屋敷跡●龍馬が間崎哲馬や近藤長次郎と訪れた上屋敷は常盤橋御門のすぐ内側にあった。地下鉄丸ノ内線大手町駅の東、東西線大手町駅の北側で、東京国際郵便局やNTTのビルが立つ

玄武館道場跡●都営地下鉄岩本町駅すぐにある旧千桜小学校がその旧蹟。龍馬はここで山岡鉄太郎や清河八郎らと出会ったようで、清河が書いた門人録にその名が登場する

玄武館跡：千代田区神田東松下町、旧千桜小学校内
都営地下鉄新宿線岩本町駅下車南へ徒歩1分

常盤橋門跡●JR東京駅の日本橋口から北に約5分の地にある。平川沿いに設けられた城門で、現在も枡形の石垣の半分ほどが残り、東京都の史跡になっている。龍馬も何度か訪れた松平春嶽の福井藩江戸上屋敷はこの門を入った西側にあった

福井藩上屋敷跡：東京都千代田区大手町2丁目、
東京国際郵便局・NTT大手町ビル周辺
JR東日本東京駅下車北へ徒歩5分
土佐藩上屋敷跡：東京都千代田区丸の内3丁目、東京国際フォーラム
JR東日本東京駅下車南へ徒歩5分
土佐藩築地屋敷跡：東京都中央区築地1、2丁目、中央区役所、築地警察署、
銀座キャピタルホテル周辺
東京地下鉄日比谷線築地駅下車北西徒歩2分
千葉定吉道場跡：東京都中央区八重洲2丁目、八重洲三井ビル周辺
JR東日本東京駅下車南へ徒歩5分
佐久間象山塾跡：東京都中央区銀座6丁目15番地、電源開発本社付近
東京地下鉄日比谷線東銀座駅下車南へ徒歩3分

初出府の際に剣術修行をしたことを裏付ける確たる史料はなく、また、龍馬の江戸到着からすぐの六月、ペリーが来航したため、八月か九月中旬頃まで土佐藩の異国船御手当の臨時御用の任務につき、翌年一月のペリー再来航に際しても、同様に臨時御用の任務についていたと思われるので、たとえ、小千葉に出入りしていたとしても、江戸滞在中には十分な剣術修行はできなかったと思われる。

この間、龍馬は、嘉永六年十二月一日、木挽町五丁目（現在の中央区銀座六丁目十五）に住む佐久間象山の塾に入門して西洋砲術を学んだことがその門人帳で確認できる。

安政三年（一八五六）、再び江戸に出てきた龍馬は、武市半平太や大石弥太郎らとともに「築地屋敷」と呼ばれた土佐藩中屋敷（下屋敷との説もある。現在の中央区築地一丁目の中央区役所・築地警察署から築地二丁目の銀座キャピタルホテル本館のあたりまで）に滞在して、桶町の千葉定吉の道場だけでなく、定吉の兄周作が創設した神田お玉ヶ池の玄武館道場（現在の千代田区神田東松下町二十六付近の旧千桜小学校門内に玄武館道場顕彰碑）にも通い、ここで山岡鉄太郎や清河八郎らとの交流を持ったと思われる。

山岡鉄太郎■天保７～明治21、号鉄舟　幕臣。御蔵奉行小野高福の4男で、安政2年講武所に入るほか、千葉周作はじめ諸門に剣を学ぶ。同年槍の名人山岡静山の家を継ぐ。攘夷運動の先頭に立ち、清河八郎らと新徴組結成を幕府に進言、取締りとして京都に行くが、清河が朝廷寄りの発言をして分裂、その責任を問われ閉門処分になった。のち許され、精鋭隊歩兵頭取格。すぐ戊辰戦争となり、勝海舟の使者として単身東海道を上り、慶応4年3月9日、駿府で西郷隆盛と会見し、江戸城無血開城の下地をつくる。明治時代は10年間侍従を務めた。

大石弥太郎（円）■文政12～大正5　土佐藩郷士。香美郡野市村の大石平右衛門の長男。安政3年、江戸の築地中屋敷で龍馬や武市半平太と同宿。一度帰郷の後、洋学研究の藩命で文久元年江戸遊学、勝海舟の塾に入門し、洋学、砲術、航海術を学ぶ一方で、この年8月半平太や池内蔵太と土佐勤王党を結成、盟約文を起草する。翌年土佐に帰り、藩命で長崎に出張し、オランダ製ミニエー銃1000挺を買付ける。文久3年の土佐勤王党弾圧が始まると、同志赦免に奔走、藩庁に建白書を提出するなど、武市ら同志救出の中心的な役割を担う。戊辰戦争では迅衝隊小軍監として上野、下野、奥羽を転戦。維新後は新政府の役職についたが、やがて袂を分ち、古勤王党と呼ばれる保守派に属し、晩年は郷里に隠棲した。

佐久間象山■文化8～元治元、松代藩士　松代藩祐筆・佐久間一学の子。幼少時から天才ぶりを発揮し、爾来漢学、和算、朱子学、蘭学、砲術、西洋技術など多岐にわたる学問を学び、すべて一流の評価を得る。嘉永4年江戸木挽町に移住し、儒学、蘭学、砲術の塾を開き、長岡藩の小林虎三郎や長州藩の吉田松陰らが入門、同6年のペリー来航によって幕閣に「急務十条」などを上書、また各藩から砲術稽古の門下生が急増したが、安政元年の吉田松陰密航事件に連座し国元蟄居となった。文久2年ようやく許され江戸に出、幕府の開港方針を支持。幕府の命で京都に上り公卿に公武合体と開国を説いて回ったため、禁門の変直前の元治元年7月11日白昼、木屋町三条上るの路上で尊王攘夷派の川上彦斎らに暗殺された。象山の妻は勝海舟の妹／写真提供：霊山歴史館

　次に龍馬が江戸に現れるのは、脱藩後の文久二年（一八六二）八月頃といわれている。桜田門外の変ののち柔軟路線に転じた幕府は、一橋慶喜を将軍後見職に、また、前福井藩主の松平春嶽を政事総裁職に任じて、幕政改革への取り組みを始めている時期であった。龍馬は、間崎哲馬を通じて幕府の変化を知り、十二月四日、間崎らと、常盤橋御門内にある越前藩上屋敷（現在の千代田区大手町二丁目のNTT大手町ビルや東京国際郵便局付近。常盤橋公園には常磐橋御門の遺構の一部が現存）を訪れ、春嶽に拝謁を願い出ている。拝謁は翌日叶い、間崎、近藤昶次郎（近藤長次郎）とともに春嶽に面会し、大坂近海の海防策を申立てて、春嶽は至極最もなことであると賛意を示している。さらに八日には、春嶽に建白書を提出し、軍艦奉行並、勝海舟への紹介状を入手したと考えられている。当時、清河八郎や松平忠敏らは、春嶽に、浪士赦免と浪士取立の働きかけをしており、十二月十三日に忠敏から目付の杉浦正一郎に渡された取り立てるべき浪士十二名の名簿のなかに、清河とともに坂本龍馬の名前も記載されていた。龍馬がこの動きをどの程度知っていたかは不明であるが、春嶽が一介の浪人である龍馬と面会したのは、取り立てるべき浪士であるか否か、春嶽自ら、龍馬の人となりを見極めようとしたのではなかろうか。

　海舟邸としてよく知られているのは、「勝安房邸阯、勝海舟伯終焉ノ地ナリ」の碑が建つ氷川小学校跡地（港区赤坂六丁目六。現在は、赤坂子ども中高生プラザ、特別養護老人ホーム、氷川武道場）であるが、龍馬が訪問したころの海舟は、氷川神社横の本氷川坂下の屋敷に住んでいた（港区赤坂六丁目十付近。現在、ソフトタウン赤坂の一角に「勝海舟邸跡」の碑と説明板が立つ）。

　春嶽のもとに同行した昶次郎は、当時、土佐藩の砂村藩邸（江東区北砂一丁目三、現在の北砂小学校。校門近くのフェンスに、明治二年から十三年まで砂村藩邸に住んでいた中浜万次郎住居跡の説明文が掲示）の鍛練場にいた土佐藩御抱刀工、左行秀のもとに身を寄せており、昶次郎の海舟への入門は、行秀の媒介によるともいわれている。

間崎哲馬■天保５～文久3、諱則弘
土佐藩士。高知城下種崎で生まれ、4歳で孝経を読み奇童といわれた。嘉永2年16歳で江戸に遊学、安積艮斎門の塾頭になり、土佐では謹慎中の吉田東洋に学ぶ。のち土佐郡江ノ口村で塾を開き、門人数百人、中岡慎太郎らが出る。文久元年土佐勤王党に加わり、江戸に出て幕臣山岡鉄太郎、水戸藩士住谷寅之介らと交わる。文久2年12月、容堂の命で弘瀬健太と帰国途中、京都で平井収二郎と会い藩政改革を画策、青蓮院宮令旨を持ち帰るが、翌3年藩命で上京中、青蓮院宮令旨事件が容堂に発覚、平井とともに帰藩を命じられ6月自刃。土佐勤王党最初の犠牲者となる／写真提供：高知県立坂本龍馬記念館

清河八郎■天保1～文久3、諱正明
バックに権力や権威をもたない草莽の志士の草分け的存在。庄内藩領清川村の郷士斉藤治兵衛の子。江戸に出、西国遊歴後千葉周作門に入る。神田お玉ヶ池に設けた文武指南所を拠点に横浜外国人居留地襲撃計画を立てるが未遂。また全国を遊説し、島津久光の率兵上京に合わせて京都義挙計画を立てるが、文久2年4月の寺田屋事件で久光に鎮圧される。江戸に戻り浪士組の結成を幕府に進言して採用され、二百数十名の隊士とともに京都に上る。しかし清河が勤王攘夷を宣言して隊は分裂、清河らは江戸に戻るが、幕臣佐々木只三郎らに暗殺される。

左行秀■文化10〜明治18、土佐藩刀工
筑前の伊藤五左衛門二男として生まれ、天保年間江戸に出る。清水久義の門下となり作刀を学び、弘化3年土佐藩抱工関田勝広に招かれ高知に移住、坂本家の近くの水道町で作刀に励み、土佐藩抱工となる。吉田東洋をはじめ龍馬や権平らの佩刀を作刀したという。そのころから同じ町内の近藤昶次郎と親しく、江戸遊学の際路銀を失った昶次郎の学費を支払うなど、面倒を見たと伝える。慶応3年、乾退助が水戸浪士を藩邸に匿うことを藩庁に告げ、乾を危うく切腹に追い込んだりもした。明治元年高知に帰った。現代では新新刀期を代表する名工として評価される。

元氷川坂の勝海舟邸跡／写真：皆川真理子

勝海舟邸跡：東京都港区赤坂6-10、ソフトタウン赤坂付近
東京地下鉄千代田線赤坂駅下車南へ徒歩5分

土佐での行秀は、龍馬や昶次郎が住む町に約十年鍛練場を構えており、行秀が作刀した刀を龍馬が所持していたという話もあることから、脱藩後、江戸に出てきた龍馬は、桶町の小千葉に身を寄せていたといわれているが、行秀や昶次郎がいる砂村藩邸にも、頻繁に訪れていたのではなかろうか。

現在、近くの三島橋東交差点に、「刀工、左行秀作刀旧跡」の碑が建っている。

左行秀作刀旧蹟碑●横十間川に架かる三島橋際に立つ／写真：皆川真理子

中浜万次郎と土佐藩砂村藩邸跡の説明板がある北砂小学校●小名木川と横十間川、JR越中島貨物線に囲まれた北砂団地の一角と北砂小学校はかつての土佐藩砂村屋敷跡。幕末には左行秀がこの地で作刀し、左に援助を受けた近藤昶次郎も江戸での生活をこの藩邸内で送っていた。また明治元年から11年間、土佐藩に再登用された中浜万次郎もここに住み、開成学校（のちの東京大学）の教授を勤めた

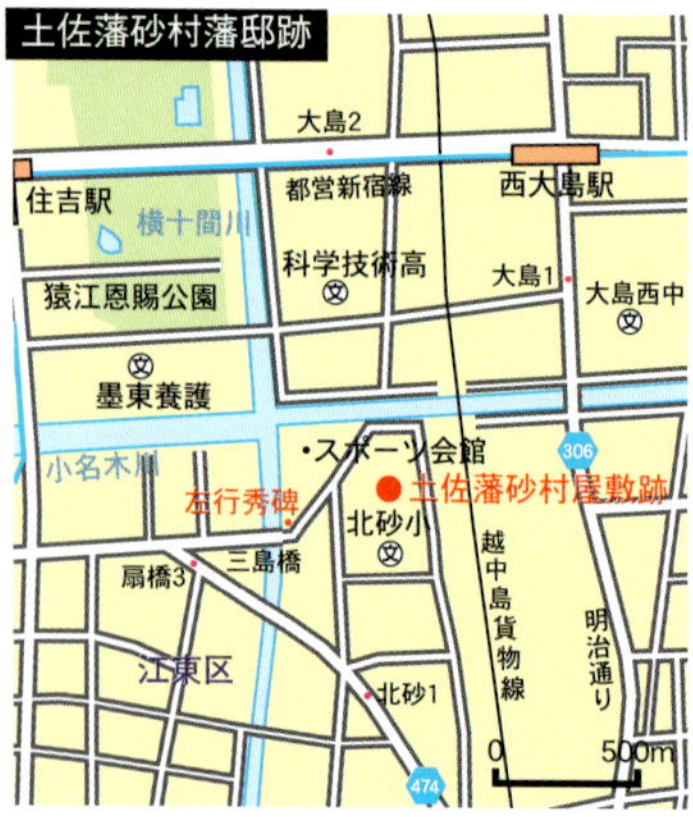

土佐藩砂村屋敷跡：東京都江東区北砂1丁目、江東区スポーツ会館、北砂小学校付近
都営地下鉄新宿線西大島駅下車南へ徒歩15分

●土佐藩の江戸屋敷一覧　天保13年（1842）幕府への「指出」より

上屋敷	御郭内大名小路・鍛冶橋御門内	7,355坪	現東京国際フォーラム
中屋敷	御郭内大名小路・日比谷御門内	1,126坪	現日比谷公園
	芝・三田	6,955坪	薩摩藩邸並び、薩摩藩に売却
下屋敷	築地	6,568坪	現中央区役所、築地警察署等
	品川	16,901坪	現浜川中学校等
	深川・砂村	4,606坪	現北砂小学校等
抱屋敷	品川・浜川町	869坪	現都水道局ポンプ場等

小美濃清明編

小美濃清明
幕末史研究家

土佐藩品川下屋敷と浜川砲台

土佐藩品川下屋敷と鮫洲抱屋敷が描かれた東海道分間延絵図●品川下屋敷（図中央上部）と鮫洲抱屋敷（図下部を横断する東海道の下の砂州）は直線道路で結ばれており、この路はいまも立会川駅前の商店街として残っている。この鮫洲抱屋敷が浜川砲台となった／東京国立博物館蔵

十九歳の龍馬は修行のため江戸に出た。嘉永六年（一八五三）の四月上旬である。

当時土佐藩は江戸に七か所の屋敷を持っていた（前ページ参照）。

上屋敷は鍛冶橋御門内にあった。現在の有楽町駅前、国際フォーラムがある場所である。ただし、郷士階級はここには泊まれない。宿泊は築地下屋敷である。

築地下屋敷は現在の東京都中央区築地一丁目付近になる。

高知城下で育った龍馬は、初めて見る江戸のにぎやかさに驚いたと思われる。築地下屋敷から徒歩十分で、銀座、京橋に行くことができる。日本橋も二十分とはかからない。剣術修行の桶町・千葉定吉道場も近い。

しかし、わずか二か月で、日本中を震撼させた大騒動に龍馬も巻き込まれることに

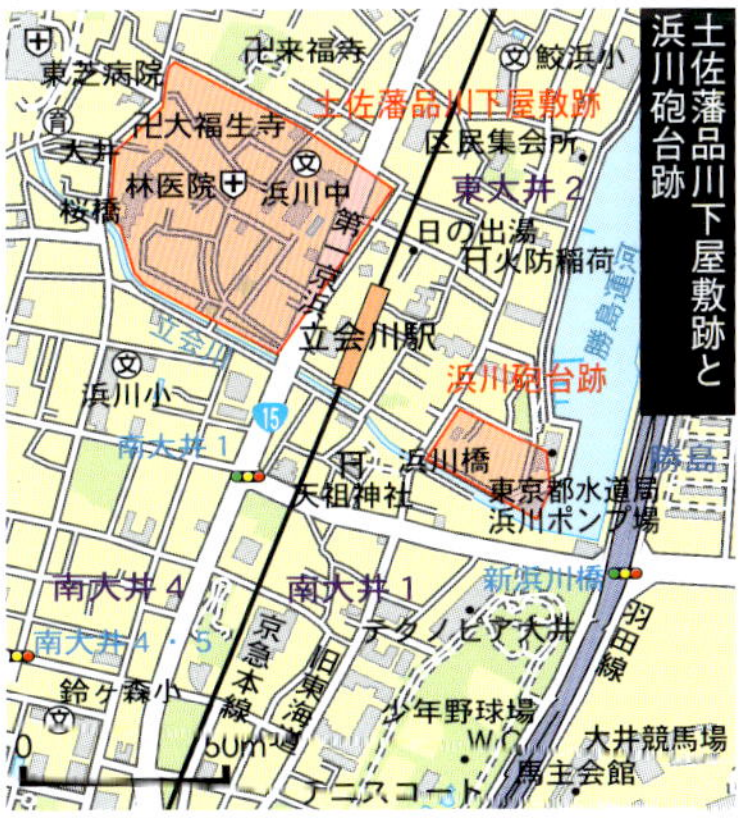

土佐藩品川下屋敷跡：
東京都大田区東大井3丁目、浜川中学校付近
京浜急行立会川駅下車西へ徒歩3分

土佐藩浜川砲台跡：
東京都大田区東大井2丁目、
東京都水道局浜川ポンプ場付近
京浜急行立会川駅下車東へ徒歩3分

現在の浜川砲台跡●江戸湾に面していたかつての砲台も、沖合いが埋め立てられ、地続きになっている。現在は水道局のポンプ場となっている砲台跡は立会川と勝島運河（写真手前）によって、当時の地形をうかがうことができる／写真：小美濃清明

浜川砲台跡から発見された石●宅地造成中に発見された。荷揚場の石垣か砲台台座の一部と思われる／写真:小美濃清明

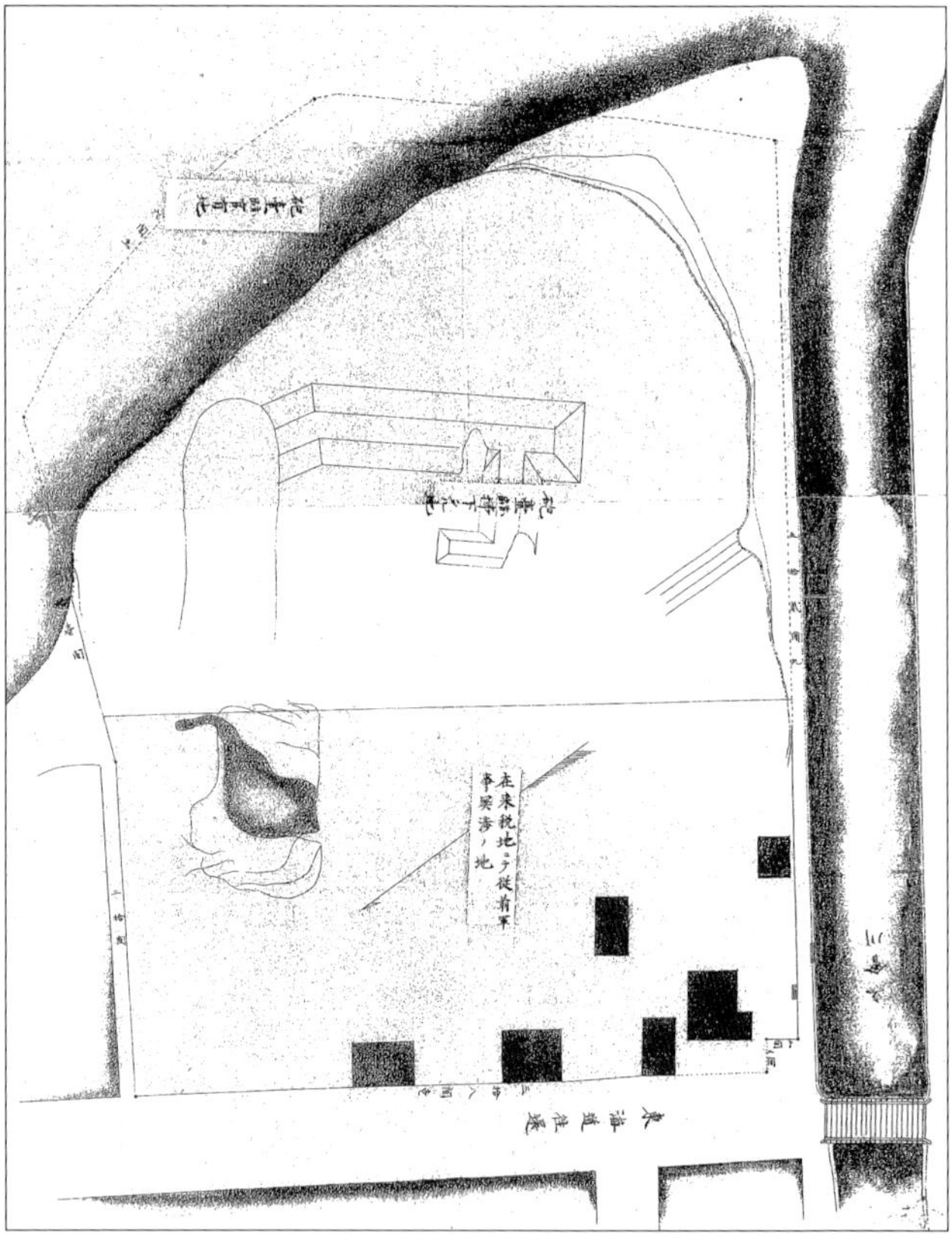

浜川砲台図面●2378坪あった砲台の中には大砲の台座となった石垣がL字に遺っていた。明治10年東京府が買い上げた時にはまだ石垣があったが、その後解体され、地中に埋められた。平成16年3月宅地造成の際、その石垣の一部と見られる石が発見された／東京都公文書館蔵

なった。「黒船来航」である。六月三日、アメリカのペリー艦隊が浦賀に姿を現したのである。

　龍馬も土佐藩の一兵卒として動員されている。その間のことは兄・坂本権平へ「アメリカ沙汰」として報告されている。残念なことにその報告は現存していないが、父・坂本八平に宛てた手紙が伝えられている。

　その手紙で龍馬は、

「異国船御手宛の儀は先免ぜられ候が、来

春は又人数に加はり可申存候」

と書き、来春のペリー再来航の時は土佐藩の兵に加わると予想している。そして、

「軍も近き内と奉存候。その節は異国の首を打取り、帰国可仕候」

と勇ましいことを書いている。この勇ましさもペリー再来航の時までの短い期間であった。

土佐藩はペリー再来航は必ず戦争になると予測し砲台の築造を幕府に願い出ている。吉田東洋がその「願」を書いた。

「来春、米利幹《メリケン》渡来候はば、必戦争と相及可申（中略）然に品川領浜川町私抱屋敷有之候付、右淤泥之所之砲台相構」

と、浜川町にあった抱《かかえ》屋敷（鮫洲屋敷）に砲台を作る計画が提出された。

鮫洲抱屋敷は、近くにあった土佐藩品川下屋敷に付属する荷揚げ場として使われる屋敷だった。

品川下屋敷は、明暦大火（振袖火事、一六五七年）のあと、土佐から送られてきた木材を集積する場所として幕府から借りた土地を後に拝領し屋敷地となっていた。立会川から来福寺までの一万六六九〇一坪という広大な屋敷地である。

それに付属する立会川河口の荷揚げ地が鮫洲抱屋敷だった。

土佐藩はまだと考えていたが、ペリーは嘉永七年（一八五四）一月十四日、浦賀に来航。十六日には神奈川沖まで進入してきた。

土佐藩は工事に着手していなかったので急遽、突貫工事で砲台を完成させ、土佐藩兵を配備した。

龍馬は前年の十二月一日、佐久間象山の砲術門下生になり、西洋砲術の訓練を受けていた。二十人を超える土佐藩士が象山塾に学んでいる。これら若者が砲台に配置された。

この浜川町に作られた砲台を、土佐藩では浜川砲台と呼び、ペリー来航後も、逐次補強していった。

東京都公文書館に保管されている砲台跡図面によると、広さは二千三百七十八坪あり、石組の大砲台座があったことが判明する。この跡地は、明治十年東京府が買い上げ、現在は東京都水道局の浜川ポンプ所が建てられている。

ペリー艦隊は一月二十五日（洋暦二月二十二日）、ワシントン誕生日の祝砲と称して、百発（空砲）近い威嚇射撃を行った。その音は江戸中に響き渡った、と記録されている。龍馬も浜川砲台でその射撃音を聞いたと思われる。「異国の首」を打取るという夢は早くも壊れたのである。

アメリカ海軍を目の当たりにして、龍馬は日本にも海軍が必要と考えるのである。

二十歳の龍馬にとってこの「黒船体験」はその後の人生の原点になったと思われる。

立会川に沿った土佐藩品川下屋敷跡と浜川砲台跡を結ぶ道は現在もそのまま商店街として残っており、平成十六年十一月高知市から龍馬像が贈られたのを契機として、地域活性化に向かって動いている。

吉田東洋■文化13～文久2、土佐藩参政
土佐藩馬廻組吉田光四郎四男。第13代藩主山内豊熙の代に船奉行や郡奉行をつとめたが、豊熙の死去とともに辞任。嘉永4年藩外を遊歴、同6年に大目付に起用、以降山内容堂に重用された。翌安政元年、山内家の親類松下嘉兵衛殴打事件で免職、家禄没収。約2年余、謹慎生活の中で私塾を開き、間崎哲馬や乾退助、後藤象二郎らを育てる。同5年将軍継嗣問題で参政に復帰。翌年から藩政改革を実施、西洋技術導入、文武振興、身分制の簡略化等多彩な改革を断行したが、急進的な改革は藩内保守派の不満を招き、親幕的な政策が土佐勤王党から憎まれ、文久2年4月8日、高知城下で勤王党員により暗殺された／写真提供：高知県立坂本龍馬記念館

清永　唯夫
郷土史家

萩の城下に久坂玄瑞を訪ねる

萩城天守古写真●萩城は背後の指月山も取り込んだ城郭で、指月城とも呼ばれた。明治6年の城郭破却令で、武装解除の範を示すため直ちに建物を競売に出し、すべてを撤去。いまは石垣のみが残されている／写真提供：西ケ谷恭弘

久坂玄瑞邸旧蹟／写真：清永唯夫

土佐の坂本龍馬が、のちに深くかかわりを持つことになる長州の地に初めて足を踏み入れたのは、彼が二十八歳の文久二年（一八六二）一月十四日のことであった。

龍馬はその前年の文久元年（一八六一）八月に武市半平太が長州の久坂玄瑞らと提携して「土佐勤王党」を結成するや、ただちに加盟しており、党首武市から久坂への手紙を託されての萩訪問であった。

この時、龍馬が平安古《ひやこ》八軒屋の久坂家を訪ねたものか、あるいは御城内の何所かで久坂に会ったものか、なんら資料がなく明らかではないが、萩滞在中、望まれるままに藩校明倫館付属の有備館（文武修行館）におもむき、藁束斬りをし、若い藩士と手合わせをしたという話などが伝えられている。

もとより長州藩の中心萩城下への初めての訪問、若者の好奇心から各所を巡り歩いたことが想像されるが、龍馬がいまだ無名のときだけに、

萩城跡：萩市堀内　JR山陰本線東萩駅から萩循環バス萩城跡下車
久坂玄瑞屋敷跡：萩市平安古　JR山陰本線東萩駅から萩循環バス久坂玄瑞誕生地前下車
明倫館跡：萩市江向　JR山陰本線東萩駅から萩循環バス萩市役所下車
木戸孝允旧宅：萩市呉服町江戸屋横丁　JR山陰本線東萩駅から萩循環バス萩城城下町下車
高杉晋作旧宅：萩市南古萩町菊屋横丁　JR山陰本線東萩駅から萩循環バス萩城城下町下車
松下村塾：萩市椿東（吉田松陰歴史館、松陰遺墨展示館、松陰神社等隣接）
JR山陰本線東萩駅から萩循環バス松陰神社前下車

有備館●明倫館の敷地に残り、龍馬が長州藩士と剣術の試合をしたと伝える。明倫館は江戸中期に造られた藩校で、現在は明倫小学校になっている。敷地内には水練や、水中騎馬訓練に使われた水練池が日本で唯一残る／写真：上野正義

桂小五郎（木戸孝允）邸●江戸屋横丁と呼ばれるこの界隈は現在も幕末の萩城下町の雰囲気がそのまま残る／写真：上野正義

その足跡が人々の心に残ることがなかったのであろう。そして龍馬の年譜を見る限り、萩来訪は生涯この時一度限りのようである。

龍馬と久坂の間に交わされた会話についてもなんら資料がないが、久坂から武市への返信として「失敬ながら尊藩（土佐藩）も弊藩（長州藩）も滅亡しても、大義ならば苦しからず」といった手紙が託されたことからすれば、久坂は龍馬に対しても、時局を憂いて熱っぽい言葉で語りかけたに違いない。

二月二十九日、龍馬は土佐に帰着するが、それからわずか一か月後の三月二十四日、突如、脱藩という行動に出た。それが総てとは言えないまでも、久坂との出会いが何らかの影響をもたらしたとも考えられるのである。

脱藩後、龍馬が最初に足を向けたのが、長州の下関（当時赤間関と言った）であり、四月一日、諸国志士たちの拠点となっていた豪商志士白石正一郎邸を訪ねたと伝えられる。いずれにしても、この脱藩によって、龍馬が藩という一つの枠を超えて国事に奔走する志士としての第一歩を踏み出すことになる。

このあと龍馬は、単身九州各地を巡歴したのち江戸に入り、十月、幕府軍艦奉行並の地位にあった開明派の勝海舟を訪問。その識見に深く感銘を受けて勝の門下となり、海軍教育の錬磨を受けつつ海軍操練所設立準備のために奔走する。

そうした中で、幕閣大久保一翁や福井藩の横井小楠といった開明派の人々と出会い、さらには、元治元年（一八六四）十月、勝が失脚して龍馬ら門下生たちの身柄を薩摩藩に託したことから、西郷隆盛や小松帯刀らを知り、攘夷論を超えた新たな時代への眼差しを育んでいったことが、維新史上に重要な意義を持つ薩長同盟の周旋にもつながっていくのである。

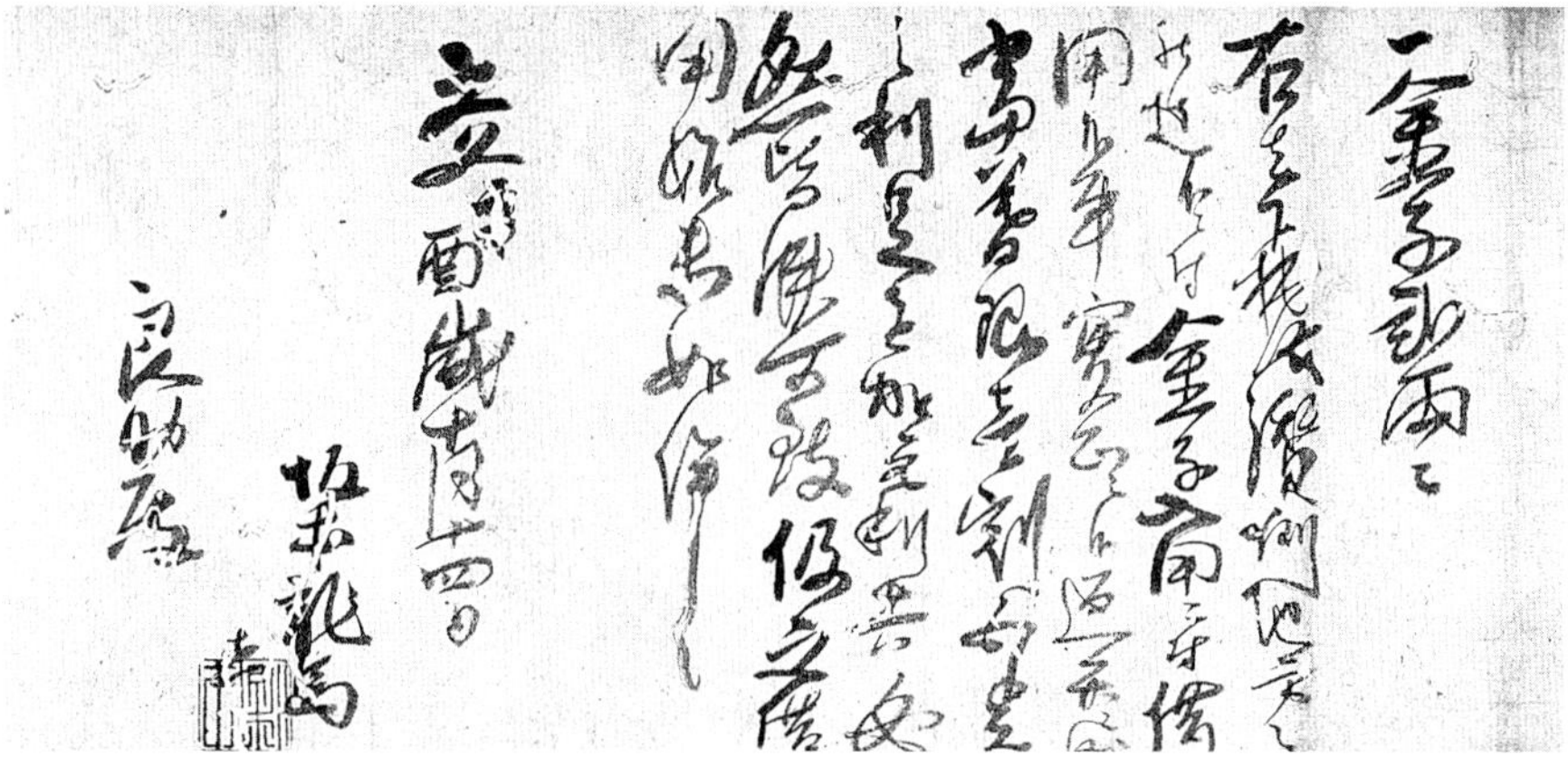

田中家に残る金子弐両の借用証文●文久元年10月、龍馬が萩に久坂玄瑞を訪ねるにあたっての借金である。田中家の襖の下張りから発見された／高知県立歴史民俗資料館寄託

小椋　克己

坂本龍馬記念館館長

高知から伊予長浜へ——龍馬脱藩の経路を歩く

文久二年（一八六二）三月二十四日、龍馬は、坂本家が百年前の宝暦十二（一七六二）年に宇和島から勧請した神田《こうだ》の「和霊神社」に詣り、ここで水杯をして、檮原《ゆすはら》から伊予長浜を目指した。道中は、すでに脱藩の経験を持つ沢村惣之丞と一緒だった。

これに先立つ万延元年（一八六〇）三月、江戸で開国派の大老井伊直弼が暗殺され、

田中良助邸

Column9

市の史跡として整備公開

岡林　一彦

高知市役所

龍馬・お龍の会

風雪に耐え、142年以上前の建物が残る田中良助邸●平成16年修復され一般公開されている。墨書や復元工事で、文久2年正月に落成し明治21年現在地に改修移築されたことがわかった／写真：高知市教育委員会

高知城下をはるかに望む北山・柴巻に、田中良助邸が現存している。龍馬の時代、この地は坂本家の持ち山で田中家が管理をまかされており、龍馬はちょくちょく足を運んでいる。近所の子供たちともよく遊び、縁側では将棋も指して楽しんでいたといわれている。

龍馬は、文久元年（一八六一）十月、丸亀行きにあたり、良助から金二両を借用したが、今もその借用証文と下書きが残されている。

龍馬らが熱い青春の夢を語りながら、夜を徹して酒を酌み交わす声を聞き、また龍馬の汗が染みこんでいるこの屋敷も、百四十年をこえる風雨に耐えながらも、老朽化が進み雨漏りなどもあり、倒壊も危惧される状態となってきた。周辺の自然風景も、当時のまま息づいている場所だ。このため高知市教育委員会では、龍馬を語る数少ない歴史の証人として、修復工事を行い、平成十六年（二〇〇四）十一月に竣工、公開された。

和霊神社

Column10

脱藩への出発地 才谷屋守護神

岡林　一彦
高知市役所
龍馬・お龍の会

神田にある和霊神社●宝暦12年（1762）、龍馬の4代前の坂本直益が宇和島から勧請したという

文久二年（一八六二）三月二十四日、龍馬は神田吉野の山に桜を見に行くと言いおき、才谷屋の守護神である和霊《われい》神社へ詣で、心に秘めた決意の大願成就を誓い、密かに脱藩したと言われている。

薄暗い杉木立の中、ひっそりと佇む和霊神社は、細くなった鳥居と粗く積み上げられた急な石段が往時を偲ばせくれる。

その周りを囲む桜の樹の枝先に、花びらがいっぱいにあふれる候、脱藩祭が挙行される。

昭和六十年（一九八五）、龍馬生誕百五十年を契機にして、脱藩から大きく飛躍していった龍馬の功績をたたえ、後世に伝えていこうと始められた。思いおもいの脱藩姿に扮した人々が松明を手に急な坂道を駆け下りて行く。

故郷の土をふたたび踏むことはない、不退転の決意をみなぎらせ、後ろを振り返らず、全力で駈けぬけて行った龍馬に遠く想いを馳せることができる。

尊王攘夷運動は勢いを得た。

同年八月、江戸で土佐勤王党を八名で結成した武市半平太は、九月に土佐に帰ると武市と縁戚関係にある龍馬は土佐最初の九番目に加盟。十月十四日、坂本家の領知の管理をしている田中良助に二両を借り、武市半平太の手紙を持って、吉田松陰門下の秀才久坂玄瑞を萩に訪ねる旅に出た。表向きは、丸亀へ剣術の修行としている。

二両の借用証文は今も田中家に残り、それを書くための下書きまで残っている。つまり返済していないということだ。

「返弁之儀 当暮限 壱割五歩之利足（利息）を加、元利共必然皆済致す可く……文久辛酉歳年十月十四日　坂本龍馬　良助殿」

金利は一割五分（一五％）、二両は約六万円、文久元年は一八六一年なので約百四十年前、という条件で、複利で計算すると、今の時点で元利合計はいくらになるのか。大変な金額……ということにしておこう。

萩では久坂が留守で、面会したのは二度目に訪ねた文久二年一月十四日だった。久坂の日記『江月斎日乗』には、滞在した約一週間の龍馬の動きが記載されている。この間早く行動に移るべきだ、として龍馬を励まし、これが龍馬脱藩の情熱につながった。武市への返書にもこの趣旨が盛られている。

津野山郷

Column11

維新の志士を輩出した辺境の地

岡林　一彦
高知市役所
龍馬・お龍の会

東津野・檮原を有する津野山郷からは、たくさんの維新の志士を生み出した。

吉村虎太郎が先陣をきり、刻み残した足跡が道標となり、後に続く幾多の志士たちの志をつなげる道として、確実に大きく踏み固められていった。

虎太郎の銅像（東津野村）は、袴の裾と髪を真向かいの風になびかせ、右手の刀はしっかと大地をとらえ、遠く眼下に拡がる故郷を眺め立っている。

掛橋和泉邸（檮原町）は、母屋は幕末当時のままで、奥の間は天井を低く造っており、その階上には隠し部屋が残されている。脱藩する志士たちに金銭的な援助を行ってきた掛橋和泉のもとには、多くの同志たちが集まり、時局を語り合う場となり、重要な密会の場所ともなったところである。

維新の門群像（檮原町）は、平成七年（一九九五）、この地に縁のある八志士の偉業をたたえ、永く後世に伝えるために建立された。

龍馬。ともに脱藩した沢村惣之丞、その案内役の那須俊平。天誅組の吉村虎太郎、那須信吾、前田繁馬。忠勇隊の中平龍之助。そして掛橋和泉。

それらの一人ひとりの表情や動作には、いよいよ脱藩していく力強い決意と必死の覚悟がみなぎっている。それらを掛橋和泉はやさしく見守っている。

この山深い郷は、土佐と伊予との国境いを形成し、峠へは急峻な荒れた細いけもの道が、わずかにつながっているばかりである。

暗闇の土佐の間道を駈け抜き、その峠から振り返る、自分を育ててくれた故郷の山野。もう二度と会えることもない家族への想いも胸をよぎっていったことであろう。

すぐ目の前は伊予の国である。新しい世の中を創ることに大志をいだき、全身にたぎる熱い興奮が脱藩の第一歩をしっかりと刻みつけ、力強く飛び出していったことだろう。もう後ろを振り返ることもなく。

龍馬・惣之丞は、三月二十五日は那須信吾宅（檮原町）で宿泊し、翌二十六日未明には宮野々の関を越えて伊予へ走ったといわれている。

東津野村の吉村虎太郎銅像／写真提供：高知県立坂本龍馬記念館

幕末当時のまま残る掛橋和泉邸／写真提供：檮原町

那須信吾■文政10～文久3、諱重民　土佐藩家老深尾氏家臣浜田宅左衛門3男。田中顕助（光顕）の叔父。はじめ医術を学ぶ。剣術は龍馬と同じ小栗流の日根野道場。檮原の郷士那須俊平の婿養子となり、養父に鑓を習う。檮原から高知の日根野道場まで23里の道を毎日駆け抜け、馬より早いといわれた健脚の持主。龍馬の縁で武市と知り合い土佐勤王党に加盟。龍馬の脱藩を助けたのちの文久2年4月、大石団蔵、安岡嘉助と土佐藩参政吉田東洋を暗殺し脱藩。文久3年8月吉村虎太郎が総裁を務める天誅組に軍監として参加、大和鷲家口で戦死。

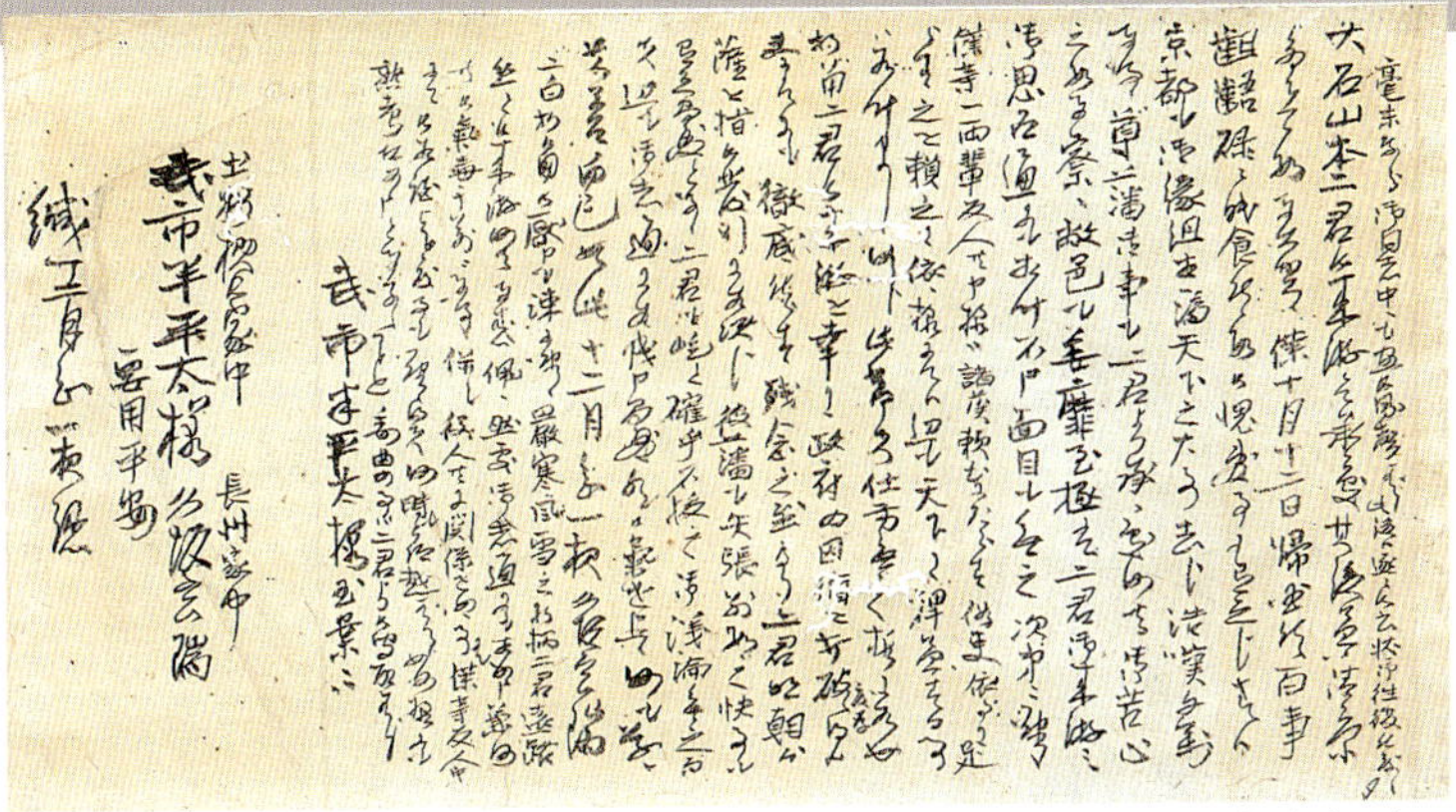

武市半平太宛の久坂玄瑞書簡●武市の使者として龍馬より2か月ほど早く久坂玄瑞のもとを訪れた大石団蔵ら2名の土佐勤王党員が持ち帰った書簡。長州では長井雅楽の「航海遠略策」が藩是となり、「諸侯頼むにたら」ざる状態になった状況を伝えている／高知県立歴史民俗資料館蔵

「草莽の志士糾合義挙の外には迚《とて》も策無き事と……申合候事ニ御座候。尊藩も弊藩も滅亡しても、大義なれば苦しからず」（土佐藩も長州藩も潰れても、国を守る大義を守るためならやむを得ない）

二月二十九日この旅から帰って武市半平太に返書を渡したが、半平太が挙藩勤王にこだわって動かなかったため、吉村虎太郎はじめ多くの同士が脱藩していった。龍馬も沢村惣之丞（のちの関雄之助）と示し合わせ、三月二十四日土佐をあとにした。

龍馬脱藩の動機としては、一人一殺的な方法論や、吉田東洋暗殺計画など勤王党の考え方への疑問、河田小龍が方向性を示した開国と近代国家への脱皮が急を要すること、などが考えられる。

要は「現状からの脱却と向上」ということだ。「龍馬」としての歴史もここから始まっている。

龍馬が1泊した那須信吾宅跡／写真提供：檮原町

宮野々の関跡／写真提供：檮原町

今でも、この道を歩いて龍馬を偲ぼうという催しが多い。「この道」にはいろいろの説があるが、いま多くの人が辿るのは、沢村惣之丞が伝え、龍馬の姉・千鶴の夫、高松順蔵が書き取った「関雄之助口供之事」にあるコースだ。

二十五日、檮原町那須信吾宅、二十六日、国境の宮野々関、伊予の泉《いずみ》ヶ峠《とう》、宿間から肱川の流れに乗り大洲を通り、二十七日、瀬戸内海に臨む伊予長浜の冨屋金兵衛方に泊まり、そこから船で長州の上関へ上がっ

伊予の路

Column12

いざ長州へ！龍馬が駆け抜けた国境から長浜への道

岡林　一彦
高知市役所
龍馬・お龍の会

龍馬をはじめ脱藩の志士が駆けぬけた伊予の道々には、龍馬たちの足音を感じ、維新の功績に加え、尊敬やあこがれもこめられた記録・記憶として、それぞれの地に今も残されている。男水（野村町）は、龍馬が湧き出る冷たい水に咽喉の渇きを癒し、心身を潤したといわれている。

龍馬が数時間、走り抜けていったといわれる村もある。それらを地域の誇りとして、脱藩の道を紹介した「坂本龍馬脱藩之日記念館」や龍馬たちの脱藩旅姿「飛翔の像」（河辺村）が新しく造られ、村おこしの起爆剤として、地域の活

松ヶ峠関跡／写真提供：檮原町

坂本龍馬脱藩之日記念館／写真提供：河辺村

龍神橋●三杯谷の滝を展望する屋根付きの橋／写真提供：河辺村

飛翔の像／写真提供：河辺村

性化につなげている。

三月二十七日、龍馬は四国最後の夜を伊予長浜（長浜町）の勤王商人・冨屋金兵衛邸に宿をとる。そこには今も虎太郎の手紙が残されており、「両友此度罷越候間萬事宜しく」と後から来る龍馬への心遣いが伝わってくる。それ以来、どれだけの脱藩の志士たちが、ここでの一夜に心身を充電し、強い気概を新たにし、島国四国を飛び出して行ったことだろう。龍馬・惣之丞も、土佐から伊予へと駆けぬけた三日間にどんな想いをめぐらし、興奮した夜を明かしたことであろう。

新しい志に燃え、ゆるぎない信念を固め、強い決意を誓い合ったことだと思う。翌朝二人は、大きな夢実現に向け、元気いっぱい瀬戸内海へ力強く船出した。

いざ、龍馬飛騰である。

数知れない脱藩維新の志士たちの勇気ある行動は、激動・混乱に揺れる時代にもまれながらも、近代日本の礎を築く一つひとつの歯車となって組み合わされ、新生日本誕生への回転軸を、確実に動かしていく原動力となった。

吉村虎太郎■天保8〜文久3、諱重郷
土佐国高岡郷津野山郷北川の庄屋吉村太兵衛の長男。12歳で庄屋を継ぎ、各地の農村を巡り復興にあたる。その間間崎哲馬に漢学、武市半平太に剣術を学び、文久元年土佐勤王党に加盟。2年脱藩、寺田屋事件に連座し土佐の獄舎に繋がれる。翌3年再度脱藩。その後勝海舟の神戸海軍塾を何度か訪ねる。5月に過激派公卿中山忠光と長州の外国船砲撃に参加、8月、大皇大和行幸の詔勅で松本奎堂、藤本鉄石らと忠光を擁して天誅組を結成し大和五条代官所を襲撃。が、8月18日の政変で情勢が一変、別働隊を率い御所に向かうが、その間本隊が高取城襲撃失敗。虎太郎は再度高取城を夜襲し銃撃で負傷。五条、天川と退却戦になり、鷲家口で戦死／写真提供：高知県立坂本龍馬記念館

泉ヶ峠●峠にはかつて宿があり、龍馬らはここで1泊したといわれる／写真提供：五十崎町

冨屋金兵衛邸跡●現在は改築され子孫の冨田運夫氏が住む。最初に脱藩した吉村虎太郎の書簡が残る／写真：村上恒夫

旧宿間村亀の甲船着場跡●龍馬らはここから船で長浜に向かったとされる／写真提供：五十崎町

※市町村合併のため、一部町村名が変わっているところがあります

国土地理院1:200000地形図「高知」(平成14年9月1日)「松山」(平成9年2月1日)

那須俊平・信吾宅跡：高知県高岡郡檮原町
JR土讃線須崎駅下車高知高陵バス檮原行で終点下車徒歩約20分

宮野々関跡：高知県高岡郡檮原町宮野々
JR土讃線須崎駅下車高知高陵バス檮原行で終点下車、梼原観光バス竜王・井高行で宮野々記念碑前下車徒歩1分

松ヶ峠番所跡：高知県高岡郡檮原町坪野田（土佐藩最後の番所）
JR土讃線須崎駅下車高知高陵バス檮原行で終点下車、梼原観光バス井高行坪の田バス停下車徒歩約40分

男水：愛媛県東宇和郡野村町川久保（龍馬が水を飲んだと伝える）
JR予讃線卯の町駅下車宇和島バス野村行終点下車、惣川大久保行バスに乗換え、榎バス停下車徒歩10分

三杯谷の滝：愛媛県喜多郡河辺村川上
JR予讃線伊予大洲駅下車東宇和島バス鹿野川行で終点下車、村営バス川上バス停下車徒歩10分

坂本龍馬脱藩之日記念館：愛媛県喜多郡河辺村河都

飛翔の像：愛媛県喜多郡河辺村河都

以上　JR予讃線伊予大洲駅下車東宇和島バス鹿野川行で終点下車、村営バス坂本バス停下車徒歩5分

泉ヶ峠：愛媛県喜多郡五十崎町泉谷（龍馬らが1泊したと伝える）
JR予讃線内子駅からタクシーで約20分

旧宿間村亀の甲船着場跡：愛媛県喜多郡五十崎町宿間（龍馬らがここから川舟で長浜に向かったという）
JR予讃線内子駅からタクシーで約10分

九十九曲峠：高知県高岡郡檮原町、愛媛県東宇和郡城川町（九十九曲峠ルート説による。ここから城川を抜け、辰口で肱川の川舟に乗るという）
JR土讃線須崎駅下車高知高陵バス檮原行で終点下車、梼原観光バス竜王・井高行で宮野々記念碑前下車徒歩1時間20分

冨屋金兵衛邸跡：愛媛県喜多郡長浜町江湖
JR予讃線伊予長浜駅下車徒歩15分

泉谷棚田●脱藩を急ぐ龍馬たちも見ただろう。日本棚田百選に選ばれた泉谷棚田は泉谷地区棚田を守る会が中心になって今も耕作が行われている／写真提供：五十崎町

た。

　この道筋のほか、さらに西を通る九十九《くじゅうく》曲《まがり》峠説もある。

　もっとも脱藩というのは、四国山地というハードルを、「脱却」と「向上」が実感できる「場」と考えれば、どこを通ったとしても共通の意味があるといえるのではないだろうか。

　いまこれに関わる十四市町村が協議会を

■坂本龍馬・澤村惣之丞の脱藩ルート

龍馬らの脱藩にはいくつかの説がある。主な説は次のとおり。

1、坂本家—和霊神社—伊野—佐川—朽木峠番所—（檮原街道）—東津野—檮原（那須信吾邸で1泊）—宮野々関—松ヶ峠番所—韮ヶ峠—男水—三杯谷—泉ヶ峠（1泊）—亀の甲—（肱川）—伊予長浜（冨屋金兵衛邸1泊）—（船）—三田尻—下関（白石正一郎邸）
2、坂本家—和霊神社—朝倉—高岡—須崎—（檮原街道）—以下同
3、坂本家—和霊神社—伊野—佐川—須崎—（檮原街道）—以下同
4、宮野々関—九十九曲峠—城川—辰口—大洲—伊予長浜（これは脱藩第1号の吉村虎太郎がとったコースでもある）
5、亀の甲—長浜間は徒歩と肱川の川舟利用の両説がある

和霊神社：高知市神田
JR土讃線高知駅から県交通バス船岡南団地行神田小下車徒歩10分

青山文庫：佐川町奥ノ土居（田中光顕を中心とした維新関係資料を展示）
JR土讃線佐川駅下車徒歩5分

朽木峠：高知県高岡郡佐川町川之内（佐川町と葉山村の境にあった旧番所跡）
JR土讃線斗賀野駅から徒歩約2時間

吉村虎太郎宅跡：高知県高岡郡東津野村芳生野
JR土讃線須崎駅下車高知高陵バス檮原方面行で役場前下車徒歩30分、または新田バス停から村営バス山本商店前下車徒歩3分

吉村虎太郎銅像：高知県高岡郡東津野村新田
JR土讃線須崎駅下車高知高陵バス檮原方面行で役場前下車徒歩1分

掛橋和泉邸跡：高知県高岡郡檮原町（脱藩志士に援助した那須俊平の門人）
JR土讃線須崎駅下車高知高陵バス檮原行で終点下車徒歩10分

維新の門群像：高知県高岡郡檮原町（和田城址にある。吉村虎太郎ら檮原町出身の六志士と龍馬・沢村惣之丞を加えた8体の群像）
JR土讃線須崎駅下車高知高陵バス檮原行で終点下車徒歩10分

作り、ハードルを超える体験を勧めている。また愛媛県河辺村など沿道の町村が、この道を歩いて往時をしのぶとともに、自身のしがらみや迷いから抜け出してもらおうと、それぞれ脱藩に関する催しを全国に呼びかけて行い、高い評価を受けている。

維新の門群像／写真提供：檮原町

土居　晴夫

龍馬研究家

勝海舟の海軍塾と神戸海軍操練所

神戸海軍操練所寮舎古写真●明治8年、奥平野堂佛の石井村・平野村・夢野村共立湊山（そうざん）小学校に移築された操練所建物の遺構。明治32年、23ページの写真とセットで撮影された／写真提供：土居晴夫

幕府が神戸村に海軍操練所の設置を発令したのは、文久三年（一八六三）四月二十四日のことである。その前日、将軍家茂は勝海舟指揮の幕府汽船順動丸で兵庫・神戸・西宮を視察、海舟が建策した操練所を含めた壮大な神戸海軍局の構想を認めたのだ。

海舟にとって神戸海軍局建設は、単に日本の防衛というだけでなく、兵庫・対馬・朝鮮に海軍所を建設し、清国にも及ぼして、将来的には三国が連合して艦隊を創り、東アジアの対西欧防衛体制を実現するという大構想の一環であった。

海舟はさっそく神戸海軍局の基幹ともいうべき神戸海軍操練所建設のための図面を引かせた。また大坂御船手組を廃止して海軍局にその人員と経費を付属させるとともに、長崎製鉄所、鷹取山炭礦を付属させ、軍艦修理ドッグの建設や、幕府軍艦観光丸、越前藩船黒龍丸をそれぞれ練習艦船とする構想を実現することになった。

鷹取山炭礦は実際には亜炭しか産出せず、これを売って海軍局の財源にするという目論見は大きく外れたが、操練所は幕府の旗本・御家人の子弟だけではなく、広く西国諸藩有志の教育の場とすることとなり、摂津沿岸の砲台の建設指導や管理も海軍局に一任された。また神戸に海舟の私塾である海軍塾をつくることも認められた。

神戸に海軍塾ができるまで、海舟は大坂に塾を設けた。その塾頭は庄内藩士佐藤与之助で、海舟が長崎海軍伝習所で学ぶあいだも海舟家来の名目で操練を学んだ海舟の一番弟子であった。海舟の信頼が篤く、海軍操練所開所後は教授方に任じられた。

海舟の海軍塾が完成したのは文久三年九月のこと。神戸村の庄屋・生島四郎太夫の斡旋で海舟が購入した旧生田川の西側西国街道に面した八反余の土地に海舟の屋敷と塾舎、厩などが堀と築地で囲まれて設けられた。現在の三ノ宮駅前の三宮センタープラザがその地という。

この建設費は同年五月、龍馬が越前福井に松平春嶽を訪ね、越前藩から合力で得た資金を元手にしたとされる。『海舟日記』によると土地代を含め塾舎建設費と他の家屋を移築した海舟屋敷など合わせても総額四

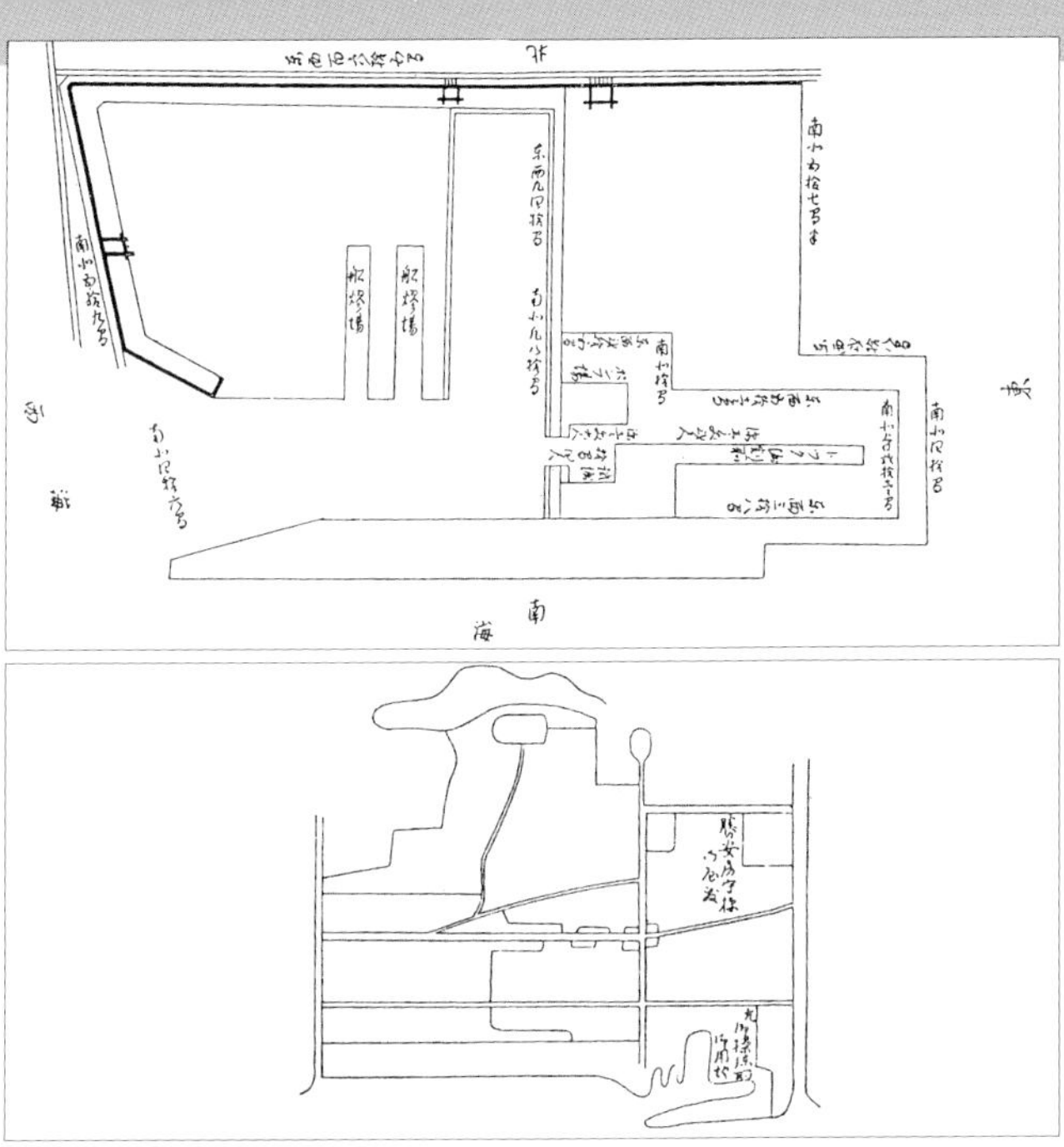

神戸海軍操練所平面図●上は操練所の図面、下は生田神社、勝海舟屋敷、海軍操練所を含めた広域図。元治元年作成／『神戸市史』附図所収

諏訪山公園金星台に立つ勝海舟の海軍営之碑●海舟は幕府が神戸海軍操練所廃止に動いているのを知り、この顕彰碑を前もって刻ませていたという／写真提供：土居晴夫

百五両であった。

　これまでの龍馬関係史料の中には、この資金を海軍操練所の建設資金と解説しているものもあるが、海軍操練所はあくまでも幕府の施設で、経費は幕府が出す年間三千両の維持運営費から支出されている。

　神戸に海軍塾（海舟の屋敷）が完成すると、大坂から約九十名の塾生が引き移ったといい、塾頭には龍馬が任命された。

三葉葵紋がついた神戸海軍操練所の鬼瓦と棟瓦／神戸市立博物館蔵、写真提供：土居晴夫

塾には近藤長次郎、千屋寅之助（後の菅野覚兵衛）、望月亀弥太、安岡金馬、新宮馬之助、高松太郎（龍馬の甥）、沢村惣之丞らの土佐人がいた。ほかにも因州（鳥取）浪人でのち亀山社中に入る黒木小太郎、紀州浪人伊達小次郎（後の陸奥宗光）、薩摩藩士伊東祐亨（後の海軍元帥）らも名を列ねている。

　文久四年（一八六四）一月、海軍操練所は外周を除きほぼその姿を見せた。同年五月以降（改元されて元治元年）に作成された絵図によれば、敷地一万七千七十四坪余、構内に船入場やドックが設けられていたようだ。三月にはその人員構成が決まり、教授方に佐藤与之助、西川寸四郎、赤松左京が任じられた。そして五月には練習生の募集が始まり、二百人内外の青年が西国諸藩などから集まったといわれる。

　七月十七日には佐賀藩に貸出中であった観光丸が返還され、正式に神戸海軍操練所の練習艦となった。観光丸に乗り組む「仮御雇」に海舟の推挙で松平三河守家来の道家帰一を筆頭に、勝海舟家来の黒木小太郎、多賀松太郎（高松太郎）、千頭《ちかみ》義郎（千屋寅之助）、近藤長次郎、新宮並樹（新宮馬之助）、鵜殿豊之進（白峰駿馬）、「御手伝」に龍馬が熊本から連れ帰った横井小楠の甥・横井左平太、横井忠平、小楠門人の岩男内蔵允らが採用になった。また越前藩船黒龍丸も、このころようやく幕府によって買い取られ、操練所に配属された。

　しかしこの時期、禁門の変、四ヶ国連合艦隊の下関攻撃、第一次長州征伐など政局の激動期で、そのために諸藩の練習生も、藩命で帰藩するものが多く、また、観光丸が来る直前の七月上旬には塾生であった安岡金馬が禁門の変を起こす長州軍に身を投じたりと、訓練が十分に行われたとはいいがたいのが実情だったようだ。

　こうした状況のなかで、龍馬はいったい何をしていたのだろうか。

　海舟に神戸海軍操練所建設の命が下った翌日の文久三年四月二十五日、海舟は折から大坂西本願寺津村別院に滞在していた姉小路公知を摂海視察に案内する。過激な尊攘派の姉小路卿に、海舟は海岸砲台の無力と、日本の防衛は強力な海軍の創設であることを諄々と説き、のちに龍馬を使いに立てて蒸気機関の縮図やセバストポール戦図などを贈った。海舟に感化された姉小路卿

諏訪山公園から見た明治初年の神戸港●神戸港は慶応3年12月6日（1968年1月1日）開港され、勝海舟の助言で土地を買った生島四郎太夫がその中心となった。紀州の木材商人で、龍馬死後海援隊士らとともに京都天満屋に斬り込んだ加納宗七も加納町を開いた／長崎大学附属図書館蔵

生島四郎太夫奉納の石灯籠●明治に入り生島別邸の近くにある祇園神社に奉納された

諏訪山公園から見た現在の神戸港

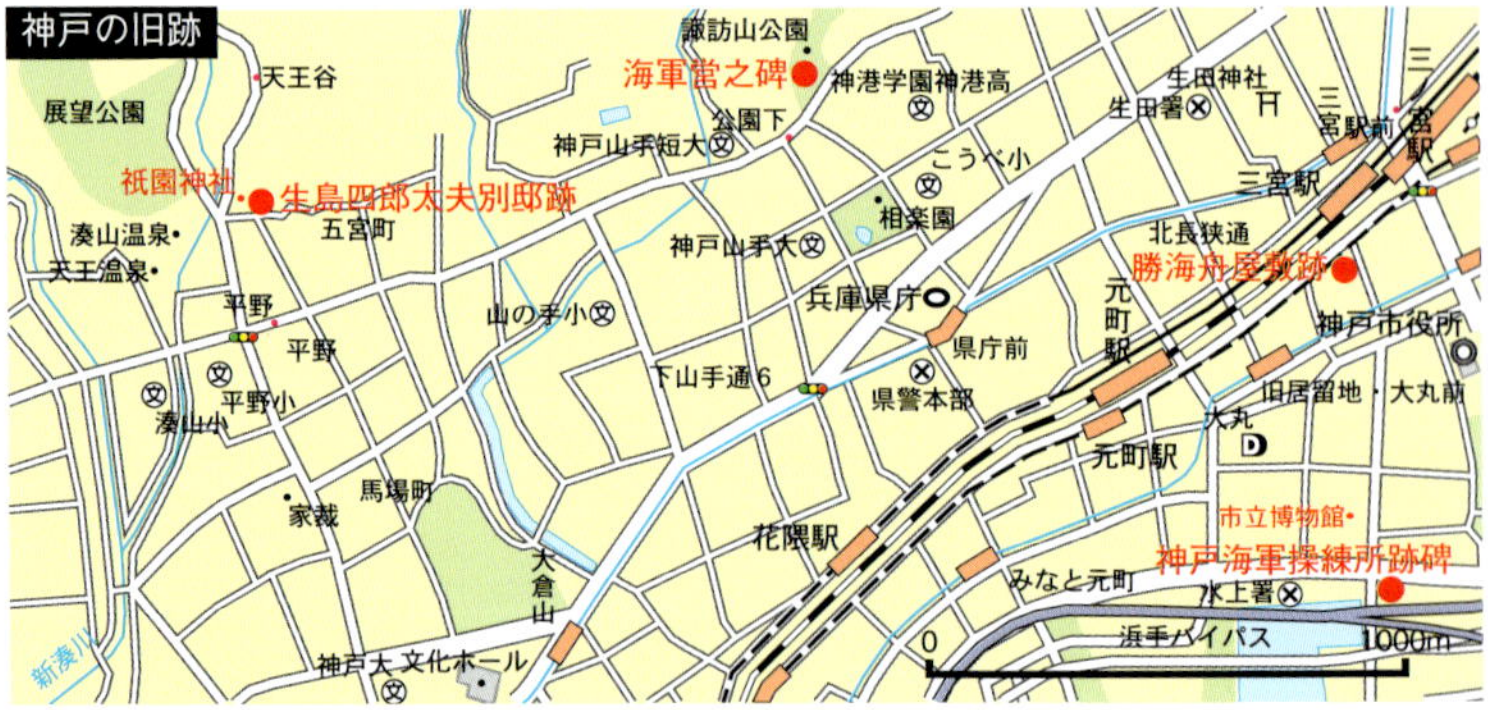

©昭文社

神戸海軍操練所跡碑：神戸市中央区海岸通、NTT神戸
神戸市立博物館：神戸市中央区京町（神戸海軍操練所棟瓦、神戸開港の歴史など）
　以上　JR東海道本線三ノ宮駅下車南へ徒歩12〜15分
海軍営之碑：神戸市中央区諏訪山町、諏訪山公園内
　JR東海道本線三ノ宮駅または神戸駅から市バス7系統で諏訪山公園下車徒歩5分
生島四郎太夫別邸跡：神戸市兵庫区上祇園町（勝海舟寄寓の地）
祇園神社：神戸市兵庫区上祇園町（生島四郎太夫寄進の灯籠など）
　以上　JR東海道本線三ノ宮駅または神戸駅から市バス7系統で平野下車北へ徒歩10分

は開国派に転じたと誤解され、五月二十日、尊攘派に暗殺されてしまう。

姉小路卿暗殺四日前の五月十六日、龍馬は海舟の命で海軍塾建設資金を借りに越前に向かっていた。福井では横井小楠に面会し、三岡八郎（由利公正）を紹介された。六月になると、伊達小次郎の知友である乾十郎が仲間割れで殺されそうになるのを助け、大坂西町奉行・松平大隅守信敏に保護を依頼し、そのために決闘を挑まれて受けたり（のちに中止）もしている。

これは大坂の勝塾時代のことであるが、その一方で、六月二十九日には海舟の命で京都の越前藩邸に村田巳三郎を訪ね、借入金のお礼と思われる騎兵銃一丁を贈ったり、七月一日には、松平信敏を訪ねて時勢を語り、その後江戸に向かっている。この江戸行がどんな目的だったのかわからないが、諸藩の志士たちが攘夷決行で騒いでいた時期に、龍馬がまったく別の動きをしていたのは確かである。

九月九日には海舟とともに海路大坂に戻り、十月には完成したばかりの神戸海軍塾の塾頭になっている。

しかし、龍馬が江戸にいた八月十八日、公武合体派が京都から長州勢を追い落とした政変で、情勢は一変していた。九月には土佐で勤王党弾圧が始まり、武市半平太らが投獄される。十二月になると龍馬ら土佐藩の塾生にも帰国命令が出された。帰国イコール死が予想されるこの命令に服すはずはなく、当時江戸にいた龍馬を含め全員が自動的に脱藩者となってしまった。

そこで海舟は、彼らを自分の家来としてとりつくろったのである。

十二月二十七日、江戸から再上京する将軍家茂を翔鶴丸で大坂に送致する海舟に随行した龍馬は、翌文久四年一月十二日には、外国艦隊の下関攻撃を回避するために長崎に出張する海舟に同行し、十九日には越前藩から熊本に呼び戻され逼塞していた横井小楠と面接、長崎で一か月余を過ごしたのち、帰路再び小楠を訪ね、その甥・左平太らを海軍塾に連れ帰っている。

五月ごろは京都や大坂にいたらしく、蝦夷から帰った北添佶磨らから話を聞き、蝦夷開拓計画を立てていた。六月一日に京都のお龍のもとで一泊した後、翌日江戸に出発。十七日には破損した海舟の船の救援に向かう黒龍丸に乗って江戸から下田に赴き、海舟に蝦夷開拓計画を熱く語ったことが『海舟日記』に見える。しかし現実には、龍馬が京都を去った直後の六月五日、龍馬が蝦夷開拓の要《かなめ》と考えていた北添佶磨や望月亀弥太が池田屋騒動で闘死、計画自体が瓦解してしまう。

七月二十八日、江戸から翔鶴丸で神戸に帰着した龍馬は、息つく暇もなく八月三日には薩摩藩士吉井幸輔と京都に上り、池田屋騒動の余波で捜索を受けた攘夷派のアジト「大仏の宿舎」に雇っていたお龍の一家の救済策を講じ、八月中旬には海舟の使者として薩摩藩京都屋敷で初めて西郷隆盛に会い、二十三日に神戸に帰っている。

こうしてみると、塾頭とはいいながら龍馬は国事に奔走してほとんど神戸におらず、操練に身を入れた形跡もあまりない。

九月中旬、幕府は過激派の探索のため勝塾の塾生の氏名や出身地などを〝内糺〟。十月二十二日には海舟に大坂城代を通じて江戸帰府の命が出され、十一月十日に軍艦奉行を罷免され寄合に入った。

事実上の保護者を失った龍馬たち土佐脱藩の塾生は、高松太郎の交渉で、薩摩藩大坂蔵屋敷に匿われることになった。

龍馬は最初の脱藩仲間である沢村惣之丞とともに、江戸に潜行、外国船を借りて航海する計画を立てたということが、薩摩藩家老小松帯刀の大久保一蔵宛手紙に記されている。龍馬たちはこれより翌年四月まで大坂蔵屋敷に息をひそめていた。

神戸海軍操練所が正式に廃止されたのは翌元治二年三月十八日。佐藤与之助は最後まで勝塾などの整理に奔走した。

福井の龍馬

龍馬の足跡を歩く

白崎　卓
福井市歴史のみち
整備推進室

議会制度を目指した福井藩と龍馬

文久三年（一八六三）五月、坂本龍馬は勝海舟の使者として、神戸海軍操錬所設立資金を福井藩から借り受ける目的で福井を訪れた。

この海舟・龍馬の要請を受けた前藩主松平春嶽は、五千両を用立てているが、この融資は福井藩にとっても魅力あるものだったと考えられる。当時の福井藩は、横井小楠、三岡八郎（由利公正）が中心となって財政改革に成功していたが、この改革は、藩内の生産物を長崎や北海道で交易して巨利を得るというものであった。海運・貿易の重要性を熟知していた福井藩にとって、海軍操錬所の将来性は充分に理解でき、先行投資という意味もあったであろう。

余談ではあるが、この時期の「海軍」という単語を、後世の「大日本帝国海軍」と同じイメージで捉えることは大きな間違いといえる。本来の海軍は武装した商船、もしくは商船を護衛する船であり、シーレーンの確保が第一義である。龍馬の「海援隊」は、正に当時の「海軍」のイメージを具体化したものといえ、一方、輸送や護衛を軽視した「大日本帝国海軍」は世界史上にも稀な畸形な海軍といえる。

横井小楠寄留宅跡の石碑／写真：白崎卓

この時の来訪で、龍馬は横井小楠や三岡八郎と親しく語り合ったと伝えられる。小説『竜馬がゆく』の中では、城の南を流れる足羽川を龍馬の従者「藤兵衛」と三岡八郎が舟で渡るシーンが描かれている。当時、八郎の住居は川の南の毛屋町にあった。また、この対岸には横井小楠が寄留していた。なお、小説と異なり、実際には龍馬来訪一年前の文久二年に、八郎の建議によりこの場所には新しい橋が架けられている。

熊本藩士である横井小楠は、この時期には福井藩の政事顧問を務めていた。この小楠の福井藩招聘には、松平春嶽の強い要請

福井城本丸跡●福井藩祖松平（結城）秀康が慶長6年に築城に着手した。越前松平家は親藩筆頭の家格を誇ったが、現在は本丸石垣と内堀のみが往時の趣を伝えている／写真：白崎卓

龍馬が宿泊した莨屋旅館跡の石碑／写真：白崎卓

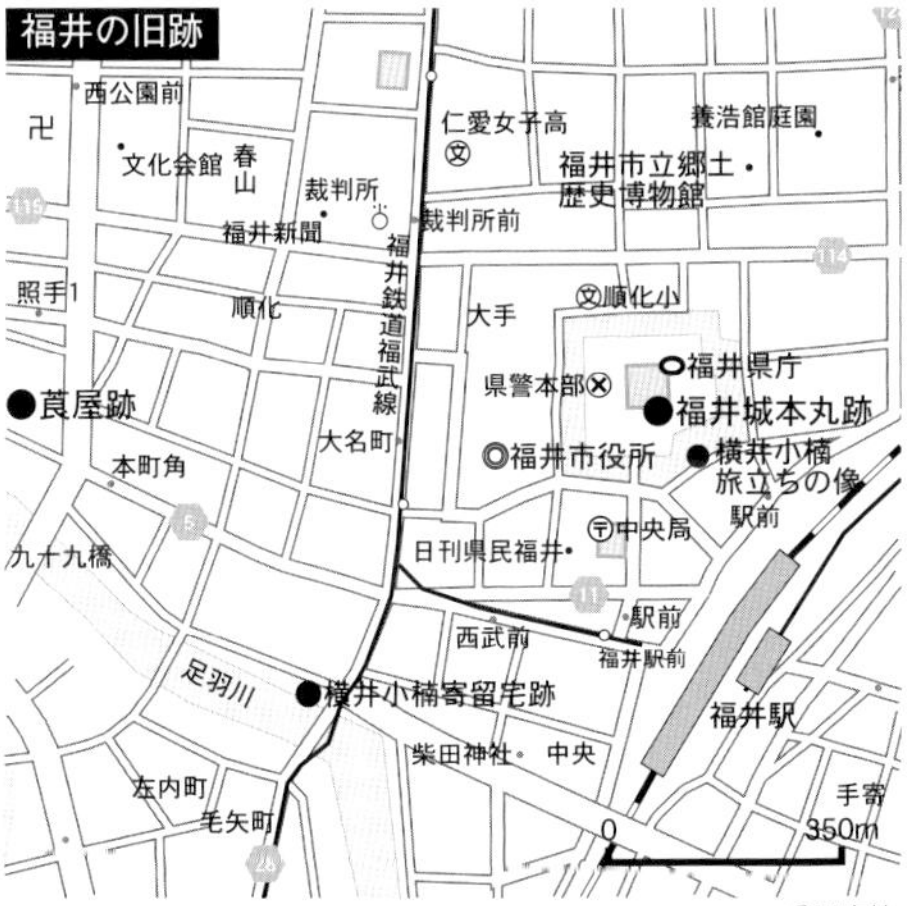

福井城本丸跡：福井市大手3丁目、福井県庁周辺
JR北陸本線福井駅下車北へ徒歩5分
莨屋旅館跡：福井市照手1丁目
JR北陸本線福井駅下車西へ徒歩15分
横井小楠寄留宅跡：福井市中央1丁目
JR北陸本線福井駅下車西へ徒歩10分
福井市立郷土歴史博物館：福井市宝永3丁目、TEL0776-21-0489
JR北陸本線福井駅下車北へ徒歩15分

三岡八郎（由利公正、左）・横井小楠の銅像●福井城・内堀公園に立つ／写真：白崎卓

があった。小楠は、熊本藩では反主流派に属しており、藩当局にとって小楠が他藩の要職に就くことは好ましいことではなかった。春嶽の要請に対し熊本藩は、小楠の酒癖が悪いこと等を理由にはじめは拒絶している。結局、春嶽の正室である勇姫が熊本藩主の娘という血縁を利用して、小楠の福井招聘は実現した。

龍馬の次の福井訪問は、慶応三年（一八六七）十一月に行われた。この時の目的は、大政奉還を実現した龍馬が、新政府の財政責任者として三岡八郎の出仕を求めるためとされる。城下山町の旅館「莨屋《たばこや》」に宿泊した龍馬を八郎が訪ね、二人は夜を徹して新政府の財政方策を語り合ったと伝えられる。

この福井訪問後、京都に戻った龍馬は、十一月十五日に暗殺されるため、結果としては、八郎の新政府招聘が龍馬の最後の仕事となった。

以上、二度（三回説もあるが、確実なのは二回）の龍馬の福井来訪は、龍馬の生涯で重要な転機に行われたのだが、表面に現れた来訪理由とは別に、この背景を考える必要もあるであろう。

幕末の政局は、尊王攘夷派と公武合体派の対立、もしくは倒幕派と佐幕派の対立といった二極構造で語られることが多い。しかし、近年の研究によって、先進的な議会制度を中心とした国家体制を構想した人々の存在が明らかになってきている。その人々とは、松平春嶽、勝海舟、横井小楠、坂本龍馬、由利公正（三岡八郎）等であり、彼らの目指した方向は、小楠の「国是七箇条」や龍馬の「船中八策」として示され、公正の起草した「五箇条御誓文」に連なっていく。

龍馬の福井訪問の背景として、新しい国家体制を目指した同志ネットワークの存在が注目されるべきであろう。

住吉重太郎

薩摩龍馬会顧問

薩摩の工業技術に昂奮した龍馬

朝焼けの桜島●薩摩にわたった龍馬たちも、この雄大な景色を見たことだろう／写真：住吉重太郎

野間の関跡に残る井戸●脱藩後、薩摩に入ろうとした龍馬はここで追い返された／写真：住吉重太郎

脱藩龍馬、薩摩を目指す

二十八歳の龍馬は文久二年（一八六二）三月、古臭い体質の土佐藩を脱藩し四国を横断して下関に渡り、薩摩の志士たちと交友のある豪商回船問屋白石正一郎の家にわらじを脱いだ。

しかし龍馬は、揺れ動く京都に向かう同行の沢村惣之丞とは行動を共にせず、一人薩摩に向かった。数年前河田小龍から聞いた薩摩藩の科学施設のことが気になり、薩摩の地に入って施設を見たり情勢を知りたかったのだろうか？

五月のはじめ、薩摩藩境第一の要所である「野間の関」番所にたどり着いた龍馬は、関所でいきなり「おはんな、どごん人ごわすか」（あなたはどこの人ですか）ときつい尋問にびっくり、警備が厳しく薩摩の目的地に入るこ

小松帯刀別荘跡●慶応元年（1865）5月、龍馬ら勝海舟の神戸海軍塾生が寄宿した。翌2年には龍馬とともにお龍もここに滞在した。現在は庭だけが残る／写真：住吉重太郎

薩州鹿児島見取絵図●安政4年佐賀藩の鍋島直正が島津斉彬に電信機を贈った際、携えていった家臣が集成館などの諸施設を見学。翌5年にその様子を12枚の見取絵図と2冊の風説書に認めた。当時最高の軍事施設であった集成館の各工場群や鹿児島城下などが克明に描かれている／部分、武雄市歴史資料館蔵

明治5年に撮影された尚古集成館●文久3年（1863）7月の薩英戦争では集中砲火を受け壊滅したが、慶応元年5月、龍馬らが鹿児島を訪れたときにはすっかり復興されていた／尚古集成館蔵

鶴丸城跡・鹿児島市城山町（城内に薩摩の歴史や民俗を紹介する黎明館がある）
鹿児島中央駅から市電鹿児島市役所前下車西へ徒歩5分
天保山公園・鹿児島市天保山町（公園内に天保山砲台跡碑、坂本龍馬新婚の旅姿像）
鹿児島中央駅から市営バス13系統市役所前行で天保山下車東へ徒歩5分
磯公園・鹿児島市吉野町（島津家別邸跡。一画に尚古集成館や幕末の工場群跡等）
鹿児島中央駅から林田バス伊敷・国分方面行磯仙巌園前下車
小松帯刀別荘跡：鹿児島市原良町（庭園が残る、左の地図の範囲外）
鹿児島中央駅から9系統市営バスかけごし下車徒歩8分
西郷隆盛邸跡：鹿児島市中央町　共研公園わき（龍馬が訪れた当時の西郷邸）
鹿児島中央駅から徒歩5分
維新ふるさと館：鹿児島市加治屋町　甲突川沿い（幕末維新の歴史と人物を紹介）
鹿児島中央駅から徒歩10分

とはできず追い返された。
金銭的にも苦労の連続だったがやっと六月に大坂入りすることが出来た。

龍馬、西郷に会う

尊王攘夷に興奮していた龍馬は同年十月ごろ願望の勝海舟門下生となる。元治元年（一八六四）二月九日、幕府の命令で勝海舟が長州へ交渉に行く時、龍馬たち四人も勝に随行して大坂を出港した。

この五日間の航海中、龍馬は海舟から、
「長崎の交渉は長引きそうだ、今の時季なら北からの強い追い風があるから、薩摩の沖永良部島に蟄居（江戸時代の刑で出仕、外出が禁じられ一室で謹慎すること）中の西郷隆盛に会いに行ったらどうか」
という口添えをもらった。

勝海舟が長崎上陸後、龍馬は東支那海を南下帆走して、予想通り二月二十日に和泊港に着いた。

当時、西郷は沖永良部の牢の監視役人であった大久保利通の義弟・土持正照（大久保の異母妹まつの夫）に助けられていた。

明治に入って土持正照は、この当時のことを鮫島宗幸に話し、鮫島宗幸から依頼された新聞記者の田中鉄軒がその話を『絶島の南洲』と題した本にして明治四十二年、内外出版協会から発刊している。

これによると「龍馬と西郷は徹宵語り明かし、翌朝未明に龍馬は鹿児島指して解纜した」ことが明らかになっている。勝海舟から添書を貰い、龍馬が初めて西郷に会ったのは通説のような京都ではなく、薩摩の沖永良部島であった。のちに龍馬が西郷を評して「成程、西郷はわからぬ奴じゃ。少しく叩けば少しく響き、大きく叩けば大きく響く」と勝海舟に語ったというのはこの会見のときのことになる。

もっとも、元治元年（一八六四）頃の龍馬の手紙はほとんど発見されておらず、また編述されていないため、明確な裏付けはまだ採れていない。

西郷隆盛がよく訪れた土持家古写真●西郷は藩主島津久光と対立、文久2年（1862）7月徳之島に、さらに8月から沖永良部島に流罪となり幽閉されていた。大久保利通の縁戚で西郷に心酔する沖永良部島役人・土持正照は、死を覚悟する西郷を介抱し、健康回復に成功する／写真提供：住吉重太郎

元神戸海軍塾生とともに

京都の池田屋事変後の元治元年九月十一日夜、勝海舟と西郷が再会し、事変に関連して閉鎖された神戸の海軍塾生と龍馬を薩摩が引き受けるという相談がまとまった。慶応元年（一八六五）四月一日、小松帯刀と西郷は京都を出発し、途中大坂の薩摩藩邸に潜伏中の龍馬と二十八名ほどの元塾生を薩摩藩船「胡蝶丸」に乗せて出港した。

五月一日、薩摩の前之浜（天保山）に着いた龍馬は、初めての薩摩本土入りで、大久保利通の歓待も受けて雄大な桜島にしばし見とれていた。

鶴丸城本丸古写真●明治初年の撮影。中央が桜御門（大手門）、左が物見平櫓、右が御兵具長屋多聞櫓／尚古集成館蔵

天保山砲台跡●薩英戦争では集成館製造のボンカノン砲が火を吹いたが、4km先の英艦には届かなかった／写真：住吉重太郎

磯公園内の尚古集成館●旧集成館の機械工場。館内では700年の島津家歴史を紹介する／写真：尚古集成館

龍馬はその日は西郷の家に泊まり、翌日から塾生が世話になっている小松別荘に宿泊した。しばらくして待望の磯の集成館入りが許され、薩摩が誇る工場等を見てびっくり、溶鉱炉、大砲鋳造所、紡績工場、ガラス工場、造船所など文化の進んだ薩摩の国に驚きの連続であった。

薩摩では、将来交易のため、開成所で前島密（後年、日本近代郵便の父と言われた人物）が英学を教え、人材育成に力を入れていることを知った。龍馬は西郷、大久保の英傑はもちろん、薩摩藩家老の小松帯刀を見直した。交易事業に力を注ぐ小松と龍馬は交易について長々と話し合い、交易は長崎が中心で、グラバーもいる長崎を拠点にすることに話がまとまった。

小松別荘にいる塾生にも海軍操練所で鍛えた力を発揮してもらおうと薩摩藩士扱いにし、月三両二分（現在の約二十万円位）の支給金を決めてもらった。龍馬も塾生も一安心したころ、龍馬は小松に「西郷、大久保とも相談し薩長連合の交渉に乗り出したいと思っちょるが」と切りだした。

その後相談もまとまり龍馬は「ぜひ塾生たちのことはよろしゅう頼みます」といって、慶応元年（一八六五）五月十六日長州へと出発した。小松の指示で探した亀山の借家に塾生も落ち着いた。

長崎の龍馬
龍馬の足跡を歩く

織田　毅
亀山社中ば活かす会

花月の大広間から庭園を見る／写真：柴崎賀広

亀山社中から土佐海援隊へ

元海援隊士で明治以降に山形県知事などをつとめた関龍二は、回顧談の中でこう語っている。

「海援隊は、維新の風雲に至大の関係のある有力の一団体であった」。

関の言うように坂本龍馬が組織した団体――亀山社中・土佐海援隊（海援隊）を抜きにして、幕末維新史を語ることはできない。

龍馬のもとに諸国から集まった若者たち（龍馬は彼らを「ひと稽古でき候もの」と高く評価していた）は、龍馬の手となり足となってその多彩な活動を支援し成功に導いた。

薩長連合・大政奉還という事業も、龍馬一人の力ではなく、隊士たちの活躍があってこそ成就したものといってよいだろう。

その意味で、亀山社中・海援隊が果たした役割は非常に大きい。

海援隊の前身である亀山社中は、慶応元年春、薩摩藩の援助を受けて長崎で結成された。主なメンバーは神戸海軍操練所の修業生であった。その中には明治に入り名を成した者（陸奥宗光や中島信行など）も多い。

社中の最大の業績は、長州藩のために薩摩藩の名義を借り、武器・軍艦の購入に成功したことである。このことが薩長連合の成立につながったことを考えれば、社中自

土佐商会跡●慶応2年2月、土佐藩は高知城下九反田に開成館を開設し、そのなかの貨殖局の長崎出張所として設置したのが土佐商会。後藤象二郎、次いで岩崎弥太郎が運営にあたった

海援隊の本拠地となった小曽根邸跡

料亭花月

Column13

海援隊士の息遣いが残る歴史建造物

柴崎　賀広
長崎龍馬会

花月の創業は、寛永十九年（一六四二）である。当時有名な、丸山遊郭の引田屋にあった建物のうち、火事の際に焼け残った建物の部分であり、当時、敷地内にあった花月楼の名を取ったものとのことである。

内部には、花月が所有する史料が展示されている。

イカルス号事件の際に、犯人としての嫌疑を掛けられたために、奉行所にあてた抗議文の原稿が残されている。その文面の頭には「於丸山」と記されており、その文字を見ていると、隊士たちが花月の一室に集まり、文案を草稿している姿が浮かんでくる。

龍馬が付けたという、柱の傷が有名だが、それを示す史料は残っていない。

建物の三階には、屋根裏へ抜ける押入から入り口があり、壁から外へ抜けられるようになっていたという。また、歴史研究家であった故中西啓先生によると、花月の庭には空井戸があり、その底から庭外に抜道があったという。

「春雨の間」は、煉瓦式の洋間で、そこに入っただけで、一瞬にして異国へ来たような感覚になる。たいへん貴重な一室である。新しもの好きだったと言われている龍馬のことだから、「まっことたまらんぜよ」とでも言いながら、舶来の椅子に座っていたことだろう。

花月は、現在でも「おかっつぁま」を中心に史跡料亭として営業しているため、展示コーナーだけを見学することは難しいが、利用しやすい昼食メニューも用意されている。頼めば「長崎龍馬会」会員でもある加藤氏が案内してくれるので、ぜひ、ご一見願いたい。

建物そのものが歴史を表す部屋で、実物の史料を見ながら、長崎を代表する料理に酒杯を傾けていると、当時の龍馬達の息づかいを感じることができること請け合いである。

蛇足ながら、長崎では、龍馬たちは丸山で酒を飲んで遊んでいただけ、との言われ方が残っているが、当時、龍馬たちは、幕府にとっては危険人物であり、その行動が地元にあまり知られていなかったのは当然のことと言える。

春雨の間／写真：上野正義

歴史の長さを感じさせる花月の廊下／写真：柴崎賀広

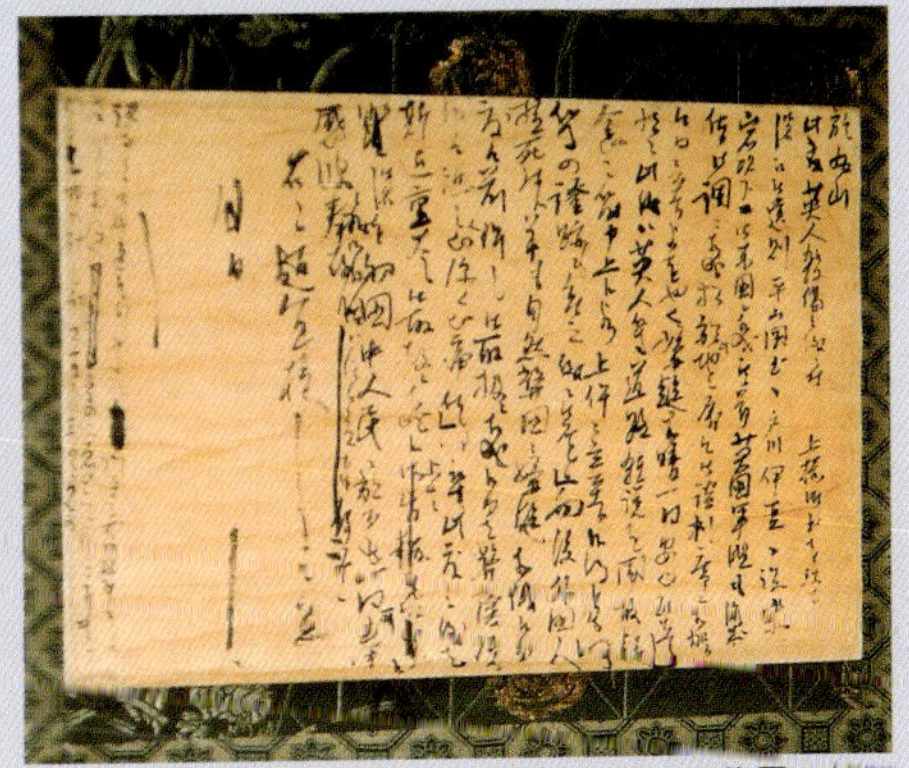

イカルス号事件でかけられた嫌疑に対する龍馬の抗議文の下書き／写真：柴崎賀広

亀山社中

Column14

再び脚光を浴びた亀山社中の建物

織田　毅
亀山社中ば活かす会

長崎市伊良林二丁目七番二四号。そこが、「亀山社中」の跡である。正確に言えば、慶応元年（一八六五）春、坂本龍馬が同志たちと結社をむすび、その根城としたといわれる家屋がいまも残る場所である。

勝海舟が主宰する神戸海車操練所が閉鎖され、薩摩藩により保護された龍馬らは、薩摩をへてこの長崎の地にやってきた。そして、当時のわが国有数の国際貿易都市・長崎に本拠地を定めた。

彼らは、このまちで国内外の情報を集め、諸藩の人びとと交流し、港に寄港する蒸気船を利用して、さかんに政治活動を行った。

「亀山」というのは地名で、その昔オランダ船につみこむ水かめを焼いていたからとも、また地形が亀の甲羅に似ていたからとも言われている。幕末当時、長崎のまちはずれで、人家もまばらであったという。

龍馬らはその亀山で「亀山焼」（慶応元年頃に廃業した）という焼き物を焼いていた家が空き家となっていたのを借りうけた、とされている。この場所に寝起きしていたのはわずかな期間であったが、亀山社中が慶応三年（一八六七）に海援隊となっても引き続き使用されたようだ。

時代が移ると龍馬たちの足跡も忘れられたものの、伊良林周辺では他国の浪人たちが住んでいたという言い伝えが残っていた。

亀山社中建物内部●建物は改修されたが、この部屋は幕末のころとほぼ同じ／写真：織田毅

長く忘れられていた亀山社中跡が再び脚光をあびるようになったきっかけは、司馬遼太郎の『竜馬がゆく』である。司馬氏はこの作品の取材のために長崎を訪れ、亀山社中跡にも足を運んでいた。そのときの模様を『竜馬がゆく』の中に詳しく描いている。その後、昭和五十四年には、長崎市によって『亀山社中の跡』という石碑が建てられた。

平成元年、長崎・風頭山頂に龍馬像が建てられると時を同じくして、亀山社中跡の保存・公開をとおして長崎の活性化をめざす「亀山社中ば活かす会」が発足して現在にいたっている。

建物は一部建て増しされ手が加えられているものの、家屋の内壁や廊下、床の間、柱などは当時のままといわれ、最近の専門家による調査でも江戸末期のものと推定されている。当時は、この母屋のほかに土蔵と馬小屋があった。土蔵は二階建てで、龍馬が夜遅く帰ってきたら寝る場所がなかったのでこの土蔵に寝ていたという話も伝わり、また窓の格子はいつでも脱出できるように取り外しができたそうである。

土蔵の二階からは長崎港が一望でき、船の出入りも監視できたそうだ。残念ながら現在では老朽化によりとりこわされている。

亀山社中跡は個人所有のため長く非公開だったが、活かす会の発足にともない広く公開されることになった。以前は所有者の故本村清氏が説明役をひきうけ年間をとおして公開していたが、平成十二年十一月に氏が亡くなられてからは、土・日・祝日の午前十時～十二時、および午後一時～三時のみの公開となっている。公の施設ではなく、ボランティアによって運営されているものの、毎年約三万人の見学者が訪れる長崎の代表的な観光名所のひとつである。

亀山社中ば活かす会では、龍馬ゆかりの亀山社中の保存・公開をはじめとして、会報『龍馬がゆく道』の発行のほか、四月には「総会・花見会」、中秋名月の頃の「幕末を語る月見会」、十一月の龍馬生誕日近くの「亀山社中幕末祭」、二月の「長崎菜の花忌」を開催するなどの活動を行っている。また、亀山社中跡近くには、龍馬らが参詣したことから「勤王稲荷」の別名をもつ「若宮稲荷神社」や、五代才助がひいきにしていた西洋料理店「良林亭」跡、「龍馬のぶーつ像」などがある。

なかでも「龍馬のぶーつ像」は、亀山社中創設百三十年を記念して亀山社中ば活かす会により建てられたもので、見学者が実際に履いて龍馬気分を味わえるという、全国でもめずらしい体験型モニュメントである。

体が薩長連合のための藩外プロジェクトチームであったともいえよう。

このことからひとたび薩長連合が成立すると、社中の存在意義も低下し経営困難となった。このころ龍馬も非常に困ったらしく「去年七千八百両でヒイヒイとこまりおり」（乙女宛）と書いている。

その解決策として浮上したのが、土佐藩との合併案である。本来龍馬らは脱藩者であったが、土佐藩参政・後藤象二郎は意に介せず土佐藩の将来のため龍馬や亀山社中が必要と判断したようだ。また龍馬も社中の経営を軌道にのせ、本来の政治活動に専念したかったであろう。両者の意見が一致し龍馬は脱藩の罪を許され、亀山社中は土佐海援隊へと発展的解消をとげる。

亀山社中・海援隊という団体の基本理念・活動内容は、「海援隊約規」という文章によくあらわれている。

まず、隊士の資格は「脱藩者」、「海外の志ある者」である。これは、藩や日本という枠を超え広く海外に目を向け国際的視野の中で、日本のあるべき姿を考え行動すべきという龍馬たちの思想が強く打ち出されているものだ。

活動内容は、運輸・開拓・射利・投機な

龍馬通り●禅林寺と深崇寺の間を抜ける亀山社中への登り道

丸山遊廓跡●丸山遊廓は、当時江戸の吉原、京都の島原に次いで全国に名高い遊廓で，亀山社中や土佐海援隊時代を通じて隊士たちがよく遊びにいった。龍馬にもお元という馴染みがいた

龍馬のぶーつ像●伊良林の亀山社中前にあり、実際に履くことができる

聖福寺●長崎に持ち越されたいろは丸事件の第2回談判が紀州藩と土佐藩のあいだで開かれたたのがこの寺。ここでイギリス海軍の提督に万国公法に基いた裁定を求めることが決まった／写真：長崎市観光宣伝課

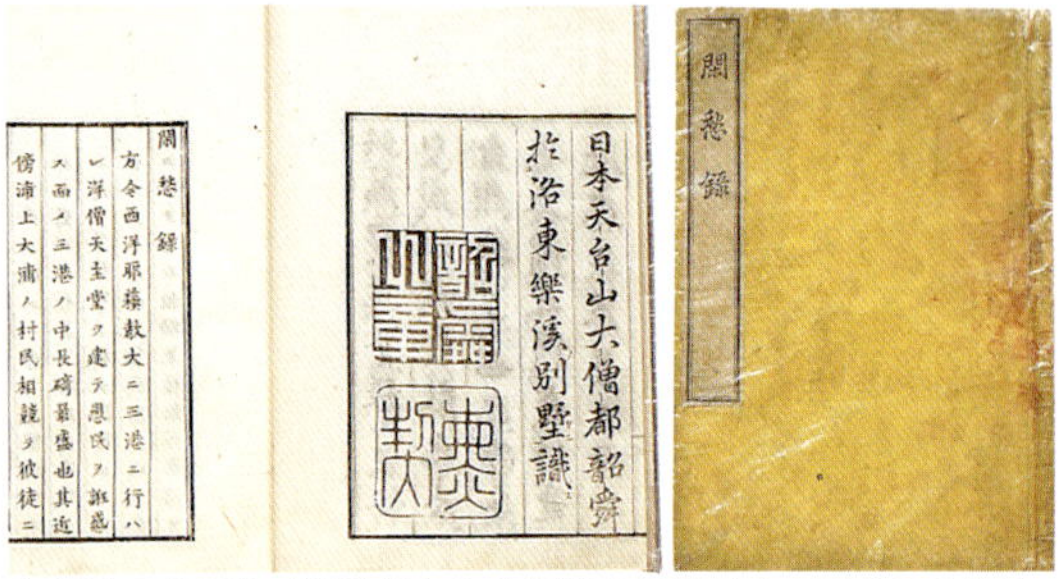

海援隊の出版物『閑愁録』●海援隊士長岡謙吉が執筆した慶応3年5月刊行のもので、当時浦上にキリシタン信仰の火の手があがったのに対し仏教徒がこれに対抗して撲滅すべきことを主張している。倒幕のためにキリシタンの蜂起を促そうとした龍馬の意見とは対立する内容だ／高知県立坂本龍馬記念館蔵

沢村惣之丞が葬られる本蓮寺●龍馬死後、鳥羽伏見の戦いが起こると長崎では土佐藩士佐々木三四郎（高行）の指揮で、海援隊は長崎奉行所を占拠した。そのとき沢村惣之丞は誤って薩摩藩士を射殺してしまい、同志の制止もきかず割腹して果てた／写真：長崎市観光宣伝課

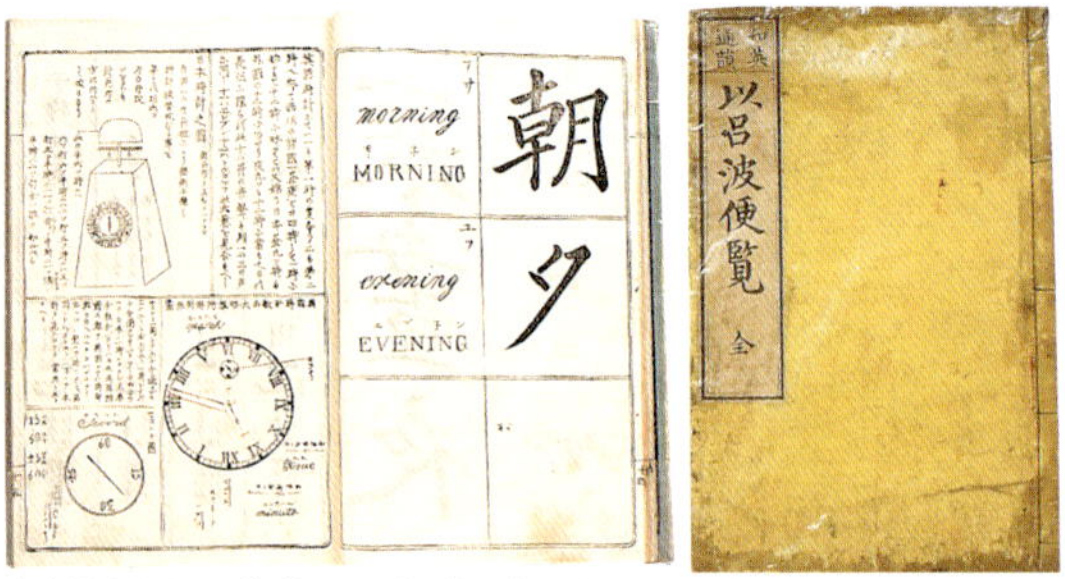

海援隊出版の英学入門書『和英通韻以呂波便覧』●龍馬死後の慶応4年3月出版。「土佐海援隊蔵板」となっており、アルファベット、アラビア数字、一般語の和英対照などの辞書的な内容から、時計の図解なども収められている。尚友堂主人校とあるが、これも海援隊の編集と思われる／高知県立坂本龍馬記念館蔵

長崎奉行所西役所跡●かつて勝海舟が学んだ海軍伝習所がここに置かれた。戊辰の役では佐々木三四郎率いる海援隊などが占拠し、外国公館に対処した。現在は長崎県庁／写真：長崎市観光宣伝課

ど。神戸でマスターした操船技術を活かし人や物を運び商売する、その利益を政治活動に利用しようとしたのだろう。

その他には出版活動も有名だ。「海援隊三部作」として、『閑愁録』『和英通韻以呂波便覧』『藩論』を出版したほか、『万国公法』も出す予定だったらしい。

また龍馬は、亀山社中・海援隊を一つの教育機関と考えていたようだ。約規にも隊士の修行科目として、政法・火技・航海・汽機・語学があげられ、隊士はその志により修行することとしている。

龍馬の手紙にも「国を開くの道は、戦するものは戦い、修行するものは修行し、商法は商法でめいめいかえりみずやらねばあいならざること」(三吉慎蔵宛)、また「長崎にて一局（がくもんじょナリ）を

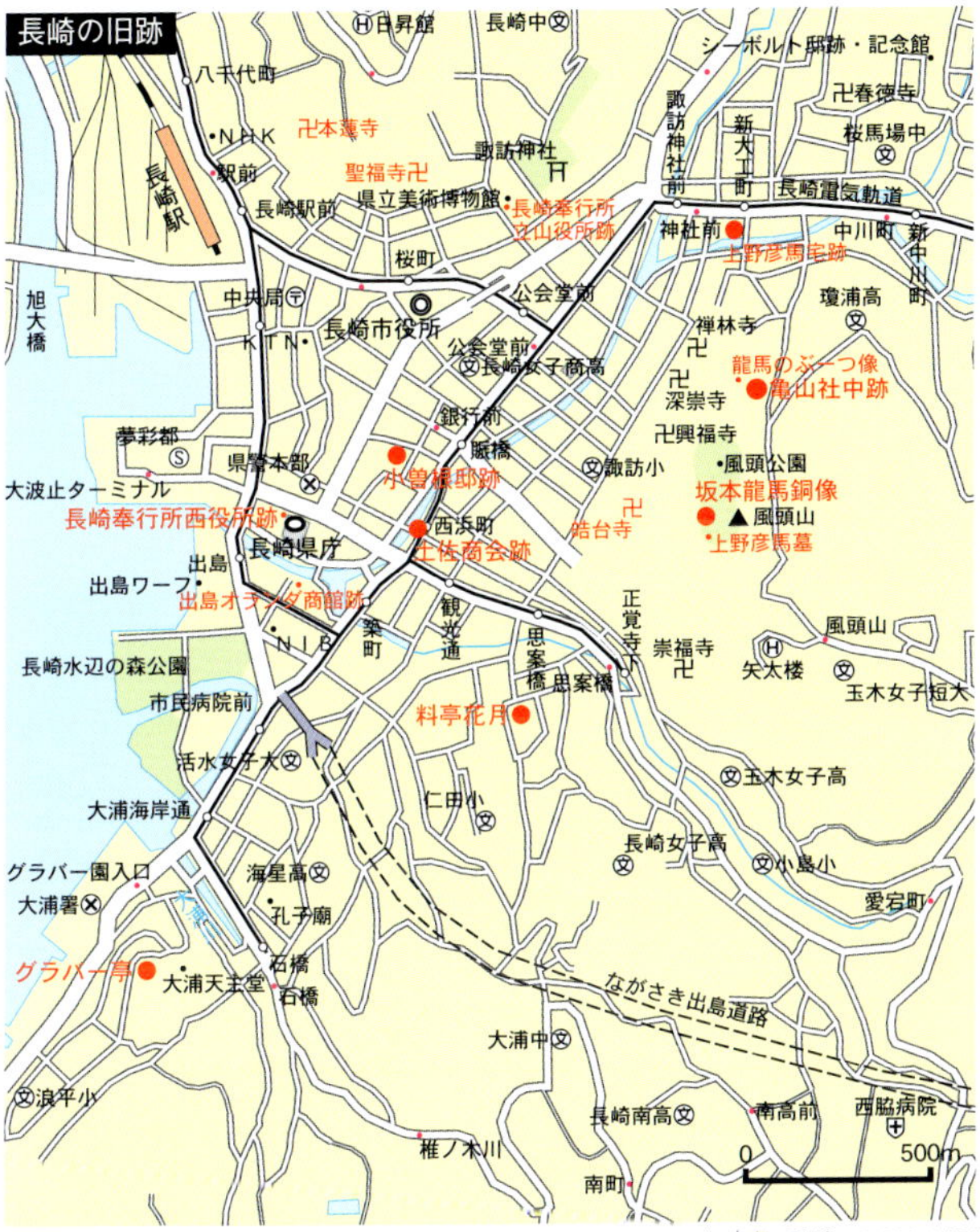

亀山社中跡：長崎市伊良林2丁目　土日祭日のみ、10～12・13～15時 寸志　電話095 828-1454
JR長崎駅から路面電車新大工町下車南へ徒歩12分
上野彦馬宅跡：長崎市伊勢町（龍馬の写真を撮った写真館）
JR長崎駅から路面電車新大工町下車南へすぐ
龍馬のぶーつ像：長崎市伊良林2丁目　亀山社中前
龍馬通り：長崎市寺町　禅林寺から亀山社中前まで（龍馬や海援隊士が歩いた道）
坂本龍馬銅像：長崎市風頭町、風頭公園内　亀山社中から南へ徒歩10分
上野彦馬墓：長崎市風頭町、風頭公園内　坂本龍馬銅像の近く
晧台寺：長崎市寺町（近藤長次郎墓、小曽根家墓所）
JR長崎駅から路面電車賑橋下車東へ徒歩11分
小曽根邸跡：長崎市万才町（海援隊本部）
JR長崎駅から路面電車賑橋下車西へ徒歩3分
土佐商会跡：長崎市西浜町、鐵橋袂、西浜町電停前
JR長崎駅から路面電車西浜町下車すぐの中島川沿い
長崎奉行所西役所跡：長崎市江戸町、長崎県庁
JR長崎駅から路面電車大波止下車東へ徒歩2分
出島オランダ商館跡：長崎市出島町（出島資料館も近くにある）
JR長崎駅から路面電車築町下車西へ徒歩5分または長崎駅からバス出島下車
料亭花月：長崎市丸山町　JR長崎本線長崎駅から路面電車思案橋下車徒歩4分
グラバー邸跡：長崎市南山手町（グラバー園、大浦天主堂近く）
JR長崎駅から路面電車大浦天主堂下下車南西へ徒歩7分
長崎奉行所立山役所跡：長崎市立山1丁目、県立歴史文化博物館敷地（平成17年秋開館）
JR長崎駅から路面電車桜町下車北東へ徒歩6分
本蓮寺：長崎市筑後町（沢村惣之丞墓所）
JR長崎駅下車北東へ徒歩5分
聖福寺：長崎市玉園町（いろは丸事件談判所）
JR長崎駅から路面電車桜町下車北へ徒歩6分

小曽根乾堂家の墓地がある晧台寺三門●乾堂は長崎海軍伝習所時代の勝海舟と親しく、亀山社中や土佐海援隊のスポンサーでもあった

晧台寺の小曽根乾堂家墓地に並んで立つ近藤長次郎（左）と小曽根英四郎（右）墓●英四郎は乾堂の弟で、海援隊士でもあった。長次郎墓碑は龍馬の筆と伝わる

開き諸生に世話いたし」（寺田屋伊助宛）と書かれている。龍馬にとっては、神戸海軍操練所を継承し明日の日本を担う人材を養成する学びの場であったのだろう。

さて、その海援隊も龍馬の死後使命を終え、慶応四年（一八六八）閏四月に解散された。しかし、明治以降に活躍する多くの人材を生み育てたことで、亀山社中・海援隊はこれからも人びとの記憶に残り続けるだろう。幕末にあらわれた一つの団体が、近代日本の発展を「ウミヨリタスケ」たのである。

龍馬銅像

Column15

風頭山に立つ青年龍馬の姿

柴崎　賀広
長崎龍馬会

銅像は、長崎市伊良林にある亀山社中跡から五百メートルほど登ったところにある風頭公園内の小高い展望広場に立っている。

龍馬が活動拠点にした長崎に、龍馬像を建てようと有志が集まり、昭和六十二年に「龍馬の銅像建つうで会」（建てようの意）を結成。全国へ向けて募金活動を展開し、それに賛同した多くの人々や団体から寄せられた資金により、平成元年に建立したものである。

風頭山に建つ坂本龍馬銅像●昭和62年、有志が集まって結成された「龍馬の銅像建つうで会」が募金活動によって平成元年建立した。平成5年には、モニュメントとして初めて長崎市の「都市景観奨励賞」を受賞した

銅像制作は、長崎在住の山崎和國先生に依頼。先生は依頼を受けた後、約一年半をかけて、建立運動に寄せられた想いを見事な形に表し、青年龍馬像を完成させた。

そのポーズは、腕を組み、左足を一歩踏みだし、近代日本の夜明けを見つめている。

台座に取り付けた銘板には「この銅像は、未来を担う青少年達へのメッセージである」と記している。制作費は約一千万円。銅像の高さ三メートル。台座は、訪れた人が直接銅像に手で触れられる高さにしてある。

銅像建立後は、「龍馬の銅像建つうで会」改め「長崎龍馬会」が毎年定期的に銅像磨きや建立記念イベントなどを行っている。広場を訪れる市民や観光客も徐々に多くなり、銅像写真がいろいろな公共の刊行誌や企業広告等に利用されるようにもなった。また、平成五年には、モニュメントとしては初めて長崎市の「都市景観奨励賞」を受賞している。

同公園は、長崎の唄で有名な「ぶらぶら節」の歌詞にも「ハタ揚するなら金比羅、風頭山」と出てくる、長崎港を一望できる眺望の良いところで、桜の名所の一つでもある。近くには、龍馬や当時長崎を訪れた志士たちを撮った、我が国写真家の祖、上野彦馬の墓所もある。また、同じ広場内には、地元の「亀山社中ば活かす会」の活動により、平成十年に『竜馬がゆく』の著者、司馬遼太郎の文学碑も建てられ、今では、幕末維新の長崎を感じられる場所ともなっている。また麓は、近藤長次郎や小曽根英四郎の墓所がある寺町であり、そこから徒歩で登ることもできる。

銅像の建立場所については、募金活動中に一波乱あったのだが、広場で龍馬像とともに長崎港を眺めていると龍馬さんも大いに気に入っているように思えてくる。

しかし、維新回天に向けて忙しく出入りした長崎に立ち、今の日本や世界の情勢を見てどう感じているのだろうか。

「まだまだ日本の洗濯が足らんきに、おまんらがんばらんといかんぜよ」

と言っているように聞こえてならない。

グラバー

Column16

薩長同盟を成功させた幕末の武器商人

織田　毅
亀山社中ば活かす会

グラバー園に建つグラバー銅像／写真：長崎市観光宣伝課

長崎の代表的な観光地のひとつ、グラバー園。幕末から明治にかけて建てられた洋館の中で、ひときわ目立つのが「グラバー邸」だ。イギリス人貿易商であるトーマス・ブレイク・グラバーの住居として文久三年（一八六三）に建てられ、わが国最古の木造洋館として国の重要文化財に指定されている。

グラバーは、一八三八年にスコットランドのフレイザーバラに生まれ、安政六年（一八五九）、二十三歳のときに来日した。そして文久二年（一八六二）にグラバー商会を設立し、幕末動乱の時代を背景に多彩な活動を行い、貿易商として成功をおさめた。

グラバーの活動としてよく知られるのは、慶応元年、幕府に敵対していた長州藩のために武器・軍艦を販売したことだ。

その頃、龍馬は長崎に自らと同志のための結社（亀山社中）をつくり、薩長連合成立のため西郷・桂会談の周旋に奔走していた。だが、約束をやぶって西郷は会談の席に現れず、それに怒った長州側を説得するために龍馬は、長州側が提案した条件をうけいれた。それは、幕府に禁じられて武器を購入できない長州のために薩摩藩の名義を借りて社中がその購入にあたるというものだった。

グラバー邸／写真：上野正義

さっそく長崎に、長州の代表として伊藤俊輔・井上聞多が派遣された。これを迎えた亀山社中では長崎出張中の薩摩藩重役小松帯刀に両者を紹介し、長崎蔵屋敷に潜伏させた。そして井上は社中の上杉宋次郎（近藤長次郎）のすすめにより、薩長両藩の感情融和のため小松とともに薩摩本国にむかうこととなった。

薩摩にむかった井上と別行動をとった伊藤は、社中の高松太郎の周旋で、グラバーからミニエー銃四千三百挺・ゲベール銃三千挺を購入した。

その後、上杉の尽力により、艦船の購入にも成功した。この船は原名を「ユニオン号」といい、木製蒸気スクリュー型、二〇四トン、七〇馬力、一八五四年にイギリス・ロザーハイズで建造された船であった。長州藩に引き渡されてから、「乙丑丸」と改称されている（また、亀山社中は慶応二年（一八六六）に薩摩藩の名義で洋式帆船「ワィルウェフ号」を購入している。この船は薩摩への航海の途中、五島沖で嵐に遭い沈没している）。

グラバーがこれらの危険な取引を引き受けたのは、薩摩藩と関係が深かったことはもちろんだが、幕府の権力を怖れない彼の大胆な性格のせいだったと思われる。のちに彼は回想して、「徳川政府の叛逆人の中では、自分が最も大きな叛逆人だと思った」と語っている。

下関の龍馬

龍馬の足跡を歩く

清永　唯夫
郷土史家

伊藤邸を拠点に薩長同盟に奔走

功山寺●鎌倉期禅宗様式の仏殿は国宝。足利尊氏の祈願、大内義長の自刃、毛利元就の本陣、高杉晋作の決起など、常に歴史の舞台となってきた／写真：下関市観光課

文久二年（一八六二）に足を運んで以来、龍馬が再び下関を訪れたのは慶応元年（一八六五）の閏五月。一日に筑前黒崎から来関、五日に白石正一郎邸で土佐藩の土方楠左衛門（久元）と会談し、同藩中岡慎太郎の薩摩長州和解策に賛同、翌六日には長府藩士時田庄輔の仲介で来関中の桂小五郎と会見し、薩長和解について説得に努める。

高杉晋作決起の碑●元治元年12月15日、晋作は藩内の俗論党打倒のため功山寺に決起、たちまち藩内を制圧した／写真：下関市観光課

日和山に建つ高杉晋作の備前焼陶像／写真：下関市観光課

このとき長州藩は、文久三年（一八六三）八月十八日の政変、元治元年（一八六四）七月の禁門の変、さらには朝敵の汚名をきせられての第一次征長戦における三家老の自裁と、薩摩藩には煮え湯を飲まされ続け、「薩賊」と呼んで深い遺恨を持つ立場から、薩長和解はそう簡単に受け入れられるものではなかった。

しかし、元治元年十二月十五日の高杉晋作による功山寺決起によって武備恭順、討幕路線へと藩論が統一されたことから、幕府による再征の動きも見られ、長州藩としては武備の充実が急がれていた。ところが、長崎の英商グラバーから武器の購入を図ろうとしたところ幕府によって差し止めを食らう。そうした事情もあって、薩摩藩名義による武器の購入が可能になるという龍馬の提案に、桂もそれを受け入れ、龍馬とともに下関に留まって西郷の来関を待つことになった。

ところが、西郷を伴って来関する予定であった中岡慎太郎が、二十一日、西郷を伴うことなく単身で到着。西郷が下関に立ち寄らずに京都に直行したことを知り、桂は憤慨して両藩和解は蹉跌し山口へ引き上げていった。

このことがあって、龍馬は同月二十九日に中岡と同道して下関を出発、六月二十四

現在の前田砲台跡●国道9号線に面した高台で、石段を登ったところに「前田御茶屋台場跡」と刻まれた石碑が建つ

四ヶ国連合艦隊との戦いで占領された前田砲台●四ヶ国連合艦隊に同行したイギリスの写真家ピアトーが撮影／下関市立長府博物館蔵

白石正一郎邸跡●豪商志士として知られる白石正一郎の屋敷は諸国志士たちの活動拠点となり、高杉の奇兵隊結成もここで行われた／写真：下関市観光課

日、京都の薩摩屋敷に赴いて西郷に会い、下関上陸の違約を糾して薩摩藩名義による長州藩のための武器購入を要請、西郷もこれを了承する。その結果、八月十六日、亀山社中近藤長次郎の斡旋で伊藤俊輔（博文）、井上聞多（馨）の両人が長崎に行き、グラバーから新式小銃四千三百梃、小銃三千梃を購入することができ、薩摩藩船胡蝶丸で下関へと運んだ。また十月には、同じく薩摩藩名義により長州藩のための桜島丸（ユニオン号）を購入している。

一方、薩摩藩に対しては、長州藩による兵糧米買い入れ斡旋など、両藩和解への基礎固めを進めた龍馬は、十月二十一日、下関で再び桂と会談し、上京を勧告する。

こうした薩長和解の動きに高杉晋作がまったく無関係であったとは思えない。ただ、藩論の統一を果たしたあと高杉は、藩から洋行の許可を得て長崎まで行くものの、グラバーから下関開港こそ必要と説得されて洋行を断念、以後、下関開港に奔走。そのことにも関連して、支藩である長府藩領の下関を萩本藩の直轄地にという換地論がおこり、その首謀者と目された高杉は長府藩士に狙われたことから、四月に入って愛人おうのを伴って四国へ亡命。六月に桂の斡旋で帰藩、用所役国政方勤務を命ぜられて藩政に復帰したのが九月六日で、高杉は一時不在である。

そして、九月二十六日には桂とともに海軍興隆用掛を命じられている。高杉もまた龍馬に会い、薩長連合の促進に参画したと考えるのが妥当であろう。

薩長和解は隠密に進められていたことでもあり記録に残らないが、高杉が上海から持ち帰ったピストルを、護身用にと龍馬に贈っている事実がその一つの証である。

薩長同盟成立に至るまでのその後の経緯をたどると、慶応二年（一八六六）正月元旦、面識のあった長府藩士印藤聿《いんどうのぶる》を介して同藩の三吉慎蔵を紹介された龍馬は、年頭早々に三吉を同行して上京の途につき、新選組などの厳しい人別改めをかいくぐって、十九日に伏見の寺田屋に入る。

明けて二十日、薩長和解実現のためにすでに上京していた桂を訪ねるが、薩摩藩との間になんら進展を見ぬままに、「防長二国焦土となるも、薩摩が残って皇国のために尽くしてくれるであろう。薩長提携を長州

大久保一蔵と龍馬

Column17

龍馬が長州に届けた大久保一蔵の手紙

大久保利泰
（社）霞会館理事
大久保利通曾孫

平成九年（一九九七）のこと、復元咸臨丸の船上で「平成版薩長会談」が開かれた。これは山口県が開催した幕末近代史のイベントのひとつで、長州は毛利元敬氏、薩摩が私、仲を取り持った龍馬役は坂本龍馬記念館館長の小椋克己氏だった。これを機に、私にとって龍馬はとても親しみある存在となった。

と同時に気になりだしたのが、龍馬と大久保一蔵（利通）の接点がどのようなものであったのか、ということであった。しかしその答えはなかなか見つからなかった。史料がほとんどないようなのである。

あるとき「こんな史料がある」と、徳富蘆花が父一敬の談話を聞き書きしたものを教えて下さった方もいた。

「……坂本は白の琉球絣の単衣に鍔細の大小をさし、色の真黒い大男、で至ってゆったりと物言う人であった。衣服大小皆大久保の呉れたものとか云っていた。……」（蘆花全集第三巻『青山白雲』）

「呉れた」ということは「会っているはずだ」というのである。しかしこれは聞き書きであり、手紙も残っておらず、どうも決定づけるものにはならない。

さて、薩長同盟と龍馬のかかわりは幕末維新史のなかでも重要な事柄だけに、多くの説が伝わっている。

その前段階の話として、最近、佐々木克氏（京大名誉教授）が興味深い説を発表された。平成十六年七月二十五日に鹿児島市の黎明館で講演された「坂本龍馬と大久保利通……薩長盟約をめぐる新事実……」である。

それによると、龍馬は慶応元年九月末に鹿児島に帰る西郷とともに兵庫から船に乗り、十月三日上関から山口に入るが、そのとき大久保が西郷に宛てた有名な「……非義の勅命は勅命にあらず……」（慶応元年九月二十三日付）という手紙の写しを託され、長州藩に届けていたというのである。この手紙とは、

「……（長州藩の）追討の名義何れに有り之候哉、若し朝廷是を許し給い候ハゝ、非義の勅命にて、朝廷の大事を思う列藩一人も奉し候はず。至当の筋を得、天下万人御尤と奉存候てこそ勅命と可申し候得ば、非義の勅命は勅命に有らず候故、不可奉（承らない）所以に御座候。然れば只今にては、（朝敵になっているのは）防長二ヶ国に候処、右の通に列藩（が）名を不奉日に至っては、前后左右長州たらんときは、如何に御処置なさるべきや……」（佐々木克氏の読み下しによる）

という、第二次長州征伐に反対する薩摩の方針を表明したものである。これを長州の支藩であった岩国藩主吉川家が書き写し、記録していたものが『吉川経幹周旋記』の中に記載されているのを佐々木氏が発見されたのだ。

これは当然のことながら薩摩藩の最高機密に属することであり、託す方も、託される方も綿密な打ち合わせをしたに違いない。とすれば、龍馬と大久保が「直接会った」であろうことは十分に推測されることである。池内蔵太宛の龍馬の手紙（慶応元年十月三日付）には、このときの様子が書かれている。

「去月二十九日上関に薩ノ小蝶《(胡)》丸にて参りたり。然るに此度の用事は云々、先づ京師のヨフス《(様子)》は去月十五日将軍上洛、二十一日、一《(一橋)》、会《(会津)》、桑《(桑名)》、暴《(にわか)》に朝廷にせまり、追討の命をコフ。挙朝是にオソレユルス。諸藩さゝゆる者なし。唯薩独り論を立たり。其よしは将軍廿一日参内、其朝大久保《(利通)》尹君《(いんのみや、中川宮)》に論じ、同日二条殿《(関白二条斉敬)》に論じ、非義の勅下り候時は、薩は不レ奉と迄論じ上げたり。されども幕のコフ所にゆるせり。薩云々等朝に大典の破し事憤りて、兵を国より召上せ、既に京摂間に事あらんと。龍也《(や)》此度山口に行、帰りに必ず面会、事により上に御同じ可レ仕候かとも存候。何れ近日、先は早々頓首」（宮地佐一郎著『龍馬の手紙』講談社学術文庫より抜粋）

これによれば、龍馬は大久保の手紙を読んでいることがわかる。

歴史はプリズムのようなものでもある。新発見の史料によって輝き方が変わり、興味の尽きることがない。

側から先に切り出すことは士道の意地として出来難い。明日一同帰国する覚悟である」と、別れの盃を用意していた桂の心境を聞くに及び、龍馬は直ちに西郷に会い、桂の立場とその心境を訴えて、薩摩側の態度を改めるよう説得。ようやくにして翌二十一日、京都薩摩屋敷に西郷・大久保・小松の薩摩側と長州藩の桂が会して、抗幕のための軍事協定ともいうべき薩長同盟の密約が成立するに至ったのである。

この薩長同盟の実現が、やがて火ぶたを切る第二次征長戦（四境戦争）における長州藩の勝利、ひいては討幕の決定的な要因となったことはだれしもが認めるところであり、龍馬の最大の功績といえよう。

大役を果たして宿所の寺田屋に帰り、同宿の三吉慎蔵と語り合っていた二十三日深夜八ツ半（午前三時）、伏見奉行所配下の襲撃を受け、龍馬は高杉から贈られたピストルで、長府藩随一の宝蔵院流槍の名手三吉は得意な短槍で応戦。龍馬が手に傷を負うものの、二人はなんとか脱出し、三吉の働きで薩摩屋敷に逃げ込むことができた。

この寺田屋での遭難後、傷の療養を兼ねて妻お龍とともに鹿児島の温泉地を巡るなど、国事を離れた数か月を過ごした龍馬は、六月十五日に、長州藩のために購入した桜島丸（長州藩では乙丑丸と改名）で長崎を出航し、十六日に下関に到着。翌十七日に戦端が開かれた第二次征長戦小倉口の戦いに加勢。海軍総督高杉晋作の指揮する小倉藩領門司・田野浦攻撃への渡海戦を援護。また海戦図を作成するなど、幕府の崩壊を一気に早めたこの戦いに、龍馬もまた確たる足跡を残しているのである。

本陣伊藤家跡●屋敷跡は現在駐車場になっているが、その一角に築地と井戸が残っており、「本陣伊藤家跡」の石碑が建っている／写真：清永唯夫

こうして迎えた慶応三年（一八六七）、長府藩了承のもとに、年頭から下関の大年寄で本陣も努める伊藤家（阿弥陀寺町）に居住し、二月十日には長崎からお龍も迎え、一室に「自然堂」の看板を掲げて活動の拠点とした。

伊藤家は、九州諸大名の本陣となり、またオランダ商館長江戸参府の宿も務めた名家で、先代静斎は吉田松陰と親交があり、これを継いだ九三（助太夫）もお龍を預かって二人の生活を支援したばかりでなく、龍馬に多額な資金を用立てるなど、竹崎町の白石家同様、長州維新史の裏方を務めている。

龍馬にとっての最後の年慶応三年も、大洲藩から借用した「いろは丸」沈没事故による紀州藩との賠償金交渉、海援隊隊長としての責務など多難な年であったが、機会あるごとにお龍の待つ下関に立ち寄っており、有名な「船中八策」も、六月十日に下関を出航し兵庫に向かう船中で起草したものであった。

維新の舞台になった下関は、また北前船の寄港地で、稲荷町（現 赤間町）など全国に知られた華町のあるにぎわいの町であり、若き志士たちが高揚した気分の中で遊び歩きもした。龍馬も一夜遊んで朝帰りとなり、お龍の機嫌を損ねたという逸話を残している。このころの龍馬の書簡には、「下関に行く」ではなく「下関に帰る」の文言が見られる。そして十一月十五日夜の京都近江屋における非業の死となるが、お龍はこの悲報を下関の伊藤家で三吉慎蔵から聞くことになる。

　龍馬の三十三年の生涯において歴史の舞台に足跡を残すのは最後の五年間といわれるが、特に終わりの三年間は下関を舞台としての活躍であり、それだけに下関市長府博物館には、「新政府綱領八策」や愛用の亀山焼飯碗・湯呑などゆかりの品が数多く所蔵されており、平成十五年八月には、海峡に面した“あるかぽーと”の一角に、高杉晋作と坂本龍馬の友情と志を顕彰する「青春交響の塔」が建立され、明治維新発祥の地を謳う下関市の新たなシンボルとなっている。

龍馬愛用の亀山焼飯碗と湯呑●龍馬が親交のあった長府藩士印藤聿（後の豊永長吉）に記念として贈った／下関市立長府博物館蔵

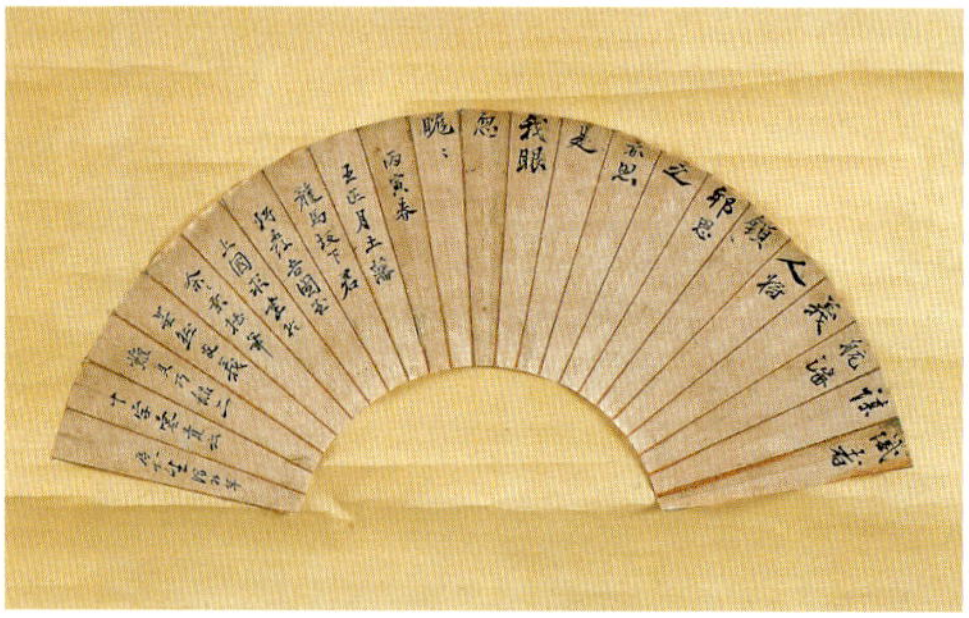
京都での薩長同盟周旋にあたり高杉晋作がピストルとともに龍馬に贈った扇面●慶応2年、同盟成立後の1月23日、伏見の寺田屋で幕吏に襲われた際、龍馬はそのピストルで応戦し助かった／伊藤根光氏蔵、写真：下関市立長府博物館

府の旧跡

長府毛利邸：下関市長府惣社町
功山寺：下関市長府川端町（五卿滞在の地、高杉晋作決起の地）
下関市立長府博物館：下関市長府川端町（龍馬の遺品などを展示）
電話0832-45-0555　開館9～17時、月曜日休館
以上　JR山陽本線長府駅から下関行バス城下町長府下車西へ徒歩7分

青春交響の塔●坂本龍馬・高杉晋作の志と交友を顕彰し平成15年8月建立された

伝狩野晴皐画・下関絵図●江戸中期の赤間関（下関）を描いたもので、極楽寺、阿弥陀寺（現･赤間神宮）に続いて大年寄伊藤家の宏壮な屋敷が広がっている。伊藤家は九州諸大名の参勤交代時における本陣を務め、オランダ商館長の東上（江戸参府）時の宿所にもなっており、シーボルトの『江戸参府紀行』などの中にも登場する。さらに幕末期、静斎が当主の代には吉田松陰と親交があり、松陰は九州遊学の途次に宿所とした。次いで九三（助太夫）の代は坂本龍馬を物心両面にわたって支援、龍馬は妻お龍を伴い、伊藤家を活動の拠点とした。また、維新後の明治5年、明治天皇西国巡幸の際には行在所となっている／部分、伊藤根光氏蔵、写真：下関市立長府博物館

前田砲台跡：下関市前田町
（四国連合艦隊が占領した長州藩砲台）
JR下関駅から長府行バス前田下車徒歩3分

壇ノ浦砲台跡：下関市みもすそ川町
（四国連合艦隊が破壊した長州藩砲台。近くのみもすそ公園に、フランス艦隊が捕獲し返還された長州藩大砲のレプリカが海峡に向けて置かれる）
JR下関駅から長府行バスみもすそ川下車

火の山：下関市みもすそ川町
（下関海峡の眺望台。龍馬が小倉口海戦を観戦、イラスト入りの手紙を残す）
JR下関駅から火の山山頂行バス終点下車
（火の山ロープウエイは平成17年3月31日まで運休中）

伊藤助太夫本陣跡：下関市阿弥陀寺町
JR下関駅から長府行バス赤間神宮下車徒歩1分

青春交響の塔：下関市アルカポート
JR下関駅から唐戸方面行バス西南部下車徒歩1分

白石正一郎邸跡：下関市竹崎町
JR下関駅下車東北へ徒歩4分

桜山神社：下関市上新地町
JR下関駅から北浦線バス厚生病院前下車徒歩4分

伏見の龍馬

龍馬の足跡を歩く

南條　良夫
竜馬通り商店街
振興組合

西郷伊三郎の変名で寺田屋を活動拠点に

寺田屋前の壕川に復活した三十石船●三十石船は伏見と大坂天満橋の間を結ぶ淀川の定期船で、1日2便が往復していた。龍馬も何度となくこの船に乗っている。平成16年から、復元された三十石船が寺田屋前より伏見城の外堀である濠川や伏見港跡を周遊している（運行は期間限定）／写真：南條良平

江戸時代の伏見は、酒どころとしてよく知られていたが、大坂と京都を結ぶ水上交通の要衝でもあった。大坂天満橋から伏見濠川まで三十石船という定期船が淀川を結んでいたのである。この伏見濠川の船着場にあった船宿の一軒が龍馬遭難で有名な寺田屋で、当時薩摩藩の定宿になっていた。

龍馬は慶応元年（一八六五）ごろから、伏見ではこの寺田屋ともう一軒野田屋という宿を定宿にしていた。同年九月に姉乙女に出した手紙には、この二軒の宿が「ちょうど私がお国（高知）ニて安田順蔵さんのうち（安田村高松順蔵邸）におるよふなここちにており候事ニ候て、又あちら（寺田屋お登勢のこと）よりもおおいにかわいがりくれ候……」と、気安く、落ち着いておれる場所であることを語っている。

寺田屋が有名になったのは、文久二年（一八六二）四月二十三日に起きた寺田屋事件からである。寺田屋事件というのは、攘夷運動で沸き立つ京都に薩摩藩主島津久光が率兵上京したのを機会に、討幕挙兵しようとする尊王攘夷派志士たちの寺田屋での会合に久光が鎮撫使を送り、有馬新七、田中顕助ら九人の尊王攘夷派の薩摩藩士が上意討ちされた事件である。

当時、島津久光の率兵上京は、その前年秋からうわさされ、桜田門外の変以降の政局を大きく左右すると見られており、倒幕をめざす尊王攘夷派志士たちの期待を込めてたいへん注視されていた。龍馬も武市半平太の使いで長州の久坂玄瑞を訪れる途中の文久元年（一八六一）十一月十一日、大坂の土佐藩住吉陣屋に同志望月清平を訪ね、久光上京の動向について情報を伝えている。

土佐では龍馬とともに脱藩した沢村惣之丞や、吉村虎太郎、那須信吾などのように、この討幕運動に参加するために脱藩した者も多い。しかし龍馬はこの時期、ひとり、久光が留守の薩摩に入国しようとしており、事件とは関わりをもたなかった。

では、龍馬が寺田屋や野田屋に止宿するようになったのはいつからのことなのか。

じつはこれがよくわかっていない。現在知られるお龍の証言によれば、龍馬が寺田屋に接触したのは元治元年（一八六四）八月初めのことである。

同年六月五日の池田屋騒動のときに、龍馬ら土佐脱藩浪士らの京都でのアジトになっていた「大仏の家」（京都の方広寺大仏殿近くにあった）が、新選組に急襲され、使う

竜馬通り

Column18

現代の海援隊士の応援で、京都一の元気な街に

南條　良夫
竜馬通り商店街振興組合

坂本龍馬の名を冠した商店街が、伏見にある。伏見といえばご存じの通り、かつては京都と大坂を淀川で結んだ水上交通の要衝の地であり、京都盆地の伏流水が生み出した酒造りの街でもある。そしてなにより坂本龍馬の定宿・寺田屋のある街であり、鳥羽・伏見の戦いという戊辰戦争勃発の地でもある。

この伏見に平成六年（一九九四）生まれたのが「竜馬通り商店街」。大型店の進出などで全国的に斜陽化を強いられる商店街の活性化のために、近代的な経済感覚を備えた経済人の大先輩である坂本龍馬にあやかって、あえて商店街の名に龍馬の名前を冠したのである。

まず行った事業は、五年計画で店を町家風に一新したこと。何か懐かしくて暖かい、今にも龍馬が店の中から出てきそうな幕末のロマン漂う町並みが生まれた。

しかし問題は外観だけでなく、あくまで商店街活動の中身。そこで振興組合では次の五年計画でもっぱらソフト事業の立ち上げに集中することにした。そのキーワードは「坂本龍馬」。

龍馬ならどう考えるだろう、龍馬ならどうしたか。そう自問自答しながら計画案を練っていったのである。

活気溢れる商店街になった竜馬通り／写真：南條良平

龍馬祭での同志社大学人力車部とお龍役の龍谷大生／写真：南條良平

そこに現れたのが、四十数名の地元龍谷大学経済学部伊達ゼミナールの学生たちであった。商店街活動に強い関心を持ち、実地演習の場を求めていたゼミ生たちは、「規模は小さくてもいま京都で一番熱く元気ある竜馬通り商店街こそ研究対象として最適」と調査活動はもとより事業計画にも参画するようになった。

大学に集まる新しい知識と柔軟な発想をもつ学生たちは、それまでの商店街にはない新しいノウハウと顧客をもたらした。たとえば、商店街に無線公衆インターネットを設置し、ノート形パソコン持参者にインターネット情報の送受信を無料で提供したり、ゼミ生有志が資金を出し合って「たまり場」というチャレンジショップを経営するなどの新しい試みで、いままでと違った客層を掘り起こしたのである。

そしてこうした試みはいまも新たな発想による企画が次々と生まれようとしている。

いま「竜馬通り商店街」は古い佇まいの中で、最も新しい取り組みを展開する商店街となった。そしてその原動力は四十数名の学生たちの熱い思いと若さ溢れる行動である。これこそがまさに現代の「坂本龍馬」と「海援隊士」といえるのではないだろうか。

ことができなくなった。「大仏の家」には、夫楢崎将作の死で窮乏していたお龍の母や妹が龍馬の斡旋で雇われていたが、この事件で再び路頭に迷うことになったのである。

池田屋騒動のとき、龍馬は蝦夷開拓の夢を乗せて江戸に向かっており、事件を知るのはだいぶ後になってからだったが、七月二十八日に江戸から神戸に戻った龍馬は、八月三日に薩摩藩士吉井幸輔と京都に入り、お龍を寺田屋に預けたり、のちに菅野覚兵衛と結婚するお龍の妹君枝を神戸海軍操練所に預けるなど楢崎一家の救済に取り組んでいる。あるいはこのとき、吉井に薩摩藩の定宿であった寺田屋を紹介され、たちまち女将のお登勢と意気投合したのだろうか。

慶応元年（一八六五）閏五月二十九日、下関での桂小五郎との会見をすっぽかして上京した西郷隆盛を追い、中岡慎太郎とともに京都に登った龍馬は、六月二十九日に京都の薩摩藩二本松屋敷で西郷に会い、それ以来薩長同盟のための下工作をするが、九月二十四日に長州での準備のために大坂を出るまで、西郷伊三郎の変名を用いて、寺田屋や野田屋を定宿にしていたらしい。もちろん寺田屋には、お龍が春という名での手伝いをしていたから、事実上の同棲生活をおくっていたのだろう。この間の九月九日に龍馬は姉乙女やおやべにお龍を紹介

寺田屋●薩長同盟を無事成立させ、龍馬が寺田屋に戻ってきたのは慶応2年1月23日の深夜、午前3時ごろであった。風呂を使い、2階の部屋で三吉慎蔵と話し込んでいた。この時間襲われたということは、伏見奉行所があらかじめ探索方を張り巡らせて龍馬の行動を逐一確認し、龍馬捕縛のために入念な準備が行われていたことがうかがわれる。しかしこの時、幕吏がどういう容疑で龍馬を追っていたのか、はっきりしたことはわからない。が、龍馬が下関から京都に上京するにあたって、高杉晋作から自衛のためのピストルを贈られたり、入京にあたり三吉らとともに薩摩藩士として鑑札を受け取っていることなど、かなり危険な状況であったことは間違いない。それにしても、護衛のための三吉を宿舎に残して京に行くのは、そうした危険な状況の中では考えにくい。龍馬の豪放磊落な性格がそうさせたのだろうか？　そしてその性格が、のちに近江屋での遭難を招くことになる

する手紙を送っている。

　そして、龍馬が再び寺田屋に姿を見せるのは翌慶応二年一月十九日のことである。京都の薩摩藩邸（二本松屋敷）での薩長会談に参加するためで、このとき、長府藩が付けてくれた護衛の三吉慎蔵と亀山社中のメンバーである新宮馬之助、池内蔵太が同行していた。三吉一人を寺田屋に残した龍馬らは翌二十日京都に向かう。そして二十一日（二十二日ともいう）には薩長同盟成立。二十三日深夜（二十四日早朝）寺田屋に戻った龍馬が、薩長同盟の成果を三吉に話しているとき、伏見奉行配下の幕吏に襲われた事件は第三章に詳しいが、寺田屋の裏小路に逃げた龍馬と三吉慎蔵は、民家を突き破って現在の竜馬通りに出て北上、油掛地蔵に隠れて追っ手をやり過ごしたあと、濠川沿いの材木置場に潜んだという。

　吉井幸輔が率いる薩摩藩一小隊に守られ濠川から船で薩摩藩伏見屋敷に入った龍馬は、お龍との結婚を表明、二月一日には薩摩藩京都屋敷に入り、三月五日にはお龍とともに薩摩藩船三邦丸で薩摩へ向かい、新婚旅行と洒落込むことになる。

　その後も龍馬はお登勢やその夫利助とは慶応元年（一八六五）十一月から同三年八月まで手紙のやり取りをしており、親交は続いたのである。

©昭文社

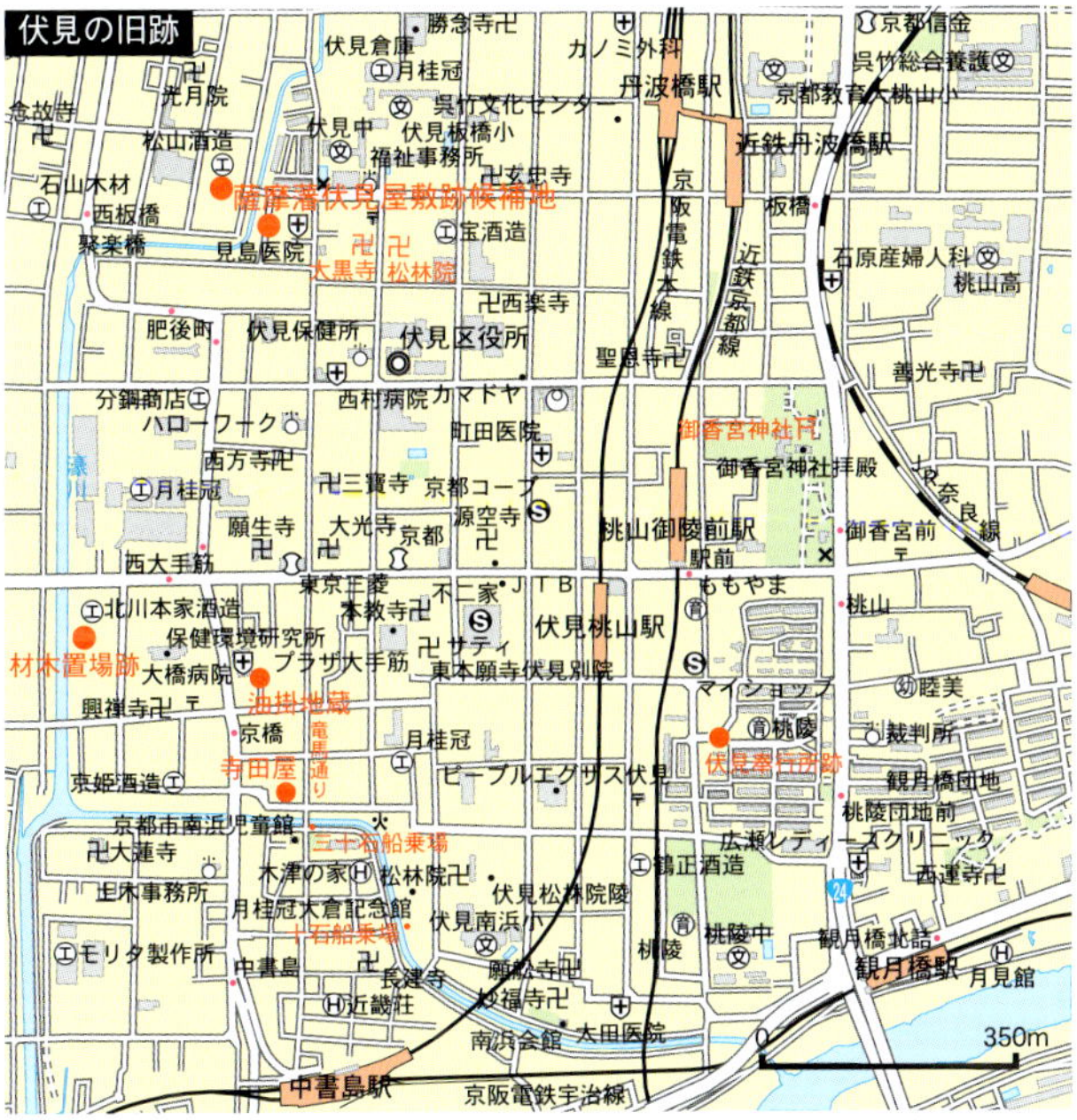

寺田屋：京都市伏見区南浜町（宿泊不可、見学料400円、午前10時～午後5時）
竜馬通り：京都市伏見区南浜町、車町、塩屋町、中油掛町（寺田屋から龍馬が逃走した通り）
三十石船乗船場：京都市伏見区東柳町、寺田屋浜（1日6便、大人800円、土日祝のみ）
十石船乗船場：京都市伏見区本材木町、月桂冠大倉記念館裏（1日18便、大人800円、月休）
　以上　京阪電鉄本線中書島駅から北へ徒歩3～5分（運行月問い合わせ075-623-1360）
油掛地蔵：京都市伏見区下油掛町（龍馬らが一時潜伏した地）
材木置場跡：京都市伏見区村上町、逆川造船敷地（龍馬潜伏の地）
　以上　京阪電鉄本線伏見桃山駅、近鉄奈良線桃山御陵駅から西へ徒歩8～10分
伏見奉行所跡：京都市伏見区奉行町、市営桃陵団地内
　京阪電鉄本線伏見桃山駅、近鉄奈良線桃山御陵駅から徒歩3～5分
御香宮：京都市伏見区御香宮門前町（鳥羽・伏見の戦いで薩摩軍の屯所になった古社）
　京阪電鉄本線伏見桃山駅、近鉄奈良線桃山御陵駅から東へ徒歩3～5分
大黒寺：京都市伏見区鷹匠町（寺田屋事件で討たれた薩摩藩9烈士の墓所）
松林院：京都市伏見区鷹匠町（お登勢墓）
薩摩藩伏見屋敷跡：京都市伏見区御駕籠町または東堺町、伏見中学校南西または西
　以上　京阪電鉄本線・近鉄京都線丹波橋駅から西へ徒歩5～7分

伏見奉行所跡●龍馬捕縛のために寺田屋に出動した当時の奉行は上総（千葉県）請西藩主・林忠交で、京都守護職の指揮下にあった。鳥羽伏見の戦いではここに会津兵や新選組が立て籠った

薩摩藩伏見屋敷跡●お龍と三吉慎蔵が龍馬の救出を求めて駆け込んだ伏見屋敷は2か所に候補地があり、いずれも濠川沿い。写真は御駕籠町の候補地で対岸の酒造会社がもう1か所の候補地

油掛地蔵●寺田屋から脱出した龍馬と三吉慎蔵は寺田屋の裏小路から民家を突き破って現在の竜馬通りに出て北上。薩摩屋敷に向かう追っ手をやり過ごすためにここに潜んだのち、濠川沿いの材木置場に向かったという

松林院にある
お登勢の墓

霧島の龍馬

龍馬の足跡を歩く

住吉重太郎
薩摩龍馬会顧問

お龍との新婚旅行で龍馬最大の至福

慶応二年（一八六六）一月二十二日、薩長盟約を成立させた坂本龍馬は、その翌日寺田屋で遭難、手傷を負いながら伏見の薩摩藩邸に逃げ込み、傷の手当を受けているときに、西郷に薩摩での温泉療養を薦められた。

龍馬は討幕準備に帰国する西郷、小松、吉井等に同道し、三月十日に薩摩入りを果たした。お龍は大きな目を丸くして、

「山が煙を噴き出しているやおへんか」

とおおはしゃぎ！

小松別荘に世話になった二人は、その後霧島温泉湯治に向かう小松家老に同行して、三月十六日昼過ぎに錦江湾奥の浜之市港に着いた。

家老と別れ、吉井幸輔に案内されて今夜泊まる日当山温泉の湯けむりに迎えられ西郷どんの宿に着いた。

待望の天然温泉に浸り、くつろぎながら京都からの疲れを癒し、西郷、小松の粋な計らいに「薩摩に来て本当に良かった。おれたちゃ日本最初の新婚旅行をしているんだ」と自慢する。初めての湯宿で一夜を過ごし、朝湯を浴びた三月十七日いよいよ傷に効くという塩浸《しおひたし》温泉へ出発。姫城の湯けむりをくぐり急坂を越えて、西方に桜島、東方には霧島連山が見える稼原台地にたどり着いた。ここを下り犬飼滝へと流れる川辺に沿って進み、和気清麻呂公を祀った和気神社を経て雑木の生い茂る山道を抜け、願望の塩浸温泉に着いた。

岩盤の切り立つ絶壁が渓流を挟むように迫る川のほとりに温泉が湧き出ているこの温泉は、傷ついた鶴が飛来したことから鶴の湯と呼ばれ、親しまれた温泉でもあった。

切り傷や皮膚病に良く効く温泉で山の不便な所でも湯治客は多かった。

塩浸温泉の龍馬公園に立つ龍馬・お龍の像／写真：住吉重太郎

現在も残る露天風呂への石階段／写真：住吉重太郎

高千穂の峰をはるかに望む浜之市港／写真：住吉重太郎

滝裏の岩穴から「インケン滝」を見る●龍馬もこうして滝を透かして午後の太陽を眺めたのだろう／写真：住吉重太郎

　龍馬とお龍さんは毎日温泉三昧。渓流で小魚を釣り、生涯でもっとも楽しい幸せな日々を過ごして龍馬の手の傷も日増しに良くなり、三日間があっという間に過ぎてしまった。温泉場で知り合った人の案内で滝を見に出かけ、途中津川のほとりにこんこんと湧き出て和気清麻呂公が入浴したという温泉を過ぎると滝が見えてきた。滝の天上には霊峰高千穂の峰がみごとに重なり聳えたっている。

「和気清麻呂がいおりおむすびし所蔭見の滝、其滝の布ハ五十間も落て、中程にハ少しもさわりなし実此世の外かとおもわれ候ほどのめづらしき所ナリ。此所に十日計も止りあそび、谷川の流れにてうお、つり、短筒《ピストヲル》をもちて鳥をうちなど、まことにおもしろかりし」(手紙原文のまま)

　龍馬は滝壺の淵の岩を乗り越え滝裏の大きな穴に這入り込み（高さ約三メートル、広さ約三十畳）午後の太陽が岩穴の中から、滝越しにキラキラと光り輝く様を見て、「実此の世の外かとおもわれ候」と書き、また龍馬が方言で聞いたインケン滝を蔭見の滝と書き送っている（犬飼滝のこと）。

　湯治しながら過ごした、幸せな新婚の日々、龍馬の手の傷も良くなり十日過ぎの三月二十八日、吉井幸輔が霧島の栄乃尾温泉で湯治中の小松家老の見舞いに行こうと誘いに来た。

　午後遅く霧島に到達してさっそく家老の見舞いに行き、帰りには小松家老より長崎の名物カステラを貰い、その晩は近くの硫黄谷温泉霧島館に泊まった。

　翌朝、朝湯を浴びてから遂に高千穂登山の決行である。険しい山の登山で何回もわらじを履き替えながら登った。右下はすり鉢のように丸くて深い火口、左端は急な斜面の崖で馬の背のような道を通り、途中の平地で小松家老より貰ったカステラを食べ元気を取り戻し、再び急坂を登り一五七四メートルの峰に登り着く。頂上に立てられた天の逆鉾のおかしな天狗の顔つきに大笑いした。

　姉乙女あての手紙で龍馬は、

「此サカホコハ少シうごかして見たれバよくうごくものなり△あまりにも両方へはなが高く候まゝ両人が両方よりはなおさへてエイヤと引ぬき候時ハわずか四五尺斗のものニて候間又〻本の通りおさめたり」（原文のまま）

　と書き送っている。霧島つつじがきれいに咲いた山を下り、高千穂河原でひと休みして霧島神宮にたどり着いた。

庭には樹齢八百年といわれる大きな杉があり、荘厳な雰囲気の宮で、この宮は隣りの華林寺のお坊さんが守っていた。龍馬たちはその日は華林寺に泊まり、翌日硫黄谷温泉に帰ると吉井幸輔が待っていた。ゆっくりと温泉に浸って登山の疲れを癒した二人は登山の自慢話をしながら遅くまでイモ焼酎を飲んだ。

四月一日、曇り空を気にしながら霧島を発ちまた塩浸温泉へ帰り、不順な天候の一週間を湯治に専念した二人は、すっかり体調を整えて晴天の四月八日の昼過ぎに日当山温泉に戻り着いた。

翌日も早朝に温泉を浴び、爽快な気分で八幡宮（鹿児島神宮）に行くと、昨日小松家老も参詣した事を聞いた。

高千穂峰と天の逆鉾●標高1574mの活火山で、霧島火山群の中でも秀麗な姿がひときわ目立つ。記紀が天孫降臨の地と伝え、頂上に「天の逆鉾」と呼ぶ岩峰があり、そこに龍馬が抜いた逆鉾が立てられている。もっとも現在の逆鉾は龍馬の時代のものとは異なる／写真：住吉重太郎

龍馬は「神社の梯子詣でだ」といいながら、近くの石體神社に詣でた。

その時お龍が「私も岩田帯を巻いてここにお参りに来て小石を一個頂きたい」と言い出した。訳を聞くと、途中で会った妊婦から「この神社に安産祈願に来て小石を一個頂いて帰り、安産の後お礼参りに小石二個をお返しする習慣がある」という話を聞いたらしい。

十日の昼までのんびりと温泉を浴び、日記を書いたり、姉乙女さんへの手紙の下書きをした。

二十五日間の温泉地めぐりも終わり、その日は浜之市港に泊まり、取立ての太刀魚やカマスを肴に風味のある甕壺のイモ焼酎を柄杓に酌んで貰い、船待ちの一夜を過ごした（龍馬日記による）。

翌十一日遥かに見える霧島山に見送られて浜之市の港を出港。

その日に前之浜（鹿児島）の港に帰り着いた。それから長崎行きの船待ちで約一か月間薩摩であちこち見学し、有意義な時を過ごした。慶応二年（一八六六）六月一日、「乙丑丸」で一路長崎へ向かった。長崎に上陸した龍馬とお龍は小曾根邸にしばらく滞在し、お龍は月琴を習ったりした。

龍馬最後の薩摩入り

六月二十八日、薩摩藩の五代友厚の世話で亀山社中で「いろは丸」を借り入れて龍馬は

下関や鹿児島に行き、八月十五日長崎に帰港した。

高千穂の峰に登山し、犬飼滝の滝裏の岩穴に這入り、太陽を滝越しに覗くなど龍馬の行動力には驚くばかりである。龍馬は自分を守るという欲望もなく、常に純粋に正しい判断をし、無私無欲の精神で活動した生涯であった。

人間の生活は欲望の持続であり、それは常に動いていて、欲望と幸福は紙一重である。人は病気になれば貧欲すら忘れてしまい、健康になればまた我欲が芽生える。

個々の人間が利己主張すれば良い社会が成り立つはずがないし、良い社会が実現しなければ人はみな幸福になれない。

どこからか「たんとしーや！」と龍馬の声が聞こえてくるようだ。

霧島神宮●天孫降臨から神武天皇にいたる日向神話の神々を祀る古社。元は高千穂峰の西山腹にある高千穂河原にあったが噴火で焼失、文明16年（1484）島津忠昌が現在地に社殿を遷し建立した。現在の社殿は正徳5年（1715）島津吉貴が建立。龍馬らが泊まった華林寺は別当寺だったが、明治の神仏分離令で廃寺になった／写真：住吉重太郎

石體神社●鹿児島神宮のすぐ隣にある摂社で、安産の神様とされ、神社から小石を戴いて腹巻に巻いておくと安産になるという。産後、お礼に小石を二つ神社に奉納するのが習わし／写真：住吉重太郎

浜之市港：鹿児島県姶良郡隼人町浜之市
JR日豊本線隼人駅から林田バス浜ノ市経由西鹿児島方面行バス浜ノ市下車南へ徒歩1分
日当山温泉：鹿児島県姶良郡隼人町日当山
JR肥薩線日当山駅下車東へ徒歩5分
塩浸温泉：鹿児島県姶良郡牧園町宿窪田、「福祉の里」（入浴料町外者150円、電話0995-76-0007）
JR日豊本線国分駅から林田バス牧園麓経由霧島いわさきホテル行30分、塩浸温泉下車すぐ
硫黄谷温泉：鹿児島県姶良郡牧園町高千穂、霧島ホテル（入浴料1000円、電話0995-78-2121）
JR日豊本線霧島神宮駅から林田バス霧島いわさきホテル行35分、硫黄谷下車徒歩3分
栄之尾温泉：鹿児島県姶良郡牧園町高千穂　林田バス霧島いわさきホテル行終点下車徒歩10分
高千穂峰：宮崎県諸県郡高原町
JR日豊本線霧島神宮駅からタクシーで15分高千穂河原下車徒歩約1時間30分
霧島神宮：鹿児島県姶良郡霧島町田口
JR日豊本線霧島神宮駅から林田バス霧島いわさきホテル行15分、霧島神宮前下車徒歩5分
鹿児島神宮・石體神社：鹿児島県姶良郡隼人町神宮
JR日豊本線隼人駅下車西へ徒歩15分

宮川　禎一
京都国立博物館
主任研究官

長同盟から大政奉還への大舞台

池田屋古写真●池田屋は三条小橋のわきにある長州藩定宿。元治元年6月5日、ここに集まった尊王攘夷派志士約20名が密会中新選組に襲われる池田屋騒動がおこり、勝海舟の神戸海軍塾の塾生であった望月亀弥太や、蝦夷開拓計画を立てていた龍馬がその中心人物として考えていた北添佶磨が斬殺され、このため蝦夷開拓計画は断念、神戸海軍操練所も閉鎖に追い込まれる結果となった。また、新選組は池田屋襲撃と同時に、土佐藩出身浪士たちのアジトであった「大仏の宿舎」の捜索も行っており、現場にいたおりょうの母も一時新選組に逮捕されたという。「大仏の宿舎」はそれ以降閉鎖されたらしく、8月に入って龍馬は失職した楢崎一家のためにおりょうを寺田屋に預けるなどの救済策を講じている

池田屋跡に建つ池田屋騒動の石碑

幕末期に政治的首都となり、さまざまな事件や争乱の舞台となった京の街。坂本龍馬が周旋活動に走り回り、終焉の地ともなった京都には彼の活動の足跡が数多い。そのあとを訪ねてみよう。

土佐藩を出奔する以前、嘉永六年から安政年間にかけて龍馬は二度の江戸での剣術修行を行った。その往還の途中に京都へ立ち寄ることがあっただろう。しかしながらそれを示す具体的史料には乏しい。

文久二年三月の脱藩の後、龍馬は江戸で幕臣勝海舟の弟子となり、文久三年から元治元年にかけて勝海舟の主導する神戸海軍操練所の開設と訓練に明け暮れていた。その合間に勤王と佐幕の拮抗する京都にも訪れることがあったらしい。その確実なものは文久三年春三月に藩命で土佐から上京した兄の坂本権平と京都で再会したことである。再会場所は河原町の土佐藩邸あるいはその近くのことであったろう。

土佐脱藩の罪を免ぜられ、神戸海軍操練所での修行を藩から許されたばかりの龍馬だが、この文久三年三月の兄権平との再会にはその経緯の報告と兄から修行の許可を得るという目的があったらしい。その修行の「おゆるし」が兄からも出て龍馬はとても嬉しかったのであろう、「国のため天下のためちからをつくしおり申候。どふぞおん

よろこびねがいあげ。かしこ」と手紙に記している。

兄弟再会のこの席でさらに坂本家の後継者問題も話し合われた。兄の権平は海軍修行の許可と引き換えに「十年後には土佐に帰って坂本家を継ぐこと」を龍馬に承諾させたらしい。その結果「私年四十歳まではうちにはかえらんようにする」（四十歳になれば土佐に帰って坂本家を継ぐ）と三月二十日付の乙女宛の手紙（京都国立博物館蔵・重文）に書くことになったのだ。しかしながらこの問題は龍馬が後継ぎとなることを嫌がったために、結局は権平の娘春猪に婿養子をとることになったのである。

さて龍馬とおりょう（龍）の出会いについて述べておこう。おりょうは京都三条柳馬場下ルの医師楢崎将作の長女であった。慶応元年九月九日の乙女・おやべ宛の龍馬の手紙（京都国立博物館蔵・重文）によれば「御国（土佐）より出候もの此家にて大いに世話になり」とある。その関係もあってこの文久三年から元治元年頃、土佐藩出身の志士らの「大仏辺」の宿舎で楢崎龍とその母親がその賄をおこなっていたらしい。龍馬と尊攘派の土佐藩志士らは関係が深いので龍馬はその宿舎を訪ねた折におりょうと出会うことになったのであろう。

「大仏辺」の大仏とは東山七条に豊臣氏が建立した方広寺の大仏のことであり、現在京都国立博物館のあるあたりのことである。方広寺は江戸時代前期の洛中洛外図にも描かれた巨大な大仏殿を持つ建物であったが、寛政年間に雷火で焼失した。龍馬らが活躍した幕末期には半身のみの大仏が残るまでに縮小し、境内には人家が建ち始めていた。そのような人家あるいは僧房にその宿舎があったのであろう。そこは龍馬おりょう出会いの地として龍馬史跡のひとつに加えられるのではないだろうか。

方広寺大仏殿跡●方広寺は豊臣秀吉・秀頼が建立した大寺院で、「国家安康」の鐘の銘が豊臣家滅亡のきっかけになったことで知られる。写真中央が大仏座跡。土佐藩出身志士のアジト「大仏の宿舎」はこの方広寺周辺にあった

東奔西走の日々

文久三年頃、龍馬が家族への手紙で盛んに自慢し、希望を抱いて活動に参加していた神戸の海軍操練所ではあったが、その訓練生の中から幕府に疎まれ、禁門の変の参加者を出したりしたことから幕府に疎まれ、元治元年の暮には事実上の閉鎖となった。寄る辺を失った龍馬と同志は翌慶応元年には薩摩藩を頼り、鹿児島・長崎へと移動し、のちの海援隊の基礎となる亀山社中のたちあげに務めていた。ちなみにこの元治元年から慶応元年の前半にかけての龍馬の手紙はほとんど現存していない。池田屋騒動から禁門の変へという激動の時勢の中、長州や尊攘派の衰退と海軍操練所の閉鎖廃止という、挫折を味わったこの時期、家族などへ手紙を書くことも滞りがちだったのであろう。

龍馬は慶応元年の後半には薩長同盟締結の準備のために長州と京都の間をたびたび行き来することになる。

慶応元年九月九日には定宿としていた伏見の寺田屋から土佐へむけていくつかの手紙を書いている。姉の乙女や池内蔵太の家族へ出したそれらの手紙には寺田屋のことや恋人おりょうのこと、弟分である池内蔵太の動静などが長々と綴られている。しかしながらこの時期に龍馬が京都でいったい何を行なっていたのか、それは全く書かれていない。家族にも知らせることのできない事だったのだ。だがこの時期の京都での活動はのちの日本史を動かすことになる。

この慶応元年九月九日付の手紙では「先日も京にてはぎおん新地と申すところへまいり候」(池内蔵太家族宛書簡)と書いている。忙しく各地を飛び回るあいだにも祇園などで息抜きはしていたのであろう。またこの二日前の九月七日の家族あての手紙には「九月六日朝、はからず京師寺町に川村盈進入道(土佐藩医)に行合~」とある。何用であったか京都の寺町通を歩いていたのである。

龍馬は翌慶応二年正月には捕縛の危険を冒して長崎から再び上京してきた。薩長同盟の成立を自分の目で見届けるためである。しかし京都の薩摩藩邸で進んでいるはずだった薩長間の交渉は両藩の面目のために決裂寸前であった。龍馬の仲介が功を奏して一月二十一日になんとか締結されることになったのである。この交渉の真っ最中である一月二十日には宿舎の寺田屋において池内蔵太の家族へあててまた手紙を書いている。「京に参り居候所、又々昨夜よりねつありて今夜寝られ申さず」とある。この手紙の中にも目前の懸案である薩長同盟のことには全く触れられていない。その代わり自分の志士活動への漠然とした不安や決意といったものが綿々と記されているのだ。

同盟締結直後の一月二十三日の深夜、寺田屋で龍馬と長府藩士三吉慎蔵は幕吏の襲撃を受けて応戦し、命からがら伏見の薩摩屋敷に逃げ込むのである。その事件の詳細は龍馬自身の手紙(慶応二年十二月四日付兄権平宛、写のみ現存)に詳しい。事件ののち二月中は京都の薩摩藩邸で療養していた龍馬だが、危険な京都を離れて鹿児島へ行くことを勧められ、おりょうらとともに三月初旬には大坂を船で出発した。そして鹿児島霧島山への新婚旅行・下関での長幕戦争などを経る。さらに翌慶応三年の前半には長崎で土佐藩の後藤象二郎との会見・海援隊の設立・瀬戸内海でのいろは丸衝突沈没事件などを経験した。

東山区の円山公園に立つ坂本龍馬と中岡慎太郎の銅像●昭和9年に建てられたが太平洋戦争で供出され、現在の像は昭和37年建立の二代目。手を腰に当て、屹然と立っているのが、龍馬、傍らで片膝をたてているのが中岡慎太郎である

慶応三年の京都

一年余りの空白をおいて龍馬が再び京都に現われるのは慶応三年六月、土佐藩が主導する大政奉還策を薩摩藩に説得するためであった。土佐藩船の夕顔に乗って長崎から大坂へ着いたのだ。そして京都の町中を後藤象二郎とともに薩土盟約の仲介に奔走していた。

同年六月二十四日付けの姉乙女あての手紙では「今日もいそがしき故、薩州やしきへ参りかけ、朝六ツ時頃より此ふみしたためました。当時(今)私は京都三条通河原町一丁下ル車道酢屋に宿申候」と当時海援隊

河原町界隈

Column19

龍馬が最も親しんだ京の街

赤尾　博章
NPO京都龍馬会理事長

京都の中心に位置する「河原町」は、東海道五十三次のあがりである三条から四条、五条へと昔から今日まで連綿と続いてきた京都第一の繁華街である。

当然、諸国の人々の往来や文物の交流も盛んで、東国から東海道、中山道を経て、また西国からは伏見を玄関口とし、高瀬川から人も物も情報も河原町に集積された。

この辺りには諸藩大名の藩邸が並び、また商人たちの問屋が並び、活気に溢れていた。諸藩の京都勤務の役人にとって、国元の女性たちが憧れ期待する京の特産品を、買いつけたり送ったりすることは大きな仕事であったといわれていたように、都のファッションを求める女性心理は、いつの時代も旺盛だったようだ。龍馬も乙女姉さんや、姪の春猪などに京みやげを送ったのだろうか。長崎から外国の香水やおしろいなどを贈ったりしていた龍馬だから、きっと何か京の香りのするものを送ったことだろう。

もっとも、京での龍馬は国事に忙しく、そんな余裕はなかったかもしれない。

文久三年（一八六三）二月には高瀬川に面した土佐藩邸で龍馬は脱藩赦免の手続き上、七日間の謹慎処分を受けている。江戸に行って京を空けた翌元治元年六月には、池田屋騒動で北添佶磨、望月亀弥太らを失った。

慶応三年（一八六七）十一月十五日、醤油商近江屋の二階で暗殺されたとき、同席していた中岡慎太郎は、河原町通りを挟んだ斜め向かいにある書肆菊屋に世話になっていた。時期は遡るが、池田屋騒動のころには菊屋のすぐ南の辻を東に入った所に枡屋喜右衛門の名で古高俊太郎が潜んでいた。

河原町のこの辺り、特に三条から四条の間には龍馬の時代がそこかしこにひっそりと残されている。今も当時のたたずまいを残す酢屋、稱名寺。しかし菊屋、枡屋、近江屋、土佐藩邸などは石碑が建てられているだけで、その石碑もうっかりすると見落としそう。土佐藩参政・後藤象二郎の寓居にいたっては石碑すら行方不明である。でも、河原町からひょいと脇道に入ると龍馬に出会えそうな街角がここにはある。

木屋町の脇を流れる高瀬川●周辺には藩邸や商家が多かったが、これは伏見への水運を活用するためだった

の事務所的な施設であった材木商の酢屋に居たことを記している。この酢屋は現在も同じ場所にあり当時の面影を伝えている。

「海援隊日史秘記」（京都国立博物館蔵・重文）によればこの慶応三年六月頃に議論されていた薩土盟約の原案には大政奉還建白書や新政府綱領八策へと続く日本の新政府案が記されており、龍馬らの海援隊グループが近代国家の素案をこの六月段階には確立していたことが知られる。そしてその構想の実現のために雄藩である薩摩藩をも大政奉還陣営に加えようとしきりに活動していたのである。

左は「海援隊日史秘記」に記された新政体構想七条を現代語風に直したものである。

一、天下の大政を議定する全権は朝廷にあり、我国の制度法則一切の議事は京都の議事堂より出ずるを要す。

二、議事院（国会）の建設費用は広く諸藩より出すべきである。

三、議事院を上下二院に分け、議事官は広く人材を求めて選挙によって選び、諸侯は上院に充てる。

四、将軍職は辞して諸侯の列に並び、政権を朝廷に帰すべきである。

五、外国との条約は兵庫港において新政府によって新たな道理明白な条約を締結し直し、そののちは誠実に貿易を行う。

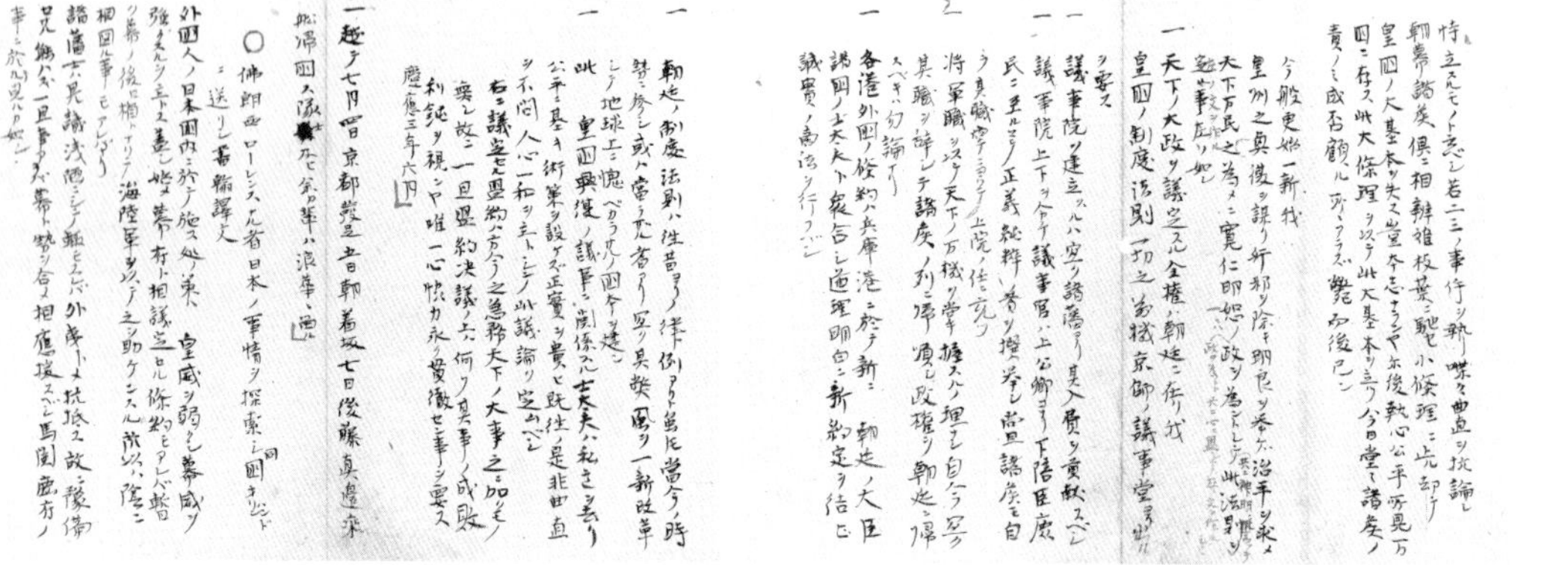

海援隊日史秘記●大政奉還建白書や新政府綱領八策につながる理想の政体が記されている。慶応3年6月／京都国立博物館蔵（重文）

六、朝廷の制度法則は往古よりの律令があるけれども、現状にあわないものもあるので、一新改革して地球上に恥じない国本を建てるべきである。

七、この皇国興復の議論に加わるものは私心を去り、公平に基づき、術策を用いず、正実を貴び、これまでの経緯に関わらず人心一和をもってあたるべきである。

その文字は海援隊で文官を務め龍馬の秘書役であった長岡謙吉のものと見られている。この慶応三年六月段階の海援隊が考えていた新国家建設への「理想」は非常に高いものであったのだ。この時期に龍馬らが「理想の政体」を掲げて京都を駆け巡り、各藩諸方面へ働きかけたことが十月の大政奉還の道筋となったのである。

その後、土佐や長崎でのイカルス号事件の談判や長崎から土佐へのライフル銃搬入などを経て、再び入京するのは慶応三年十月九日。京都はまさに大政奉還の直前であった。入京直後に土佐の兄権平へあてた手紙には「京坂の模様、以前とはよほど相変わり、日々にごてごてと仕候得ども、世の中は乱れんとして中々乱れぬものにて候」

菊屋跡●中岡慎太郎寄寓地。現在は脂取り紙の店になっている

近江屋跡●坂本龍馬・中岡慎太郎暗殺の地。大正13年道路拡張のため近江屋は取り壊され、状況は変わっている

京都土佐藩邸跡●高瀬川に接しており、文久3年2月、龍馬が7日間の謹慎処分を受け脱藩罪が赦免されたのはこの藩邸でのことである。また龍馬が遭難した近江屋とは目と鼻の先にあった。現在は廃校になった立誠小学校の建物が建つ

東山霊山

Column20

京都の街をみまもる龍馬の奥津城

赤尾　博章
京都龍馬会理事長

慶応三年（一八六七）十一月十五日夜、河原町の土佐藩御用達醤油商近江屋の二階を刺客が襲った。十六日未明に龍馬は絶命、最初に暗殺者の手にかかった下僕藤吉も夕刻に息を引き取った。中岡慎太郎は、駆けつけた同志に暗殺時の状況を説明したものの翌十七日に絶命。

十八日午後、武装した同志たちに護られた三人の棺は、河原町から四条を東に進み、東山霊山《りょうぜん》に向かった。

霊山は文久二年（一八六二）長州の志士船越清蔵を神式で長州藩がここに埋葬してから、土佐、筑前などの諸藩も藩士を祀るようになり、千四十三人もの志士たちが祀られ、龍馬と慎太郎そして藤吉の三人も、京の街が一望できるすばらしい場所に眠っている。中腹には天誅組の挙兵で戦死した吉村虎太郎の墓碑もある。龍馬の墓にはいつもお参りの人が絶えない。

龍馬の死後、下関で悲報を聞いたお龍は、土佐に京都に江戸にと、やり場のない悲しみの気持ちを無理やり心の奥にしまいこんだまま、横須賀の長屋で、再婚した西村松兵衛に看取られてこの世を去る。お龍を心底愛していた松兵衛は、お龍の遺骨の一部を携えて京に上り、霊山を訪れ龍馬のお墓にお龍の遺骨を密かに埋めたといわれる。

人を愛し、人に愛され、思いやりに満ちた革命を目指した龍馬の優しいまなざしは、東山霊山の高台から京の街へ今もずっと向けられている。

霊山の坂本龍馬・中岡慎太郎の墓碑に手を合わせる人●こうした姿は毎日のように見られる。龍馬や慎太郎が、いまも京都の人々の心に深く遺されているのがよくわかる

（京都国立博物館蔵、重文）と記している。緊張感の漂う文面である。大政奉還を見届けたのち、新政府の早期樹立に奔走していた龍馬であるが、同志中岡慎太郎とともに命を落とすのはこの手紙のおよそ一月のち、十一月十五日夜、河原町蛸薬師下ルの醤油商近江屋の二階のことであった。

坂本龍馬が近江屋を隠れ家としていたのは河原町蛸薬師下ルの近江屋が土佐藩邸にも近い場所であったこと、近江屋そのものが醤油商にとどまらず、土佐藩そして海援隊と商業上の繋がりがあったことが理由であろう。そして何より近江屋主人の井口新助が頼りに出来る義侠心の篤い人物だったからであろう。この井口家は坂本龍馬の遺品である血染屏風や紋服、寺田屋登勢の書簡などを現代にまで伝える役割も担ったのである。

龍馬の死後、昭和六年には北海道に移住していた坂本家から龍馬書状や小栗流免状などの遺品が当時の恩賜京都博物館（現京都国立博物館）に寄贈された。京都が龍馬の終焉の地であったからである。また井口家からも昭和十五年に血染屏風や紋服などが博物館へ寄贈された。現代の我々が博物館で龍馬の遺品を見ることができるのはこのような龍馬と京都の深い繋がりの結果だといえるのである。

（京都国立博物館の坂本龍馬関係資料は常時展示されているわけではないので展示予定を博物館へ問い合わせのこと）

岩倉の旧跡
北山病院
第二北山病院
岩倉実相院
実相院
洛北病院
小倉山
忠在地
●岩倉具視幽棲旧宅
岩倉病院
明徳小
役場
農協前
岩倉図書館
十王堂橋
駅前
岩倉川
岩倉駅
叡山電鉄鞍馬線
洛北中
200m
京都の旧跡
下鴨神社
賀茂川
御蔭橋
川端通
高野川
叡山電鉄叡山本線
元田中
寺之内通
地下鉄烏丸線
烏丸通
相国寺
寺町通
加茂街道
葵橋
河合橋
養正小
御陰通
堀川通
今出川
同志社大
上京区役所
出町通
出町橋
出町柳
清風荘庭園
知恩寺
京都大
●薩摩藩邸跡
今出川通
賀茂大橋
今出川通
●土佐陸援隊宿舎跡
京都大
左京区役所
東一条通
梨木神社
府立医科大附属病院
京都精華女子高・中
吉田神社
京都御所
京都ブライトン・ホテル
ガーデンパレス
●蛤御門
府立医科大
京都大
中立売通
寺町通
京都御苑
北池
南池
荒神橋
上長者町通
京都府庁
近衛通
東大路通
下長者町通
府警本部
●京都守護職公邸跡
河原町通
金戒光明寺
椹木町通
春日北通
丸太町
京都所司代跡●
ホテルニュー京都
丸太町通
丸太町橋
丸太町通
平安神宮
岡崎通
●二条城
高倉通
堺町通
麩屋町通
二条大橋
長州屋敷跡
桂小五郎寓居跡
京都国際ホテル
●福井藩邸跡
二条通
間之町通
地下鉄東西線
京都オークラ
佐久間象山寓居跡
京都市美術館
京都全日空ホテル
京都市役所
京都ロイヤルホテル
二条
御池通
二条城前
京都市役所前
武市瑞山寓居跡
姉小路通
中京区役所
柊屋
本能寺
三条
東山
地下鉄東西線
三条通
俵屋
池田屋跡
三条京阪
ウェスティン都
JR嵯峨野線
六角通
西洞院通
新町通
室町通
三条通
炭屋
酢屋
木屋町通
先斗町通
吉村虎太郎寓居跡
粟田山荘
蛸薬師通
彦根藩邸跡
佐久間象山・大村益次郎遭難地碑
錦小路通
土佐稲荷
土佐藩邸跡
知恩院
烏丸四条
薩摩屋敷跡
近江屋跡
菊屋跡
本間精一郎遭難の地
大宮
阪急京都線
八坂神社
京福嵐山本線
四条大宮
四条通
綾小路通
枡屋跡
四条大橋
一力亭
円山公園
●坂本龍馬・中岡慎太郎像
●新選組壬生屯所跡
三井ガーデンホテル
四条
仏光寺通
祇園甲部歌舞練場
壬生寺
京阪鴨東線
高台寺
霊山観音
霊山護国神社
千本通
壬生川通
大宮通
堀川通
地下鉄烏丸線
ホテル日航プリンセス京都
建仁寺
坂本龍馬・中岡慎太郎の墓
八坂通
翠紅館跡
島原
堀川署
高辻通
高倉通
松原通
麩屋町通
松原署
清水坂
霊山歴史館
産寧坂（三年坂）
●明保野亭
東山区役所
丹波口
五条通
五条
五条
五条大橋
洛東病院
中央卸売市場
東急ホテル
尚徳中
東山局
清水寺
花屋町通
●天満屋跡
方広寺大仏殿跡
正面通
西本願寺
植柳小
東本願寺
枳殻邸・渉成園
京都国立博物館
中央卸売市場
平安高・中
七条通
七条大橋
七条
妙法院
京都パークホテル
梅小路小
新選組不動村屯所跡
京都タワーホテル
下京区役所
ホテルグランヴィア京都
三十三間堂
智積院
東大路通
JR東海道本線
梅小路公園
リーガロイヤルホテル京都
駅ビル
京都センチュリーホテル
京都駅
京阪本線
東海道新幹線
八条通
近鉄京都線
JR奈良線
アバンティ
新・都ホテル
0
800m
東海道新幹線
© M&Eプロ

明保野亭●清水寺への参詣路である産寧坂にある。龍馬はよくここに宿泊したと伝えられる

福井藩京都藩邸跡●二条城の大手門前にあり現在は京都国際ホテル敷地。龍馬は勝海舟の使いや大政奉還の説得などでたびたび訪れている

長州藩屋敷跡●現在は京都ホテルオークラになっている。御池通側に長州藩邸跡の碑、河原町通側に桂小五郎像が立つ

京都所司代跡●京都の行政を司る役所で、二条城の北、泰明小学校がその跡地。京都守護職が設置されてからはその指揮下に置かれた。龍馬暗殺時の所司代は松平忠敏

京都御所蛤御門●薩会連合のクーデターによって御所から追い落された長州藩が、その奪回を狙って軍事行動を起こした蛤御門の変の舞台。その失敗によって長州は苦境に陥ったが、龍馬らの仲介で薩長同盟が結ばれ、状況は急変する

京都守護職公邸跡●現在は京都府庁になっている。京都守護職は、混乱する幕末の京都の政情を安定させる目的で文久2年閏8月新たに置かれた幕府の役職。龍馬を理解する松平春嶽ら公武合体派の推薦で会津藩主松平容保が就任した。しかし、龍馬は結局そのために遭難する皮肉な結果となった

黒谷の金戒光明寺●法然ゆかりの浄土宗の聖地だが、文久2年閏8月、京都守護職に任じられた会津藩兵の屯所となった。その支配下にあった幕府公用方の見廻組もここを拠点に、龍馬暗殺を実行した

坂本龍馬・中岡慎太郎墓：東山区清閑寺霊山町　霊山護国神社
霊山歴史館：東山区清閑寺霊山町、霊山護国神社前　電話075-531-3773
翠江館跡：東山区桝屋町、霊山護国神社参道（維新の志士たちの会合場所）
　以上　JR京都駅南口から市バス207系統で東山安井下車東へ徒歩5～10分
明保野亭：東山区清水三丁目、産寧坂（龍馬の宿舎）
　JR京都駅南口から市バス207系統で清水道下車東へ徒歩5分
京都国立博物館：東山区茶屋町、電話075-541-1151
　（龍馬の手紙、近江屋の屏風、掛軸など所蔵）
方広寺大仏殿跡：東山区茶屋町（「大仏の宿舎」がこの周辺にあった）
　以上　京阪電鉄本線七条駅下車東へ徒歩約5分
坂本龍馬・中岡慎太郎銅像：東山区円山公園
　京阪電鉄四条駅下車東へ徒歩約10分
　地下鉄東西線東山駅下車南へ徒歩約10分
金戒光明寺：左京区黒谷町（会津藩屯所跡）
　地下鉄烏丸線丸太町駅から市バス204系統岡崎神社前下車徒歩5分
　地下鉄東西線蹴上駅下車北へ徒歩約20分
土佐陸援隊宿舎跡：左京区北白川追分町、京大北部キャンパス内
　京阪電鉄本線出町柳駅下車東へ徒歩8分
岩倉具視幽棲旧宅：左京区上蔵町
対岳文庫（併設：岩倉具視関係の資料を展示）
　北大路バスターミナルから市バス岩倉実相院行バス終点下車徒歩5分
薩摩藩邸跡：上京区新北小路町、同志社大学構内
　地下鉄烏丸線今出川駅下車徒歩1分
蛤御門：上京区京都御苑、京都御所（禁門の変の激戦地）
　地下鉄烏丸線丸太町駅下車北へ徒歩約5分
京都守護職公邸跡：上京区薮之内町、京都府庁敷地
　地下鉄烏丸線丸太町駅下車北西へ徒歩約5分

近江屋跡：中京区大黒町（龍馬終焉の地）
土佐藩邸跡：中京区備前島町、立誠小学校とその周辺
彦根藩邸跡：中京区南車屋町、西木屋町通
酢屋跡：中京区大黒町（海援隊京都本部）
菊屋跡：中京区米屋町、河原町通（中岡慎太郎寓居跡）
長州藩屋敷跡：中京区一之船入町、京都ホテルオークラ
池田屋跡：中京区中島町、三条通（池田屋騒動）
桝屋跡：中京区米屋町（池田屋騒動のきっかけとなった古高俊太郎隠家）
桂小五郎寓居跡：中京区上樵木町、木屋町通、料亭幾松（愛妾幾松居宅跡）
佐久間象山寓居跡：中京区上大阪町、木屋町通
武市半平太寓居跡：中京区上大阪町、木屋町通
吉村虎太郎寓居跡：中京区上大阪町、木屋町通
　以上　阪急電鉄京都線河原町駅下車北へ徒歩1～8分
　京阪電鉄四条駅または三条駅下車西へ徒歩5～10分
　地下鉄東西線京都市役所前駅下車南へ徒歩1～8分
二条城：中京区二条城町
福井藩邸跡：中京区土橋町、京都国際ホテル敷地
　以上　地下鉄東西線二条城前駅下車徒歩3分
　JR嵯峨野線二条駅下車徒歩約10分
京都所司代跡：上京区中之町、待賢小学校
　地下鉄東西線二条城前駅下車北へ徒歩約8分
　JR嵯峨野線二条駅下車徒歩約15分
天満屋跡：下京区仏具屋町、油小路通（中井庄五郎遭難の地碑）
　JR京都駅北口から北西へ徒歩約10分
新選組不動堂村屯所跡：下京区西油小路町（碑はリーガロイヤルホテル前）
　JR京都駅北口から西へ徒歩5分
新選組壬生屯所跡：中京区棚ノ宮町、坊城通
　阪急電鉄京都線大宮駅下車西南へ徒歩5分

坂本龍馬記念館建設秘話

Special Column

橋本　邦健
全国龍馬社中会長

龍馬とともに、龍馬のように

苦難の連続だった記念館建設

平成三年（一九九一）十一月十五日、高知市浦戸城山の浦戸城址に坂本龍馬記念館がオープンした。活動を始めてから七年目のことである。以来、来館者は平成十六年（二〇〇四）七月までに約百七十万人、いまや高知の歴史教育と観光の目玉になっている。

建設計画が始まったのは、昭和五十九年（一九八四）のことである。それは私でさえ思いもよらないひょんなことからであった。

当時私は兄が経営する塗料卸の会社に営業部長として参画していた。昭和五十九年、高知市商工会議所に青年部ができ、たまたま私が筆頭副会長に選ばれてしまった。そして青年部誕生の記念事業としてイベントを行うことに決まり、私がその推進役に任命された。ちょうど翌年が坂本龍馬生誕百五十年で、龍馬を顕彰するイベントをということになったのだが、そのとき私が提案したのが、坂本龍馬記念館の建設案であった。これには将来に残る高知県の財産造りという意図も含まれていた。

私がまだ子どものころ、高知では幕末の英雄といえば土佐勤王党を創った武市半平太だった。私も同様で、坂本龍馬の銅像は知っていても、その業績はろくに知らなかった。ところが昭和四十一年（一九六六）に出版された平尾道雄氏の『坂本龍馬のすべて』を読んで驚いた。薩長同盟をまとめ、大政奉還を成功させ、明治維新の基礎を創ったのは、ほかならぬ坂本龍馬ではないか。龍馬がいなくて、現代の日本はない。私はたちまち龍馬ファンになった。しかし、当時の家族は全員武市ファン。そんな私に冷たかった。「龍馬のような小便たれのどこがいい」と父など鼻にも引っ掛けてくれなかった。

私が東京で社会生活を送っているとき、司馬遼太郎の『龍馬がゆく』が出版された。私は歴史事実と創作部分を確かめながら毎巻楽しく読んだ。これで龍馬は一気に全国の有名人になったのである。

ところがそのころ、高知の坂本龍馬の遺跡といえば、昭和三年（一九二八）、まだ早稲田の学生だった入交好保氏等々の尽力で建設された桂浜の坂本龍馬銅像しかなかった。桂浜とともに観光名所にはなっていたが、五分程度のガイドの説明は龍馬の実像とはほど遠かった。これはどうしても龍馬の事績を正しく伝える施設が必要だ。私はそう考えていた。

もっともそれまでも龍馬の記念館建設は、何度か企画されては立ち消えになっていた。だから私が提案したときには「それは県や市がやるもんでおれたち商工業者の仕事ではない」と反対するメンバーも多かった。しかし私は、「確かに直接業界に繋がらないが、第二、第三の龍馬をこの高知から出すために、子どもたちや青年にしっかり龍馬の生き方を教える必要がある」と主張した。会長は、私が本気で取り組む姿勢であることを知ると、応援してくれ、ついに青年部として取り組むことが決まったのである。

しかし、苦難の道はそれからであった。募金目標十億円、半端な数字ではない。県内の青年を中心とした募金で賄おうと、まず県内の青年団体に呼びかけて龍馬生誕百五十年記念事業実行委員会を立ち上げた。集まったのは予想を大きく下回る十二団体千三百人の同志たちであった。

昭和六十年（一九八五）一月一日、桂浜の龍馬銅像の前で華々しく決起集会を開いた。

ところが、である。前年の十二月に提出した坂本龍馬記念館寄付計画書に対する採納証明書を高知県に取りにいくと、関係課をたらい回しにされたうえ寄付採納の手続きがされていないことがわかった。県としては、建設場所も建物の形状も未定では、受け付けられないという。県側からは建設予定の県立歴史民俗資料館の一室を使用すればどうか、という提案があったが、私は千三百人の仲間たちの志を十分に具現できないからと即座に拒否したのである。

この結果に、会長は「もうこれで止めよう」と、緊急役員会を開いて一時中止の案も出た。私は関係団体や、寄付先の団体などを回り事情説明をした。辛辣な批判が飛んできた。

でも私は納得がいかなかった。手続きの不備があるにせよ県のために民間団体が努力しているのに、なぜこんなことになるのか。いったい知事はどう考えているのか。私はそれが知りたくて、知事と一対一で会うことを考えた。

そしてそれが実現する日がきた。その日、私は知事にこう言ったのである。

「本来ならあんたがせないかんところをさしても

坂本龍馬記念館●高知市浦戸城山の、かつての長宗我部氏の居城浦戸城本丸跡に建設された坂本龍馬記念館は、太平洋を眼下に見下ろす絶好のロケーションに建つ超近代的なデザインの明るい建物。平成4年には都市美デザイン賞特賞受賞、同5年にはアーキテクチュア オフ・ザ・イヤーに選定され、日本の建築物ベスト30にも選ばれている／模型ヘリから撮影、写真提供：高知県立坂本龍馬記念館

らいよる。県が知らん顔ではいかんやろ」

知事は私の熱意を認めてくれた。そしてもう一度最初から出直すことになった。商工会議所の会頭も私たちを支援してくれ、県知事や高知市長、国会議員もすべて招いた決起集会をもう一度開くことになったのである。忘れもしない昭和六十年五月十三日のことであった。そして私はこのときから一大決心をして髪を伸ばした。龍馬の扮装をし全国を行脚しはじめたのはそれからである。

しかし、この扮装は、家族、特に息子たちには不評だった。ある日、息子から「運動会にこないで」と言われた。「学校の近くも通らんで」。私は悲しくて涙が出た。もっとも私自身も当初は袴はいて家を出るとき恥ずかしいと思っていたし、誰か俺をつれて逃げてくれんかな、と思うこともあった。いったい私は誰のために、何のためにこんなナリをしてまでお金を集めているんだろう――。

しかしそのときふと思い出したのが「我なす事は我のみぞ知る」という龍馬の言葉である。高知県の財産を造ろうとみんなに声かけている私が「逃げることを考えとったらいかん」。そのときふっ切れたのである。

その一方で、大きな問題が三つあった。

最初の問題は税金だった。うかつにも当初私たちは寄付金に税金がかかることを知らなかった。またその寄付元は所得税や法人税による税金も払わなければならない。それでは大口の寄付金はなかなかもらえない。免税措置を取らなければならなかったのだ。それから大蔵省や高松の国税局や高知税務署に何度も足を運んだ。専門の会計士の方にお願いもしてようやく特定寄付金として免税措置がとれたのは実に二年後のことだった。

もうひとつの問題は建設場所だった。私は子どもたちがいつも見にこられるような、高知市の中心部を考えていたが、なかなか適当な土地がなかった。結局、桂浜にほど近い現在の場所に決まったのは昭和六十二年（一九八七）に入ってからだった。ここは高知市が管理する都市公園で、無償で提供してくれることになったのだ。桂浜に銅像があり、そして山の上に記念館。ある意味では絶好の立地であった。

しかし募金のほうは、そういうトラブルが重なったこともあり、活動開始から三年目の昭和六十二年に入っても、まだ目標額の二割も集まらず、実行委員会にも諦めムードが漂っていた。

それは記念館建物の形状が決まっていない、という三つ目の問題も拍車をかけていた。

「それなら絵を描こう」ということになった。記念館の建物の設計を始めることにしたのである。

もっとも募金の金は使えない。そこでTシャツを売ったり、ポスターを作ったり、夏祭りでビールを売ったりとささやかな資金集めをして、「金はないぜよ」と高知在住の青年設計士に依頼しようとした。しかし、龍馬は高知県レベルの小さな存在ではないのだから、世界から公募した方がいい、という意見が出てきた。それはいいと思ったが、金がない。そこで出てきた妙案が、設計コンペ申込書を有料にすることであった。一冊一万円。建築家の磯崎新氏を審査委員長に公示すると、二千数百冊売れ、賞金も経費も賄える金額になった。

こうして集まった設計図が四百七十五通。東京で第一次審査、そして残った六十組を高知で公開審査にかけ、最優秀賞に輝いたのがなんとまだ三十歳の横浜の設計事務所職員高橋昇子さんだった。高橋さんにとって、これが初仕事。高知市種崎にマンションを借り、平成二年（一九九〇）四月からの建設工事の多くの時間を、現場で指揮をとっていただいた。

記念館のイメージが具体化したことで募金は順調になり、私は龍馬の扮装で日本中を駆け回った。中心は全国の商工会青年部で、勉強会や全国大会があれば、率先して出かけていった。よさこいチームも作って踊って、金集めもした。高橋さんに募金活動に参加していただいたりもした。

もっとも目標額に達しない最後の方では、私は強引ともいえる金集めをしてみんなのひんしゅくを買ったこともある。ある社長さんには「わしゃ、ゆすられてのう。龍馬が来て刀抜いてのう。わしゃ殺されるかと思うてのお」と、のちのちの酒の席ですっかり肴にされてしまった。

募金総額八億四千万円。県に二億円助成していただき、これをあわせて記念館の建設費とし、高知市も取付道路、駐車場、裏庭などの整備に予算をつけてくれた。また資金の不足分は、企業からパソコンやプリンター、ガラスなどを現物で寄付いただいた。

平成三年九月、建物を高知県に寄付、十月に展示工事が竣工。十一月十五日、私は小椋館長に鍵を渡し、七年目にしてようやく日の目を見た「坂本龍馬記念館」が開館したのである。

ファンの集いから社会に貢献する会へ

私が龍馬の扮装で日本中を駆け回り龍馬についての話をいろいろしたことから、募金活動中にポツポツと龍馬を愛する人たちの会が生まれてきていた。龍馬研究会、長崎龍馬会や亀山社中ば活かす会、大阪龍馬会や東京龍馬会などである。当時は私もまだ龍馬の会を作ろうというつもりもなく、請われるままに龍馬の精神を語っていたのだが、坂本龍馬記念館ができてから四、五年もたつと、各地に龍馬会ができはじめた。私が講演に行くと、会を作りたいからもう一度来てほしいと頼まれる。二、三回行くと会が生まれる。私もだんだん龍馬の会作りに熱が入るようになった。

記念館がまだ起工式も始めていない平成元年（一九八九）に、敷地の隣にある国民宿舎「桂浜荘」で第一回の全国龍馬ファンの集いが行われた。記念館ができた翌年の平成四年（一九九二）の第四回は長崎で行われ、参加者は二百名。東京で行われた第十二回は五百五十人までに増えるというふうに、各地に龍馬会が誕生するにつれて、年々ファンの集いにも多くの人が集まるようになった。

ただそれまでは龍馬が好きだという人が集まる会に留まっていた。もっと魂を入れていきたい。龍馬の精神を理解し、その精神を継承するような活動をしてほしい。そこで、平成十四年（二〇〇二）鹿児島で開かれた第十四回で全国龍馬社中というのを立ち上げた。ここで私が提案したのは「地域に貢献する会に育ってほしい」ということだった。

龍馬は脱藩の身で命をかけて日本のためにやったではないか、この平和な時代だから命をかけることはないが、少なくとも地域のために行動する。それが龍馬の精神を受け継ぎそれを実践することだ。龍馬を一言でいえば、進取の精神と行動学。これが私の基本理念である。

地域地域で困ってることを、これは県の仕事だの、市の仕事だのと行政に頼ったり行政を責めるんじゃなくて、自分たちの出来ることは自分でしよう。自分たちが困ることは自分たちでやって、そのあとで知事さん力貸してくれ、市長さん力貸してくれと頼めばいい。龍馬はこんなとき市の職員を責めたりしなかった。それなら俺がやると言って実行した。その精神を引き継ごう。そういう貢献を地域で実践する会になってほしい。これが私の願いであった。

そうした活動を、日本のみならず、龍馬が世界の海援隊をめざしたように、世界に広げていきたい。

平成十六年八月現在、龍馬の会は四十五都道府県に百二団体ある。私はその第一段階として、全国を八ブロックにわけ、ブロック長と幹事を置いて、各団体相互のつながりと風通しがよくなるようにした。今までは隣の会が何をしているのかよくわからなかったのが、オープンになり、お互いに協力しあうようになってきた。今後は龍馬ファンの集いも個別の龍馬会の主催ではなく、ブロック単位での主催に切り替えていく予定だ。

また海外も現在パリ、サンフランシスコ、ドイツ、

小椋克己坂本龍馬記念館館長（右）に鍵を渡す橋本邦健氏／写真提供：澤村拓夫氏

フレスノの四つの団体があるが、これからロンドン、ニューヨークにも誕生が予定されている。私は北京やモスクワにも作りたいと考えており、また今一番必要なのはイラクだとも考えている。

運と粘りで勝ち取った高知龍馬空港

以前から、龍馬の名を冠した駅名や空港名をつけられないか、という話は酒の肴としてはよく登っていた。が、あくまで酒の上での話で、翌日にはすっかり忘れている性質のものであった。

ところが、平成十三年（二〇〇一）、私が主宰する「坂本龍馬倶楽部」の女性会員から「イギリスのリバプール空港がジョン・レノン空港に変わるが、高知空港も龍馬空港にならないか」という手紙をいただいた。手紙をいただけば、返事を出さなければならない。私は会員とも相談してこれを総会で取り上げることにし、国土交通省に問い合わせたが、正式名も通称も「日本では人名を使わないことが原則になっている」という返事。ところがある日、たまたま入った飲み屋で、きれいなおねえさんを連れた中年男性が、私に龍馬の話を聞きたいという。彼らは今日高知空港に到着したパイロットとスチュワーデスであった。さっそく龍馬空港の話をしてみた。すると意外な返事が返ってきた。室戸岬沖にRYOMA POINTという、国際法で決められた航空路線図上の重要なポイントがあるというのである。

ポイントというのは航空機の方位変更や、離着陸態勢のための航空路線図上の点で、RYOMA POINTはおもに高知空港や関西空港に離着陸するためのポイントだという。そして、「RYOMA POINTから龍馬空港に着陸するなんていいじゃないですか」というのである。たまたま行った飲み屋で偶然出会ったRYOMA POINT。これは運以外の何ものでもない。

私は大変意を強くして、もう一度挑戦してみることにした。国土交通省の課長は「その話は一度断った」と言う。しかし私はRYOMA POINTの話をしたうえで、「人名は使わないという取り決めがあるだろうが、まるで幕末の徳川幕府みたいなことを言うのはもういい加減にやめたほうがいい。日本の経済はアメリカと肩を並べるようになったかもしれないが、欧米の人が日本人をエコノミックアニマルと言うのは、日本の企業は見えても、日本人が見えないからだ。海外に住む日本人は、土曜日曜になると必ず家族連れてどっかに出かけて街にいない。しかしアメリカ人はまず教会に行って、午後はまわりを掃除するとか、社会貢献に休日を使っている。そういう社会性が日本の文化には欠けている。海外では国のために努めた人は、道路や橋、軍艦や空港などの名前になって先輩を偲び、顕彰しているじゃないですか。そういう文化を日本も持つべきだ」と主張したのである。

我ながら大言壮語を吐いたとは思ったが、これは何度も海外を見てきた私の素直な感想であった。

こういうやり取りを一年二年としているうちに国土交通省からついに「いい発想です。自由に使って下さい」という返事がきた。

しかし、公共機関の名称変更は影響が大きい。私たち一部の人間が勝手に決めていいことではない。そこで、高知の経済界をはじめ多くの団体に参加を求め準備委員会を設けて賛同を得、改めて「愛称『高知龍馬空港』を実現する会」（会長・日和崎二郎）を発足し、各方面への働きかけや署名活動を行った。高知県と南国市にも協力を依頼、それぞれ県議会、市議会に請願して採択された。

こうして平成十五年（二〇〇三）十一月十五日、愛称として人名を冠した日本初の空港が誕生することになった。

もちろん反対もあり、私の家にも抗議や批難の電話がきた。しかし私たちは単に名称変更だけでなく、今後の空港活用に重点を置いた官民一体の組織を作り、人的交流や物流への波及を進めていくことに邁進しようとしている。それになによりも、旧弊な日本の行政システムが、これまで否定し続けてきた人名のついた空港を認めたこと自体に大きな意味がある。私はそう考えているのである。

高知龍馬空港の愛称になった高知空港／写真：吉松靖峯

龍馬を育んだ十二人

木村武仁
霊山歴史館学芸員

坂本乙女

母親代わりとなり、龍馬を一人前の男にした

龍馬は経済的に豊かな家の末っ子として生まれた。甘やかされて育てられたため泣き虫、小便たれだったという。なんと十一歳まで寝小便が治らなかったらしい。上士の子や悪童からは「弱虫」といじめられ、さらに塾も半年で退塾、完全にドロップアウトしてしまう。そんな時にさらに追い打ちをかける悲劇が起こった。母幸の死である。九歳の龍馬は毎日泣いて暮らしていた。

そんな弟を立ち直らせようと奮起したのが、姉の乙女である。乙女は坂本家の三女で、龍馬よりも三歳年上だった。あだ名は『坂本のお仁王さま』だったが、実際あだ名どおりの大女で身長は五尺八寸（約百七十五センチ）、体重は三十貫（約百十三キロ）あり、百七十二センチ、八十キロの龍馬よりも一回り大きかったという。男勝りの性格で、土佐でいうところの『はちきん』（おてんば娘）で、剣術や馬術が得意だった。また和歌や琴、三味線、謡曲などもこなして文武両道だったという。

乙女は龍馬に剣術を教え、「武士の子が泳げないとは情けない」と竹竿の先に龍馬の褌をくくりつけ、鏡川で水泳の特訓を行った。姉の教育はスパルタだったが、龍馬はその期待に応えていった。そして次第に涙をみせない大丈夫へと成長していく。そんなことからも龍馬は大変な『お姉ちゃん子』だった。

龍馬は大変筆まめで、現存または記録に残っている手紙は百三十五通にも及んでいる。その手紙の宛先で一番多いのが乙女宛で、十三通もある。その内容はユーモアにあふれ、甘えたりふざけたり激励したりと、姉への愛情の深さを知ることができる。

龍馬は生涯で三人の女性を愛したといわれている。初恋の女性は平井加尾で、土佐勤皇党の平井収二郎の妹だった。つぎに愛した女性は千葉佐那で、江戸へ遊学した際に通った剣術道場の長女である。佐那は剣術や長刀を修め、男よりも力が強かったという。十三弦の琴を弾き、絵もうまかったが、気立てがよく、口数が少ない物静かな女性だったという。龍馬はこの佐那と婚約していたといわれている。容姿はさておき文武両道なところは乙女姉さんそっくりで、龍馬好みの女性だった。

龍馬の妻となった楢崎龍は町医者の長女だが、勇敢な女性である。父の死後に没落してしまい、妹が大坂に女郎として売られてしまった時には悪党とケンカして妹を取り返したことがあった。男勝りで家族思いのお龍は、性格が乙女によく似ていたと思われる。

龍馬が好きになる女性は、みな乙女姉さんにそっくりだった。『お姉ちゃん子』だった龍馬の原動力は、実は乙女に認められたいという一心だったのではないだろうか。

乙女は二十三歳で藩の医者・岡上樹庵と結婚し一子をもうけたが、樹庵が女中に手をつけたことから十年後に離縁した。その後は坂本家に戻り、龍馬の没後に坂本家に身を寄せていたお龍の面倒をよくみたという。

明治十二年、母幸と同じ四十九歳で亡くなった。

甲府市にある千葉さなの墓。裏には龍馬室の文字が刻まれている／写真：土居晴夫

河田小龍

幼少期の龍馬は落ちこぼれだったが、十四歳から剣術を学んで次第に自信をつけ、立派な若者に成長していった。さらに江戸へ遊学し、ペリー率いる黒船にも遭遇したといわれている。それでも龍馬は平凡な若者で攘夷を唱える志士となんらかわりがなかった。

その龍馬に転機が訪れた。河田小龍との出会いである。小龍は土佐藩の絵師で龍の絵を得意としていたが、長崎や江戸にも遊学した経験を持つ土佐藩随一の知識人だった。龍馬が小龍に興味をもった理由は、「漂巽紀略《ひょうそんきりゃく》」の著者だったからである。

小龍は藩からの命令で、アメリカで生活した経験をもつジョン万次郎を取り調べたことがあった。万次郎は土佐の漁民であったが、漁船が遭難し無人島で暮していたところをアメリカ船ジョン・ホーランド号に救出される。そしてアメリカで生活してその文化を学び、数々の貴重な体験をして帰国した。小龍は万次郎から調書をとり、藩に報告書を提出したが、それが「漂巽紀略」であった。

黒船を眼の当たりにした龍馬は漠然と「何か」をしなければならないと感じていた。しかしその何かがわからない。そこで安政元年（一八五四）の十一月頃、黒船を見たという自慢話を片手に小龍を訪ねた。

「百聞は一見に如かず」

龍馬はそう思っていたに違いない。そんな自信満々なところが龍馬のかわいいところである。

龍馬は基本的には人から好かれるタイプであるが、いきなり土足で上がり込むような不作法さがあり、そのことに拒否反応を示す人間もいる。小龍も龍馬の態度に無礼だと感じたうちの

龍馬に世界を意識させた男

一人だった。

二十歳の龍馬は突然、三十一歳の小龍に「攘夷や開国に揺れる時勢について意見を聞かせてください」といった。唐突なこの質問に小龍は大きく笑い、謙遜したフリをして「私は隠居の身であり、何もいうことはない」と答えた。しかし龍馬はそんな小龍の心の内などおかまいなしに、持論を雄弁に唱えたことだろう。それに対して小龍は「この馬鹿、懲らしめてやる」くらいのつもりで重い口を開いたに違いない。結果的には龍馬が粘り勝った形となり、その胸の内を全て聞き出すことに成功した。

アメリカの進んだ科学文明を知っていた小龍は言う。

「攘夷などできるはずがないが、かといって即開国するわけにもいかない。開国するためには軍備が必要である。そのためにはまず外国船を一艘買って同志を募り、その船を東西に運行させて旅客や荷物を運ぶ。金儲けをしながら航海術を学ぶのだ」

この言葉に龍馬は感銘を受け、「あなたはその同志を育ててくれ。私はその船を手に入れる」と言って去ったという。龍馬と小龍が会ったのは二回くらいのことであったが、のちに龍馬は小龍の弟子の近藤長次郎、長岡謙吉、新宮馬之助と共にこの構想を実現させている。

武市瑞山

土佐勤皇党の盟主

龍馬は、最近の映画やドラマの中では三枚目として描かれる事が多い。それに対して二枚目として登場するのが武市瑞山である。武市は長身で容姿端麗であり、剣術、習字、日本画、南画にも精通していた秀才だった。瑞山は号で、通称は半平太という。「南海の黒龍」ともいわれた武市は、『月形半平太』のモデルにもなった人物である。

龍馬と武市は親戚関係にあり親友同志でもあった。身分は郷士の龍馬よりも上で、上士と下士のちょうど中間にあたる白札であった。龍馬は三つ年上の武市のことを「あぎ（武市の顎）」と呼び、武市は龍馬のことを「あざ（坂本の痣）」と呼んでいた。角張った顎が特徴的だったのだろう。また龍馬は武市のことを「窮屈」と呼んでからかっていたという。

冷静沈着で優等生の武市と、いつも夢を語り「大風呂敷（大げさ）」と呼ばれていた龍馬は好対照であったが、同じ方向に向かおうとしていた時期もあった。それは土佐勤皇党でのことである。武市らは江戸で土佐勤皇党を結成し、土佐藩を「勤皇」で統一することを目指していた。そして土佐へ帰った武市が一番はじめに声をかけたのが龍馬である。龍馬は百九十二名にもなる勤皇党での土佐筆頭加盟ということで大きく息巻いた。文久二年（一八六二）一月に龍馬は長州の久坂玄瑞に武市の書簡を届けるなど精力的に活動している。

しかし龍馬は、次第に土佐内での活動に限界を感じていく。当時の土佐藩は参政・吉田東洋が実権を握っており、公武合体を推進していた。それに対して武市はあくまで土佐藩の「一藩勤皇」にこだわり、土佐を最優先としていた。武市にとって献策を拒み続ける東洋は邪魔な存在であり、暗殺も計画していた。そのような状況の中で龍馬は堅苦しい土佐を脱藩することを決意し、ついに文久二年三月二十四日に決行する。

龍馬の脱藩を聞いた勤皇党のメンバーは裏切りであると非難したが、武市は「土佐にあだたぬ奴（おさまりきらない奴）だから放っておけ」といい、龍馬の脱藩を讃える漢詩を残している。

東洋の暗殺は龍馬脱藩後の四月八日、勤皇党員によって実行されたが、この時に龍馬はとんでもない嫌疑をかけられてしまう。なんと龍馬が実行犯だと疑われたのである。この嫌疑は時とともに忘れられていったが、暗殺に反対だった龍馬にとっては迷惑な話であった。

東洋暗殺後に勤皇党は台頭し、藩内で大きな力を持つようになる。藩主・山内豊範は武市の献策で率兵上京し、江戸へ向かう毛利世嗣と三条実美の護衛を担当した。この時、武市は豊範の護衛として従い、この功績から京都留守居組加役となり上士格に取り立てられた。活動の本拠地を京へ移した武市は、岡田以蔵を使って天誅事件を起こさせ、土佐勤皇党は栄華を極めた。

しかし目的のためなら手段を選ばなかった勤皇党も、隠居していた前藩主・山内容堂が土佐へ帰ってきてからは弾圧される立場へと転じてしまう。そして龍馬が亀山社中を結成した慶応元年（一八六五）閏五月に、武市は獄中で切腹させられた。行年三十六歳であった。

勝 海舟

龍馬を導いた男

龍馬に最も影響を与えた人物は勝海舟だろう。勝との出会いがなければ、龍馬は平凡な志士で終わったかもしれない。二十八歳で脱藩した龍馬は自分の進むべき道を模索していた。そして勝から聞いた話によって目の前がサッと開けた。勝は龍馬よりも十二歳年上の同じヒツジ年であり、多弁かつ雄弁であった。「大風呂敷」とアダ名された龍馬と性格が似ていたのである。

この時龍馬は「開国派の大奸物」である勝を斬りに行ったといわれているが、同行した千葉重太郎と勝が懇意だったことから、斬りに行った話には疑問が残る。当時、軍艦奉行並という幕府の重臣だった勝は脱藩浪士の龍馬にアメリカの話をし、海軍の重要性を説いた。感銘を受けた龍馬は即座に弟子入りし、そのもとで海軍操練所の設立に奔走するようになった。土佐勤皇党の活動から一変して幕臣に弟子入りしてしまう龍馬の行動力には本当に驚かされる。また勝の方も幕府外に有能な人材を見出そうと考えていた時期であり、この二人が結びつくのは偶然ではなく必然であった。

龍馬は勝へ弟子入りしたことで人脈を得た。一介の浪人から幕府重臣の第一の弟子になったことにより、たくさんの実力者と会う機会に恵まれたのである。

勝は旗本の長男として生まれたが、その生活は厳しかった。買う金がなかったため『ヅーフ・ハルマ辞典』という蘭日語辞典を苦心して書き写したこともあった。

実は勝と龍馬には共通点がある。それは二人とも佐久間象山に西洋砲術を学んだことがあったのだ。同じ時期ではないが、同じ師についていたことが二人を意気投合させたのではないだろうか。ちなみに象山の私塾には吉田松陰や河井継之助もいた。

龍馬は勝のことを姉乙女宛の手紙で「日本第一の人物」「天下無二の軍学者」と紹介し、その惚れ込みようは大変なものであった。しかし二人が行動を共にしたのは二年にも満たない期間である。神戸の海軍操練所は幕府が出資する幕府のための海軍学校であったが、龍馬らは藩からの帰国命令を無視して再び脱藩、元塾生は池田屋事件に参加、龍馬周辺の志士も禁門の変で戦ったために操練所は危険分子の集まりだと判断され、閉鎖されたのである。勝は罷免されて江戸で無役の寄合席となり、路頭に迷った龍馬らは薩摩藩の庇護を受けるようになった。そのことがまたしても龍馬の人生を大きく左右することになる。

勝は第二次長州征伐の直前に軍艦奉行に再任され、復職を果たした。そしてその講和会議の際には全権を委任されて「厳島談判」を成功させている。また戊辰戦争の江戸城総攻撃の時には江戸城の無血開城を実現させ、歴史に名を残す働きをした。

西郷隆盛

龍馬は西郷の人物としての大きさを釣鐘に例えた

龍馬と西郷の出会いが幕末維新史を変えたといっても過言ではないだろう。池田屋事件や禁門の変によって、龍馬が塾頭を務める神戸海軍操練所は廃止され、龍馬らは薩摩藩の庇護を受けることになった。

当時薩摩藩は、「薩摩が動けば日本が変わる」

キヨソネ画、黎明館蔵

といわれる程大きな力を持っていた。実際、薩摩が公武合体派に加担し、御所内で大きな影響力を誇っていた長州勢を排斥する「八月十八日の政変」が起こっている。この政変以降、長州と薩摩はことごとく敵対し、その関係は修復不可能だと考えられていた。しかし龍馬はこの二つの大藩が手を結ばない限り、幕府を倒し、新しい日本を創ることはできないと考えていた。

龍馬と西郷が初めて会ったのは元治元年（一八六四）八月のことであった。龍馬はその時の感想を「なるほど西郷というやつはわからぬやつだ。少しくたたけば少しく響き、大きくたたけば大きく響く。もしばかなら大きなばかで、利口なら大きな利口だろう」と勝海舟に語っている（勝海舟『氷川清話』）。情熱的で雄弁な龍馬に対して西郷は慎重で口が重たかった。龍馬は直感的にただ者ではないと感じとり、西郷という人物を釣鐘に例えたのである。それに対して勝は「坂本もなかなか鑑識のあるやつだよ」と龍馬の人物を見る目を評価している。

この初対面のあと両者は急速に接近していった。慶応元年（一八六五）の四月には龍馬は西郷、小松帯刀と薩摩の船で大坂から薩摩に向かう。そして薩摩では西郷の家に泊めてもらった。この時龍馬は身の回りの物にも不自由しており、西郷の奥さん（糸子）に一番古いふんどしを下さいとお願いする。糸子はいわれるままに一番古いふんどしを与えたが、西郷が帰宅したときにこの事を報告した。すると西郷は烈火の如く怒りだし、「お国のために命を捨てようという人だと分からないのか。すぐに一番新しいのと代えて差し上げろ」と言った。西郷はめったに怒らない人であり、糸子にあんなに怒ったのは一度だけだったという。このエピソードからは西郷が龍馬のことを大変気に入っていたことがわかる。

その後西郷は藩のメンツを第一に考え、長州の桂小五郎との和解会談をすっぽかしたことがあった。しかし仲介人の龍馬を信頼し、慶応二年（一八六六）一月には薩長同盟を締結させた。龍馬の説得がなければ薩長の同盟はなかったのである。

だが運命とは皮肉なもので、二人は別々の道を選ぶことになる。薩長は軍事力を行使する『武力討幕』に進み、龍馬は戦わずして幕府を倒す『倒幕』をもくろんでいく。のちに薩摩と土佐は「薩土盟約」を結ぶことになるが、その進む方向は同じではなかった。薩長は「討幕の密勅」を得たし、龍馬は将軍慶喜に「大政奉還」をさせた。

最終的に龍馬は自らが結びつけた薩長（西郷と桂）に裏切られる結果となってしまった。

西郷は大局的に物事を見る人物である。理想とする日本国の実現のためには手段を選ばなかったのである。

桂小五郎（木戸孝允）

逃げの小五郎

桂小五郎と龍馬には共通点がある。二人とも剣客であったが生涯一人の人間も斬ることがなかった。戦いが起こるといつの間にやら雲隠れしたことから、ついたあだ名が「逃げの小五郎」。しかし無益な争いを好まない姿勢は龍馬と似ている。桂の「逃げ」には哲学があったのではないだろうか。

桂は萩藩医の次男として生まれたが、龍馬よりも二歳年上だった。十六歳の時に吉田松陰の門下生となり兵学を学ぶ。その後自費で江戸へ遊学し、江戸三大道場の一つ斎藤弥九郎の「練兵館」に入門、塾頭になった。桂の剣の実力は平凡であったが、人をまとめる能力があったのである。また西洋の兵学や蘭学、造船術も学んで力をつけていった。

そんな桂にも転機が訪れる。ペリーの来航によって桂は相模海岸の警備を受け持ち、以後エリート街道を走っていった。また長州江戸屋敷有備館の館長にも抜擢された。安政四年（一八五七）十月に鍛冶橋土佐藩邸で剣術の試合が行われたが、桂も龍馬も参加しているので顔くらいは合わせたかもしれない。

長州の志士は過激な攘夷活動を行ったイメージがあるが、桂は攘夷派の中では穏便派で、久坂玄瑞や高杉晋作とは同調しない事も多かった。その独自の路線にはやはり哲学を感じさせる。

慶応元年（一八六五）閏五月六日、龍馬は西郷と桂の会談を実現させるために桂と面談した。結果は大成功で、桂は西郷との会談を承知する。この薩長の和解には以前から中岡慎太郎の周旋があったのだが、内諾させたのは龍馬である。「良いトコ取り」ともいえなくもないが、決めなければならない場面で確実に決めるのが龍馬の凄いところである。龍馬はチャンスを逃がさない男だった。

その後、桂が条件として出した名義貸しでの武器購入も、龍馬は亀山社中を使ってなんなくやってのけ、長州の薩摩への確執を取り払うことに成功した。

白眉だったのは慶応二年（一八六六）一月の龍馬の活躍である。薩長同盟締結のために、桂（当時は木戸貫治、のちに孝允と改名）、西郷、薩摩の二家老は京の二本松薩摩藩邸で会談を行っていた。しかし木戸も西郷も藩のメンツを第一に考え、自分から同盟の話をきり出そうとはしない。しびれをきらした木戸は、薩摩にはその気がないものと諦め、長州に帰国しようとしていた。そこへ龍馬がやってきたのである。龍馬は「薩長の同盟は日本国を救うものであるから、考え直してくれ」と木戸を説得、西郷や大久保利通にも説得を行い、納得させた。その結果、同盟の話は薩摩から長州へ申し込むことになり、無事結ばれた。このような説得は薩長双方から信頼されている龍馬にしかできない芸当だった。龍馬が薩長同盟を締結させたといわれる所以である。

慶応元年九月七日付の故郷に宛てた龍馬の手紙には、「当時長州に人物なし、といえども、桂小五郎なる者あり」とある。桂は当時、龍馬に認められた唯一の長州人であった。

桂は西郷、大久保とならび「維新の三傑」と呼ばれている。

近藤長次郎

亀山社中のトップセールスマン

日本の洗濯を考えていた龍馬は二つの商社を創った。一つは薩摩藩の協力を得て設立した亀山社中であり、もう一つは土佐藩を後ろ盾にもつ海援隊である。

成長する会社には必ず優秀な社員がいる。龍馬は国事に東奔西走し長崎に本部を置く社中にも、のちの海援隊にもベッタリではなかった。しかし遠くから指示を出し優秀な社員がそれを実行した。

中でもトップセールスマンだったのが社中では近藤長次郎、海援隊では陸奥宗光だった。近藤は類い稀なる営業センスを持っていたが、それは彼の出生にも関係があった。龍馬から「饅頭屋」のアダ名で呼ばれていた近藤は武士の出ではなく饅頭屋の倅だったのである。

龍馬は、八月十八日の政変や禁門の変で敵対し嫌悪しあっていた薩摩と長州を結びつけるた

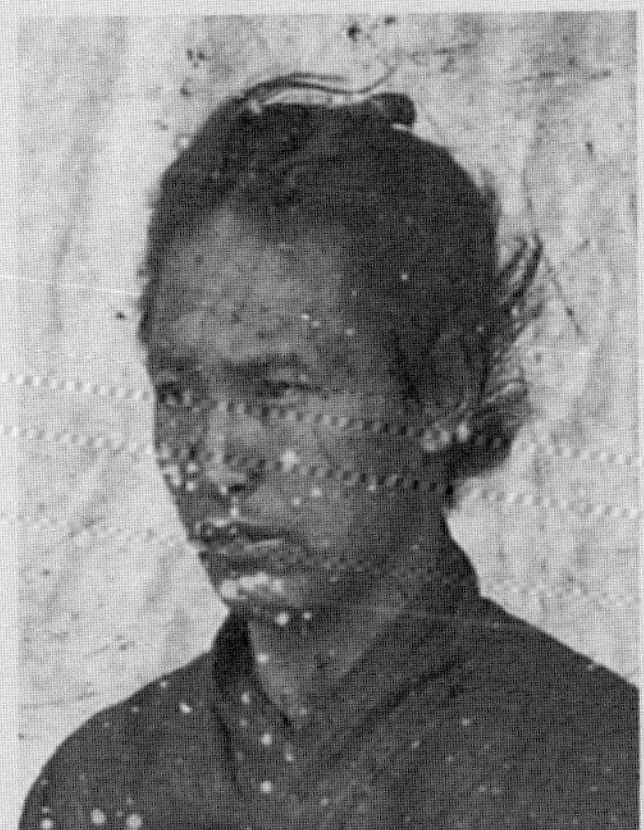

めに両藩の商品取引を考えついたが、その周旋や運輸を目的に設立したのが亀山社中である。

　当時長州藩は、幕府や朝廷を敵にまわしていたために外国から武器を買うことができず、第二次長州征伐に対応できる状態ではなかった。そこで社中の近藤はイギリス商人グラバーから薩摩名義で長州のための洋式銃や艦船を買い付けようと奔走し、見事成功させた。その結果長州は薩摩への態度を緩和させ、薩長同盟への大きな一歩となったのである。

　龍馬と近藤の出会いは古く、近藤は河田小龍の弟子だった。肖像写真が残っているが、かなり背が低かったようである。しかし近藤はそれをはねのけるバイタリティを持っており、江戸へ遊学して儒学や洋学、砲術などを学んだ。文久三年（一八六三）には土佐藩から士分に取り立てられ、苗字帯刀を許されている。

　近藤の運命を変える出来事、それは文久二年（一八六二）十二月に龍馬と勝海舟を訪ね、その場で入門したことである。その後は龍馬と行動を共にし、勝海舟の門下生、神戸海軍操練所の訓練生となった。

　近藤は龍馬が最も信頼していた同志の一人であった。しかしイギリス密航の経験を持つ伊藤俊輔（博文）からイギリスの話を聞き、社中のメンバーに内緒で英国密航を企てた。この頃、龍馬をはじめ社中は薩長の和解に必死の活動を行っており、近藤の密航計画は許し難い裏切りであった。偶然、陸奥宗光がこの計画に気付き、社中のメンバーは近藤を問いつめる。しかし一切弁解をしなかったという。

　同志から社中の盟約違反により切腹を迫られた近藤は、武士のケジメとして潔く切腹して果てた。行年二十九歳。その時龍馬は下関から京都に向かう船の上にいて、のちに近藤の切腹を知らされたのだった。

中岡慎太郎

　龍馬が「自由な発想の人」なら、中岡慎太郎は「強い信念と努力の人」といえるだろう。その存在や活動は地味に捉えられがちだが、幕末維新の功績は龍馬よりも上かもしれない。事実、龍馬よりも早く薩長同盟に動き出し、その土台を築いた。維新後に元筑前藩士の早川勇は、薩長同盟締結の功績は龍馬よりも慎太郎の方が大きかったと証言している。

　慎太郎は龍馬よりも三歳年下で、土佐国北川郷大庄屋の長男として生まれた。士分ではあったが身分は足軽よりも下だった。幼少から学問に親しみ、七歳から四書（大学、中庸、論語、孟子）を学ぶ。そして十四歳の頃には通っていた塾で先生に代わって講義をしたという。また

剣術を武市半平太に学んだ文武両道の人で、少年期を落ちこぼれとして過ごした龍馬とは対照的であった。
　文久元年（一八六一）八月、龍馬が九番目に加盟した土佐勤皇党に十七番目に加わり、勤皇活動に身をおいた。慎太郎二十四歳の時である。翌年には山内容堂の護衛として「五十人組」に伍長として参加し、入京している。その後容堂から藩命を受けて江戸へ行ったが、そこで久坂玄瑞らと交わり、志士として頭角をあらわしていった。文久三年（一八六三）二月には徒士目付、さらに他藩応接役を命ぜられた。

薩長同盟締結の土台をつくる

　しかし「八月十八日の政変」で過激な尊攘派が御所から一掃されると、土佐勤皇党の弾圧も開始され、慎太郎も藩から追われる立場になってしまう。そして脱藩、長州へ入り真木和泉らと親交をもった。

　龍馬は禁門の変には全く関与していないが、慎太郎は長州の忠勇隊に入り天竜寺に屯集、来島又兵衛の遊撃隊とともに禁門の変に参加した。しかし長州勢は敗退し、慎太郎も負傷して長州に逃れた。

　さらに慎太郎は忠勇隊の隊長となり、第一次

長州征伐について西郷隆盛と小倉で会談し、西郷と高杉晋作の対面を下関で実現させた。

　薩長同盟締結における慎太郎の働きが絶大なものであったことは先にも述べたが、他にも犬猿の仲であった岩倉具視と三条実美の間をとりもった。二人は和宮降嫁の際に敵対し、それ以降もすれ違っていたが、慎太郎はこの二人がにらみ合うのは日本国のためにならないと両者の間を行き来し、和解させた。明治新政府における岩倉と三条の活躍をみれば、この和解がいかに重要なものであったかがわかるだろう。

　慶応三年（一八六七）、海援隊の隊長となった龍馬に対して、慎太郎は陸援隊の隊長となる。この二つの隊は似て非なるものであった。商業活動を行う海援隊に対し陸援隊は経営とは無縁で、その実態は武力討幕にむけた陸戦部隊であった。龍馬と慎太郎の性格の違いが、そのまま海援隊と陸援隊の違いになっているようで実に興味深い。

　大町桂月（明治・大正期の文人）は、「龍馬が瑞山（武市半平太）の奇系を受け継いだのに対し、慎太郎は瑞山の正系を継ぐ存在だった」と評している。

　慶応三年十一月十五日、慎太郎は龍馬と会談中に京都見廻組の隊士に襲撃され、二日後に落命した。信念に向かって突っ走った三十年の生涯であった。

横井小楠

龍馬に絶大な影響を与えた過激な開国派

　龍馬の学問は『実学』である。どんなに優れた学問も実践されなければ、机上の空論に過ぎないと考えていた。じつは龍馬に『実学』の精神を教えた人物がいた。それが横井小楠である。

　小楠は文化六年（一八〇九）八月に肥後藩士の次男として生まれた。龍馬よりも二十六歳年上である。小楠は八歳で熊本の藩校・時習館に入学し、二十九歳で居寮長となった。天保十年（一八三九）には江戸へ遊学して藤田東湖らと交わり水戸学の影響を受けた。帰国後に藩政を非難し、実践を重んじる実学党を結成する。しかし実学党は分裂、上士層の長岡堅物らと対立し、下士層や豪農層の立場に立った。

　のちに水戸学の攘夷論に疑問を感じて、安政二年（一八五五）には開国論に転向したという非常に急進的な人物であった。日本が攘夷一色であったペリー来航の直前に「文武一途之説」を説き、相手の強弱ではなく要求の内容によって対応を決めるべきであるとしている。この時期に非常に賢明で冷静な判断をしていたのだ。

　その後、安政五年（一八五八）から文久三年（一八六三）までの五年間に四回越前藩に招かれ、三岡八郎（由利公正）と協力して殖産興業・貿易事業に力を尽くした。そこへ龍馬がやってきたのである。脱藩した龍馬は、たくさんの賢者から時勢を聞こうと前越前藩主・松平春嶽を訪ね、春嶽から小楠や勝海舟を紹介された。

　龍馬に対して小楠は「破約必戦論」を唱え、外国との不平等な条約を破棄するためには戦争もやむをえないと過激な説を展開する。そのためにはまず積極的に開国して貿易を行い、国力をつけるべきだという。龍馬はこのきわめて進んだ考えに感銘を受け、小楠のもとを去っていった。

　また小楠は「国是三論」を著し、「武士は商業活動を行う商人であり、領民のための公僕的役割を果たす存在であるべき」とも唱えている。龍馬は慶応元年（一八六五）五月までの二年半に五回も小楠を訪ねた。龍馬がいかに惚れ込んでいたかがわかるだろう。

　龍馬が勝の使者として、神戸海軍操練所の資金集めに越前に訪れた際にも、小楠が春嶽との仲介役を務めた。そして龍馬は越前藩の一年間の予算に相当する五千両の調達に成功した。

龍馬は小楠の教えである実学を「船中八策」に盛り込んだ。龍馬は、小楠が幕閣に建白した「国是七条」を現実に根ざしたものにすり替え、「船中八策」にしたのである。「国是七条」とは、春嶽が幕府の政事総裁職に就任した際に小楠が建白したもので、幕藩体制を否定する一方で諸藩による公議政治の断行や富国強兵、殖産興業を推進するというものであった。

このように龍馬のアイデアにはオリジナルは少なかったが、龍馬は他人から聞いた高邁な思想を現実化できるようにアレンジした。そしてその実現のために自由な発想を追加し、誰にも真似のできないものにしていったのである。

明治新政府で小楠は参与となったが、明治二年（一八六九）京都で暗殺された。行年六十一歳。

大久保一翁

実現の五年前から大政奉還を唱えていた幕臣

写真提供：霊山歴史館

龍馬はたくさんの偉大な人物から情報という力を与えられた。本来ならば書物から得るべき知識を、耳から得たのである。幕末は現代と同じで「情報過多の時代」であった。様々な情報の中から本物だけを見極め、それを実践していった。龍馬は当時流行りの攘夷派の志士ではなく開国派の志士で、先見の明があったことがわかる。

龍馬に開国の重要性を説いた人物はたくさんいた。河田小龍、横井小楠、勝海舟などがそれで、大久保一翁もその一人であった。龍馬は脱藩の身という反体制的な立場にあったにもかかわらず、幕臣など体制側の人間と接触し、その考え方をスポンジのごとく吸収していった。

一翁はペリー来航時に老中だった阿部正弘によって抜擢され、安政元年（一八五四）目付・海防掛に任ぜられた。外圧に対抗するための軍制改革を担当したことから、ペリー来航によって出世した人物だといってもいいだろう。また一翁は若き日の勝海舟を登用した。のちに蕃書調所頭取、長崎奉行、駿府奉行を歴任し、京都奉行にもなる。しかし一橋派だったために井伊直弼に睨まれ降格、ついには罷免されてしまう。

だが桜田門外の変で大老の井伊が暗殺されると再び蕃書調所頭取に登用され、外国奉行にも任命される。文久二年（一八六二）頃には松平春嶽と交わり、大政奉還を主張するようになった。そして翌年の一月二十五日に龍馬が一翁を訪ねてやってきた。この時、一翁はその過激な言動から外国奉行を罷免されたばかりだった。残念ながらこの時の会談の内容は何も伝わっていない。

龍馬が一翁の口から大政奉還論を聞き出したのは、同年四月の二回目の訪問時であったと思われる。この時、一翁は刺されることを覚悟してその論を披露したが、龍馬と沢村惣之丞は手を打つばかりに賛同したという。一翁は瞬時に龍馬の資質を見抜き、松平春嶽宛の手紙に「同人（龍馬）は真の大丈夫」であると記している。龍馬も慶応二年（一八六六）十二月四日、兄権平宛の手紙に「当時天下之人物ト云ハ、徳川家ニハ大久保一翁、勝安房守（海舟）」と書いており、二人はお互いの才能を認め合っていたのがわかる。

しかし一翁の大政奉還論は、龍馬のそれとは明らかに違っていた。龍馬の大政奉還論は西洋列強に対抗するためには幕府を倒し、強い日本国をつくるというのが基本理念であった。それに対して大久保の論は王政の復古を望んでのものではなく、攘夷の不可能をわからせたいという意図を持っていた。朝廷は攘夷に執着したが、日本にその国力はない。徳川は政権を朝廷に返上して一大名に戻り、あとは朝廷に任せればよいという考えであった。朝廷に攘夷の無謀さを知らせるための苦肉の策といえる。よって一翁の論はあくまで幕臣としての立場にたったもので、現実的なものではなかった。

　これを龍馬は、武力討幕論に対抗する平和的な倒幕論（大政奉還論）にすり替えたのである。形は同じでも理念と目的は違っていた。一見して一翁のパクリのようにも思えるが、実は龍馬のアレンジャーとしての面目躍如の論であった。

　一翁は明治新政府では東京府知事や元老院議官を務めたのち、七十二歳の生涯を閉じた。

陸奥宗光

カミソリと呼ばれた男

　龍馬はいう。「海援隊の連中は大小の刀を取り上げれば路頭に迷う奴ばかりであるが、陸奥陽之助（宗光）だけは食うのに困らない男である」。龍馬は九歳も年下の陸奥に一目おいており、その商才を高く評価した。また陸奥は大変頭が切れたため「カミソリ」と呼ばれていた。

　陸奥は紀州藩士・伊達宗広の六番目の子として生まれたが、嘉永五年（一八五二）に父が藩内の権力争いの末に失脚してしまう。そして陸奥も追放処分を受け、江戸に出た。苦難の少年時代を送るが、儒学者の安井息軒の下で修行し、十八歳になると京に上り勤皇運動に身をおくことになった。龍馬とは文久三年（一八六三）六月頃に江戸で出会う。その時龍馬は、神戸海軍操練所の設立に奔走しているころで、龍馬に感化された陸奥も操練所で海軍技術を学んだ。

　操練所時代にはこんなエピソードを残している。陸奥は浪士の身分でお金がなく、せんべい布団で寝ていたが、他の塾生はみんな良いふとんを使っていた。くやしい思いをしていた陸奥は、神戸のふとん屋数軒から購入予定だといってふとんを取り寄せ、中の綿を少しずつ抜き取って返品した。そして陸奥は少しずつ抜き取った綿で一枚のふとんをつくったのである。

　のちに陸奥は亀山社中に加わるが、土佐藩士を名乗り伊達小次郎という変名を使った。この頃龍馬は茶商の女傑・大浦慶から三百両を借りたが、借金のかたに陸奥がとられ、お慶の背中流しをさせられたという。その後は海援隊にも参加し副隊長格となった。陸奥は「商方の愚案」という意見書を龍馬に提出し、龍馬からは「商法のことは陸奥に任せる」といわれるほどであった。

　そんな陸奥が慶応三年（一八六七）九月に大活躍し、海援隊と丹後・田辺藩との間に商取引の契約を結んだ。この契約は六ヶ条からなり、田辺藩が商品を長崎で売買するときは海援隊が代行し、その運送は海援隊が行うというものだった。また田辺藩が西洋の物品を購入する際は、海援隊が外国商人を斡旋すると決めた。さらに陸奥はオランダ商人ハットマンとライフル銃千三百挺の購入契約も結ぶ。この銃はうち二百挺が大坂に、百挺が長州に、残り千挺が土佐藩に引き渡され武力討幕の用意となった。

　龍馬暗殺後に、同志の中で最も過激な行動をとったのも陸奥であった。当時暗殺の実行犯は新選組であると信じられており、その黒幕はいろは丸事件で多額の賠償金を払わされた紀州藩の三浦休太郎だと噂されていた。激怒した陸奥は海援隊士らを集めて仇討ちを計画し、十六名で天満屋に斬り込んだ。天満屋で酒宴中の三浦を新選組の斎藤一の隊が護衛していたことから、海援隊士と新選組の斬り合いとなった。双方に死傷者が出たが、三浦は無事だった。
　陸奥は明治新政府でも活躍し、外務大臣として治外法権の撤廃を成功させ、その功績からのちに伯爵になった。
　陸奥は龍馬のことをこのように評している。「近世史上の一大傑物。融通変化の才に富み、識見議論高く、他人を説得する能力に富む。同時代に彼の右に出るものはいない」と。

後藤象二郎

仇敵龍馬と和解し、大政奉還実現に道筋をつける

　龍馬の成し遂げた三つの偉業とは、薩長同盟、船中八策、大政奉還であろう。その一つ大政奉還は、世界の歴史の中でも極めて稀な武力によらない政権交代であり、龍馬の名を後世に残すことになった奇策である。

　これは将軍から朝廷に自主的に政権を返還させるものであったが、この奇策に実現の道筋をつけたのは土佐藩参政の後藤象二郎だった。しかし後藤は現在あまり高く評価されていない。それどころか大政奉還の手柄を独り占めするために龍馬の暗殺を命じたのではないかとさえいわれている。

　慶応三年（一八六七）一月に、後藤と龍馬は初体面を果たしている。この時の両者の立場は、追う者と追われる者であった。龍馬は脱藩中の身であり、後藤の義叔父であった吉田東洋は龍馬の加盟していた土佐勤皇党によって暗殺されたからである。

　後藤は、東洋が参政の時には普請奉行などに抜擢されてエリート街道をひた走り、乾（板垣）退助や福岡孝悌とともに藩政改革に取り組んでいた。しかし門閥派は後藤らの勢力を軽蔑の意味をこめて「新オコゼ組」と呼んでいた。後藤は馬廻格という比較的身分の高い武士であったが、家老や中老から見れば新参者にすぎなかったのである。

　そして東洋が暗殺されたことにより後藤も失脚する。土佐勤皇党がその勢力を拡大していた文久三年（一八六三）には江戸に出て海運術や蘭学、英学を学んだ。

　だが山内容堂が復権し公武合体派が勢いを取り戻した時に帰国して大監察となり、勤皇党の弾圧に乗り出した。土佐勤皇党の党員は捕らえられ、その盟主で龍馬の親戚であった武市半平太は切腹を余儀なくされてしまう。

　龍馬は脱藩時に東洋を暗殺した犯人だと嫌疑をかけられていて、後藤は龍馬を憎しみの対象として捉えていたし、龍馬にとっても後藤は武市を死に追いやった張本人であった。本来なら憎しみ合うはずであったが、大人物だった二人は過去の旧怨に縛られることはなかった。

　実は龍馬にも後藤にも思惑があった。当時、龍馬率いる亀山社中は経営難で猫の手も借りたい状態であったし、土佐藩も貿易による近代化や薩長同盟に乗り遅れていたため、龍馬の持つ海軍技術や、貿易商人・薩長などの人脈が欲しかった。後藤は土佐藩が中央政界で力を握るには、龍馬の協力が不可欠だと考えたのである。

　利害関係が一致したからこそ仇敵同志が手を結んだのだが、それ以上に両者は互いの人間的な魅力に惚れ合ったのだろう。そして亀山社中は土佐藩のバックアップを得て海援隊に発展する。後藤の存在がなければ海援隊は誕生しなかったかもしれない。

　後藤は維新後も生き残るが、自由民権運動に挫折、事業にも失敗する。その後、逓信大臣、農商務大臣を務めるが取引所設置のスキャンダルによって辞職、晩年は病気のために不遇であったという。行年六十歳。

坂本龍馬関係年表

小椋克己・土居晴夫

年齢	年	月日	龍馬の行動	月日	関連事項
1歳	天保6年（1835）	11月15日	高知城下本丁筋、郷士坂本長兵衛（のち八平）の次男として誕生	9月	天保通宝鋳造
12歳	弘化3年（1846）		小高坂村、楠山庄助の塾に入門。喧嘩がもとで退塾	2月	伊豆韮山代官江川英龍、伊豆七島を巡視。海防に関する意見を幕府に具申
		8月10日	母・幸死去（49歳）	12月17日	山内豊信（のちに容堂）土佐藩主を襲封
14歳	嘉永元年（1848）		高知城下・築屋敷の小栗流日根野弁治道場に入門、剣術修行を始める	2月28日	改元
					外国船対馬、五島、蝦夷などに現れる
19歳	嘉永6年（1853）	3月	小栗流「和兵法事目録」を受ける	6月3日	ペリー提督、黒船4隻を率い来航。米国大統領の親書を幕府に提出
		3月15日	剣術修行で15か月間の国暇《くにいとま》、江戸へ出発	6月	12代将軍・家慶没。家定、13代将軍を襲封
		4月中旬	桶町、北辰一刀流・千葉定吉道場に入門		
		6～9月	ペリー来航で土佐藩臨時御用に徴され品川沿岸警備に動員		
		12月1日	佐久間象山塾に入門、砲術を学ぶ		
20歳	嘉永7年 安政元年（1854）	2月27日	土佐藩警備隊解散	1月	ペリー提督、軍艦7隻をつれて再度神奈川沖に来航
		6月23日	修行終え土佐に帰国	3月3日	幕府、日米和親条約調印。
		7月	小栗流「和兵法十二箇条」「和兵法二十五箇条」を受ける	11月5日	安政の大地震
		秋ごろ	ジョン万次郎を取り調べた河田小龍を訪ね、蒸気船の活用を教えられ、実行を約し、乗員の養成を依頼	11月27日	改元
21歳	安政2年（1855）	11月	仁井田浜で西洋流砲術家徳弘孝蔵門下の砲術稽古に参加	7月	長崎海軍伝習所開始
		12月4日	父・八平死去（59歳）	10月2日	江戸大地震
					千葉周作没（63歳）
22歳	安政3年（1856）	2月2日	兄権平、坂本家の家督を継ぐ	7月21日	米国総領事ハリス下田に着任
		8月20日	一年間の剣術修行許可を得、再び江戸へ出発	10月	露国使節下田に来航
23歳	安政4年（1857）	8月	鏡新明智流桃井春蔵門下で縁戚の山本琢磨時計拾得事件に関与、密かに藩邸から脱出させる	4月	幕府、講武所内に軍艦教授所設立
				5月	下田奉行、ハリスとの下田約定結ぶ
24歳	安政5年（1858）	1月	「北辰一刀流長刀兵法目録」を受ける	1月	幕府、日米条約調印の勅許を請う
		9月3日	土佐に帰国	3月	調印拒否の勅答下る
		11月23日	立川の関で水戸藩士住谷寅之助・大胡聿蔵と会う。2人は龍馬に失望して帰る	7月	13代将軍家定没。家茂14代将軍を襲封
					「安政の大獄」起こる。水戸藩主徳川斉昭、福井藩主松平春嶽ら謹慎
25歳	安政6年（1859）	9月20日	徳弘孝蔵に正式入門	2月26日	土佐藩主山内豊信隠居、豊範襲封
				5月	幕府、神奈川・長崎・箱館を開港
				10月11日	山内容堂、土佐藩品川屋敷に謹慎
				10月27日	吉田松陰処刑
26歳	安政7年			1月	遣米特使出港。勝海舟ら咸臨丸で渡米（ジョン万次郎乗船）

年齢	年	月日	龍馬の行動	月日	関連事項
26歳	万延元年（1860）			3月3日	江戸城桜田門外で水戸浪士ら大老井伊直弼を暗殺
				3月18日	改元
				8月15日	徳川斉昭没
27歳	万延2年 文久元年（1861）	9月	土佐勤王党に加盟	2月19日	改元
		10月	小栗流「和兵法三箇条」目録を受ける	8月	武市半平太、大石弥太郎ら江戸で土佐勤王党を結成
		10月11日	剣術詮議のため高知出発、讃岐丸亀の矢野市之丞道場を訪ねる	9月25日	武市、土佐に帰り同志を勧誘
		10月14日	柴巻の田中良助邸で路銀2両借用	12月	皇妹和宮、将軍家茂に降嫁
		11月29日	剣術詮議満期のため翌年2月まで再延長を願い、その後安芸に渡る。以後消息不明		
28歳	文久2年（1862）	1月14日	長州・萩に久坂玄瑞を訪ねる	1月15日	坂下門外の変。尊王攘夷派の志士ら老中安藤信正を襲撃
		1月23日	久坂の武市瑞山宛の書状を持って萩を出発	4月8日	土佐藩参政吉田東洋暗殺される
		2月29日	土佐に帰る	4月16日	島津久光入京
		3月24日	沢村惣之丞とともに脱藩	4月23日	寺田屋騒動
		3月25日	檮原の那須信吾宅に宿泊	4月27日	毛利定広、江戸参勤からの帰路入京
		3月27日	伊予長浜、冨屋金兵衛方に宿泊	7月	一橋慶喜・将軍後見職、松平春嶽・政治総裁職となる
		3月29日	長州三田尻・招賢閣へ入る。その後京都に向かう沢村と別れる	8月21日	生麦事件。島津久光、江戸からの帰路イギリス人を殺傷
		4月1日	下関の白石正一郎を訪ねる。その後九州へ	8月25日	江戸参勤途上の山内豊範上京、武市ら土佐勤王党員も随行
		6月11日	沢村惣之丞と大坂で再会	[8]月	松平容保、京都守護職となる
		[8]月22日	江戸に入り、千葉定吉道場に草鞋を脱ぐ	10月25日	宮川助五郎、中岡光次（慎太郎）ら土佐勤王党五十人組上京
		[8]月26日	間崎哲馬と会う	11月16日	中岡光次ら江戸着
		11月12日	高杉晋作、久坂玄瑞と会う	12月11日	門生の門田為之助、近藤昶次郎（長次郎）、勝海舟を訪ねる
		12月5日	間崎哲馬、近藤昶次郎（長次郎）とともに松平春嶽に拝謁	12月12日	高杉晋作ら品川御殿山の英国公使館焼き討ち
		10～12月	このころ軍艦奉行並勝海舟の門下生となる		
		12月29日	千葉重太郎とともに兵庫の勝海舟を訪ね、京都の情勢を伝える		
29歳	文久3年（1863）	1月1日	千葉重太郎、近藤らと上京、公卿に海舟草稿を渡す	1月8日	高松太郎、千屋寅之助、望月亀弥太ら、龍馬の紹介で海舟門下生となる
		1月8日	大坂に勝海舟を訪う	1月10日	山内容堂、品川から筑前藩船大鵬丸で上京の途につく
		1月25日	沢村惣之丞ら5人で大久保一翁に面会	1月13日	勝海舟、順動丸で兵庫出発、江戸に向かう
		2月25日	龍馬、京都藩邸で7日間謹慎、この日脱藩罪赦免となる	1月15日	海舟、寄港地の下田法福寺で山内容堂に会い、龍馬の脱藩罪赦免を請う
		3月1日	新宮馬之助とともに、大坂に勝海舟を訪ねる	3月1日	勝海舟、大坂北溜屋町の真正寺を宿舎とする
		3月6日	安岡金馬とともに航海術修業の藩命を受ける	3月4日	将軍家茂入京
		4月2日	江戸の大久保一翁に面会、海舟、松平春嶽への書簡を托される		新撰組編成
		4月3日	書簡を持参、順動丸で大坂に出発（9日大坂着）	4月13日	清河八郎暗殺される
		4月10日	和歌山で勝海舟と会い、一翁の書簡を渡す	4月20日	将軍家茂、攘夷期限を5月10日上奏
		4月16日	一翁と海舟の書簡を携え、大坂から福井に向かう	4月23日	将軍家茂、海舟の案内で順動丸で兵庫・神戸・西宮を視察
		5月2日	海舟の使者として姉小路公知を訪う		
		5月16日	松平春嶽に海軍塾建設資金借用交渉のため福井に出発。福井で		

6月2日 村田巳三郎、横井小楠、三岡八郎（由利公正）に会う
6月上旬 広井磐之助が仇討ち。海舟らとともにこれを援助
伊達小次郎の知友・乾十郎の保護を大坂町奉行所に依頼。そのため水戸浪士甲宗助に決闘を申し込まれるが海舟らの仲介で中止
6月29日 京都福井藩邸に村田巳三郎を訪ね時勢を論じ、勝海舟からのお礼の騎兵銃一挺を贈る
7月1日 近藤長次郎とともに村田巳三郎再訪
7月下旬 江戸へ
9月9日 勝海舟に同行、海路大坂着
9月25日 海舟に従い神戸村に移る
10月 勝海舟の海軍塾塾頭となる
10月28日 海舟に従い江戸へ
12月上旬 土佐藩の召還令に応ぜず再び脱藩の身分となる
12月28日 将軍上洛に随行する勝とともに、翔鶴丸で品川を出港

4月24日 神戸海軍操練所設置の命出る。勝海軍塾開設も許可される
4月25日 姉小路公知、海舟の案内で兵庫を視察
5月10日 長州藩、下関で外国船を砲撃
5月20日 姉小路公知暗殺される
6月6日 高杉晋作、奇兵隊編成
7月2日 薩英戦争
7月22日 北添佶磨ら、海舟に蝦夷地視察を報告
8月17日 大和で吉村虎太郎ら天誅組挙兵
8月18日 公武合体派、クーデターで政権奪取。七卿、長州に都落ち
9月21日 土佐勤王党弾圧始まる。武市半平太投獄
9月 神戸生田に勝海舟屋敷と海軍塾が完成
10月12日 平野国臣、沢宣嘉、生野で挙兵
12月30日 一橋慶喜、松平春嶽、松平容保、山内容堂、伊達宗城らを朝議参与に任命（島津久光は文久3年1月任命）

30歳 文久4年 元治元年（1864）

1月8日 大坂に着く
2月10日 海舟、外国艦隊の下関砲撃回避のため京都を発し、長崎へ出張、龍馬ら随行
2月19日 一行熊本に着き、龍馬、横井小楠を訪ねる
2月23日 一行長崎に着く
4月6日 長崎からの帰路、横井小楠を再訪、小楠の甥2人と門人を伴い帰る
4月12日 大坂着
6月1日 京都にお龍を訪ね、翌日江戸に出発
6月17日 黒龍丸で下田に至り、勝海舟に蝦夷開拓計画を語る
7月28日 翔鶴丸で大坂から神戸に帰着
8月3日 吉井幸輔と同道し神戸から京に登る。このときお龍を寺田屋に預けるなど楢崎一家を救うという
8月中旬 勝の使者として京都に西郷吉之助（隆盛）を訪問
8月23日 京から神戸に戻り、海舟に京都の情勢を伝える
11月頃 沢村惣之丞とともに江戸に潜行、外国船を借り航海する計画をたてる

1月14日 将軍家茂再上京
2月7日 このころまでに神戸海軍操練所建物が外周を除きほぼ完成
2月20日 改元
4月26日 幕府、京都見廻組編成
5月14日 勝海舟、軍艦奉行に昇進、安房守を称す
5月29日 幕府、神戸海軍操練所開設を布告、修業生を公募
6月5日 新選組の池田屋騒動。北添佶磨、望月亀弥太ら多数闘死
7月上旬 海軍塾生安岡金馬、池内蔵太が上京の長州軍に参加
7月11日 佐久間象山、京都で暗殺される
7月17日 観光丸、佐賀藩から返還され神戸海軍操練所に配属される
7月18日 禁門の変、長州勢敗退。
幕府、越前藩船黒龍丸を買入れ神戸海軍操練所に配属
8月2日 第一次長州征討令
8月5日 英米仏蘭四か国艦隊、下関攻撃
8月14日 長州藩四か国と講和条約結ぶ
9月11日 大坂城内で勝海舟と西郷吉之助会談
9月中旬 幕府、過激派浪士詮索のため、神戸海軍塾を内偵
10月22日 幕府、勝海舟を江戸へ召還、軍艦奉行免職（11月10日）
11月 幕府の要求により長州藩謝罪

31歳 元治2年 慶応元年（1865）

4月5日 薩摩藩士吉井幸輔の京都宿舎で、三条実美の衛士を務める土佐脱藩の土方楠左衛門と会う。土方・中岡の薩長和解策に同調
4月25日 薩摩藩船胡蝶丸で神戸海軍塾時代の同志らと西郷吉之助に従い大坂から鹿児島に向かう

1月2日 高杉晋作ら、藩内俗論党打倒のため馬関で挙兵
3月18日 幕府、神戸海軍操練所廃止
4月7日 改元
4月12日 幕府、第二次征長令を発する

年齢	年	月日	龍馬の行動
		5月1日	鹿児島到着、西郷・小松帯刀邸に滞在し、薩長和解案打ち合わせ
		5月16日	薩長和解を周旋のため鹿児島を発つ
		5月19日	熊本で横井小楠に会う
		5月24日	太宰府で三条実美に謁見
		5月25日	東久世通禧に面談
		5月27日	五卿に謁見し薩長和解を説く
		⑤月1日	筑前黒崎から下関着。綿屋弥兵衛方に止宿
		⑤月5日	下関で京都から到着した土方楠左衛門と会う
		⑤月6日	木戸準一郎（桂小五郎）と会談、薩長和解へ西郷との会見を説得
		⑤月29日	中岡慎太郎と下関発、西郷と面談のため京都へ
		6月29日	京都で西郷に会い違約を責める
		8月	この頃伏見寺田屋などを定宿とし、西郷伊三郎の変名を用いる
		9月26日	西郷と兵庫出航、上関に向かう（西郷はそのまま鹿児島へ）
		10月3日	三田尻を経てこの日山口に入り、薩摩藩への兵糧米補給を折衝
		10月11日	下関で、印藤聿と会う
		10月21日	木戸準一郎と下関で会談、上京を勧める。継母伊予死去（62歳）
		11月上旬	京都へ向かう
		11月24日	大坂から周防上関を経て長崎に向かう
		12月3日	長崎から下関着、亀山社中の権益を薄めた桜島丸改訂条約締結
32歳	慶応2年（1866）	1月1日	印藤聿から長府藩士三吉慎蔵を紹介される
		1月上旬	高杉からピストル貰う
		1月10日	三吉慎蔵・新宮馬之助・池内蔵太とともに下関を出、船で大坂へ
		1月18日	大阪城で大久保一翁と会い幕府の龍馬探索が厳しいことを聞く
		1月19日	伏見寺田屋に一泊、翌日三吉を残し京都に向かう
		1月20日	京都薩摩藩邸に着き、西郷・木戸と面談
		1月21日	薩長同盟成立
		1月23日	深夜、寺田屋で伏見奉行所捕吏に襲われ、左右の指に負傷、薩摩藩伏見藩邸に匿われる
		2月1日	吉井幸輔らの護衛で京都薩摩藩邸に移り、西郷の宿舎で療養
		2月5日	木戸から送られた盟約文を含む手紙に「相違なし」の裏書
		3月4日	お龍とともに大坂から薩摩藩船三邦丸に乗り、薩摩へ保養の旅
		3月10日	鹿児島着。小松帯刀屋敷に滞在、のち吉井邸に移る
		3月17日	吉井の案内でお龍とともに塩浸温泉に赴く
		3月28日	栄之尾温泉に湯治中の小松帯刀を見舞う
		3月29日	高千穂峯登山。頂上で天の逆鉾に戯れたのち、霧島神宮参詣

月日	関連事項
5月中旬	龍馬の同志ら、長崎で薩摩藩出先の航海業に従事するため小松帯刀に同行し長崎に向かう
5月中	この頃、亀山社中設立
⑤月11日	武市半平太切腹
⑤月21日	中岡慎太郎、鹿児島より下関へ到着。西郷同行せず、木戸と会談できず
7月21日	長州藩士井上聞多・伊藤俊輔、薩摩藩名義の兵器購入のため長崎に出張、近藤長次郎の周旋で小松帯刀に会う
8月16日	伊藤俊輔と近藤長次郎、グラバーから購入した小銃4300挺を薩摩藩船に載せこの日下関着
8月	近藤長次郎、毛利敬親に拝謁、汽船購入周旋を依頼される
9月21日	将軍家茂、長州再征上奏し勅許
10月	長州藩、薩摩藩名義でユニオン号を購入、井上聞多と近藤長次郎の間で桜島丸条約が密約される。その後長州藩海軍局とこの条約をめぐり紛糾
11月7日	幕府、第二次征長戦出陣を各藩に命じる
12月	西郷、黒田了介を和解使として長州に派遣
12月27日	木戸ら、黒田の用意した薩摩藩船三邦丸で上京の途につく
1月14日	近藤長次郎、英国密航計画が社中に露見、責任を問われ切腹（29歳）
1月21日	薩長同盟成立
2月12日	幕府軍、長州藩の四境に迫る
2月	土佐藩、高知城下九反田に開成館を創設し、軍艦局、勧業局、貨殖局などを設け、長崎に貨殖局出張所「土佐商会」を設置。後藤象二郎がその運営にあたる
2月22日	長州藩、高杉晋作、伊藤俊輔を鹿児島に派遣、桜島丸の長州藩移譲問題を解決
3月20日	薩摩藩名義でワイルウェフ号購入、亀山社中に貸与
4月9日	長州第二奇兵隊、倉敷代官所襲撃。

3月30日	栄之尾温泉に戻り、翌日塩浸温泉に向かう
4月12日	日当山、隼人を経由し鹿児島に戻る
4月14日	開成所参観
6月2日	長州へ引き返す桜島丸に便乗、鹿児島発。お龍も乗船
6月4日	長崎寄港、お龍を下船させ、小曽根英四郎別荘に預ける
6月14日	社中同志らと中通島江之浜郷に赴き、ワイルウェフ号救難の謝礼をし、慰霊碑建立を依頼
6月16日	下関着。高杉晋作に小倉攻撃を依頼される
6月17日	下関海戦に参加後、渡海作戦の戦況を火の山より観戦（〜18日）
6月25日	山口で藩主毛利敬親に拝謁。ラシャ布など拝領（応援謝礼）
7月25日	長崎で薩摩藩士五代才助（友厚）に会う
7月28日	三吉慎蔵に、長府藩で海軍を設ければ亀山社中船員を提供する旨の手紙を送る。この日、五代才助を通し、大洲藩船いろは丸に亀山社中の士官・水夫派遣を決める
7月下旬	長崎—鹿児島—下関を往来（〜8月上旬）
8月15日	鹿児島から長崎に戻り、小曽根邸を定宿とする
11月下旬	下関で五代才助、長州藩士広沢兵助と会談、薩長合弁の商社設立を計画し「商社示談箇条書」を作る（実現せず）
12月上旬	長崎に戻る
12月中旬	旧友の土佐藩士溝淵広之丞を伴い長崎から下関に入港、本陣伊藤助太夫邸止宿。その後山口で木戸準一郎と溝渕を会見させる

33歳　慶応3年（1867）

1月5日	西下中の中岡慎太郎を下関の宿舎に訪う
1月9日	下関発。11日に長崎上陸
1月13日	溝淵広之丞と土佐商会員松井周助の斡旋で、長崎清風亭で土佐藩参政後藤象二郎との会見実現
2月10日	長崎からお龍を連れ下関着。伊藤助太夫邸離れにお龍と居住
2月	このころ竹島、蝦夷地開拓策を練る
2月下旬	中岡慎太郎とともに脱藩罪赦免
3月14日	蝦夷地開発計画が再燃、鳥取藩脱藩の河田佐久馬に下関来訪を手紙で要請（のち太極丸が土佐藩船となり、挫折）
4月上旬	土佐藩重役福岡藤次、長崎で後藤と協議、「亀山社中」を「土佐海援隊」とし、龍馬を隊長に任命
4月19日	大洲藩に借りたいろは丸、海援隊一番船として長崎を出港
4月23日	深夜、瀬戸内海讃岐箱ノ岬沖でいろは丸と紀州藩船明光丸が衝突し、いろは丸沈没

4月下旬	桜島丸、糧米500俵を積み下関出航、長崎に寄港。ワイルウェフ号を曳航して鹿児島に向かう
5月2日	桜島丸で曳航中の亀山社中のワイルウェフ号、五島列島中通島塩合崎沖で難破、沈没。黒木小太郎・池内蔵太ら12人殉職
6月7日	長幕戦争始まる
6月16日	桜島丸、完全に長州藩海軍局所属となり、乙丑丸と改称
6月17日	菅野覚兵衛を船将に、石田英吉ら亀山社中、乙丑丸で下関海戦に参加（〜18日）
7月	後藤象二郎、艦船購入などのため長崎出張
7月20日	将軍家茂、大坂城で逝去（21歳）
7月下旬	この頃、船のない亀山社中貧窮、長崎奉行所が水夫買収に走るがほとんど離散せず
8月	大洲藩船いろは丸に亀山社中から菅野覚兵衛、渡辺剛八、橋本久太夫が士官として乗り組む
8月21日	征長停止令下る
10月28日	亀山社中、兵庫の鳴海屋与三郎名義の西洋帆船を薩摩藩の保証で入手、大極丸と命名
11月	徳川慶喜、京都での諸侯会議を計画、有力諸侯を召集
11月15日	土佐藩重役福岡藤次ら、山内容堂の上京免除の使者として上京、薩長主導の政情を視察し、中岡慎太郎の登用を建議
12月5日	一橋慶喜、第十五代将軍に就く
12月25日	孝明天皇崩御（37歳）
1月9日	明治天皇践祚
2月16日	西郷隆盛、四侯会議参加要請のため、高知着
2月17日	西郷、山内容堂に会見
3月10日	福岡藤次、岩崎弥太郎・門田為之助らと土佐藩船胡蝶で長崎に出発
3月20日	中岡慎太郎、下関へ立ち寄る
3月20日	西郷隆盛、山内容堂に亀山社中の土佐藩外郭組織への改組提言
4月14日	高杉晋作没（29歳）
4月21日	中岡慎太郎、岩倉具視を初めて訪問

年齢	年	月日	龍馬の行動
		4月24日	明光丸備後鞆港に上陸、談判開始
		4月27日	明光丸、急用ありとして鞆出港、後日長崎での談判再開を約す
		4月29日	下関に着く
		5月13日	長崎で後藤に事件の顛末を告げ、紀州藩との交渉着手
		5月29日	五代の調停で紀州藩、土佐藩に8万3千両の賠償金支払で決着
		6月9日	土佐藩船夕顔で長崎出航。後藤象二郎、長岡謙吉とともに兵庫へ。船中で大政奉還策を協議
		6月10日	下関着、木戸準一郎を訪ね、即日出航
		6月12日	兵庫に入港し、大坂へ陸行。大坂に滞在
		6月15日	京都河原町三条下ル車道の「酢屋」に入り、「船中八策」を長岡謙吉に起草させ後藤象二郎に示す。中岡慎太郎来訪
		6月22日	京都三本木の料亭で薩土両藩の代表者会議が開かれ、王政復古の約定大綱を確認。龍馬、中岡慎太郎も同席する
		6月23日	東山で佐々木三四郎、中岡慎太郎らと会談
		6月25日	中岡慎太郎に伴われ、岩倉具視を訪問
		7月4日	土佐に帰る後藤象二郎を中岡とともに大坂まで見送る
		7月20日	上京
		7月29日	越前藩邸に呼び出され、松平春嶽からイカルス号事件を知らされる。山内容堂宛の春嶽親書を佐々木三四郎に渡すため兵庫へ
		8月1日	佐々木の乗る薩摩藩船三邦丸、龍馬下船前に土佐に向け出港
		8月12日	佐々木三四郎、アーネスト・サトウらと土佐藩船夕顔で須崎出港
		8月14日	夕顔下関着。お龍を佐々木に紹介。この日の三吉慎蔵宛の手紙で、薩長土と長府の連合艦隊編成案を提示
		8月15日	夕顔長崎着。小曽根家の海援隊宿舎に入り夜佐々木と対策協議
		8月18日	長崎奉行所立山役所での第1回の取調べに出頭
		9月10日	真犯人不明のまま、「お構いなし」となる
		9月14日	オランダ商人ハットマンからライフル銃1300挺購入契約
		9月18日	芸州船震天丸を借用、銃を積んで出港、菅野覚兵衛、陸奥陽之助、岡内俊太郎、戸田雅楽ら同行
		9月20日	下関寄港。伊藤俊輔と会い、薩・長・芸の武力倒幕の動きを知る。菅野、陸奥、銃200挺を持って大坂へ
		9月22日	下関出港。お龍と永久の別れ
		9月24日	土佐・浦戸入港。種崎中城家に潜み、岡内を使いに出して、土佐藩渡辺弥久馬、本山只一郎らに連絡をとる
		9月25日	松ヶ鼻で渡辺、本山らと会談。以後秘密会談を重ね、土佐藩への小銃売却交渉成る

月日	関連事項
5月中旬	京都で四侯会議
5月21日	中岡の周旋で、武闘派の土佐藩士乾退助、薩摩の西郷隆盛らで、武力倒幕の「薩土盟約」結ぶ
5月24日	兵庫開港勅許
5月27日	いろは丸事件で紀州藩、英国提督の裁定を嫌い、薩摩藩士五代才助に調停依頼
	山内容堂、四侯会議の行き詰まりに業を煮やし土佐に帰る
6月26日	福岡藤次、22日の薩土盟約約定書を芸州藩代表辻将曹に見せ、若干の修正のうえ確認をとる
7月6日	長崎で、イギリス海軍イカルス号の水兵刺殺事件発生
	長州藩、岡義右衛門を正使として土佐に派遣
7月8日	後藤象二郎ら、土佐藩船空蟬でこの日浦戸入港。同夜、山内容堂と藩主豊範に謁見、大政奉還建白を訴える
7月10日	岡義右衛門、山内容堂に謁見、毛利敬親の藩書を渡す
7月13日	山内容堂、後藤象二郎らを呼び建白準備着手を命じる
7月17日	土佐藩大隊司令乾退助、銃隊のみの兵制改革発表
7月24日	イギリス公使パークス、イカルス号事件で老中板倉勝静に土佐藩との直接談判を要請
7月27日	中岡慎太郎、京都で陸援隊編成
8月3日	イカルス号事件談判立会のため幕府海軍回天丸須崎港入港
8月5日	外国奉行平山図書頭、幕府重役として初の高知城下入り
8月6日	パークスが乗る軍艦バジリスク号、須崎入港
8月7日	後藤象二郎とパークスとの談判英艦上で始まるが不調
9月上旬	海援隊、丹後田辺藩と長崎への産物輸送契約を結ぶ
9月1日	後藤象二郎、土佐藩船空蟬で浦戸を出港し、上京
9月8日	後藤、会津藩招待の一力亭で熊本、福岡、久留米藩士と会合
9月20日	後藤、幕府大目付永井尚志に呼び出され、大政奉還建白書提出を催促される。その後芸州藩、薩摩藩の穏便派を動かし、西郷隆盛が「反対しない」ことを確認

9月2?日	戸田とともに■町坂本家に帰り、6年ぶりに家族、同志と歓談
10月1日	震天丸で浦戸出港。室戸沖で故障、須崎に引き返す
10月5日	藩船空蝉を借り須崎出港
10月6日	大坂着。土佐堀「薩万」に入り海援隊士と会う
10月9日	中島作太郎、岡内俊太郎、戸田雅楽（尾崎三良）と京都着。龍馬と戸田は海援隊詰所の酢屋を避け、土佐藩邸裏の近江屋に止宿
10月10日	白川藩邸の陸援隊に中岡を、また永井玄蕃頭尚志を訪ね、大政奉還建白書採用を説得。この日の後藤象二郎への手紙に、将軍職辞退より銀座を京都に移すことを主眼にするよう提言
10月13日	二条城に登場する後藤に、もし大政奉還が否定されたら海援隊が切り込む覚悟を伝える
10月16日	戸田と協議し「新官制議定書」を起草、戸田から西郷に渡す
10月24日	岡本健三郎を同伴し福井へ
10月28日	福井着。莨屋（たばこや）旅館に入る。村田巳三郎を訪ねる
11月1日	松平春嶽に拝謁。後藤象二郎からの上京要請を伝える
11月2日	謹慎中の三岡八郎来訪。新政府の財政について終日話し合う
11月3日	福井を発ち京都へ
11月5日	帰京。この頃「新政府綱領八策」を起草
11月11日	永井尚志に会う。慶喜盟主論は不調
11月15日	宿泊先の京都近江屋2階に宮川助五郎処遇問題で中岡慎太郎来訪。岡本健三郎、菊屋峰吉らも来る。岡本、峰吉外出後の夜9時（五つ半）過ぎ、7人の刺客に襲われ闘死（33歳）
11月16日	下僕藤吉絶命（25歳）。在坂の海援隊士京都に急行
11月17日	夕方中岡絶命（30歳）
11月18日	東山霊山墓地に3名を埋葬。海援隊、陸援隊、各藩同志ら参列
11月27日	土佐藩船空蝉長崎入港、事件を報知
12月2日	訃報、長崎から下関へ。三吉慎蔵からお龍に伝える
12月7日	海・陸援隊士ら16人、紀州藩士三浦久太郎を龍馬・中岡の仇と誤認して狙い、この日三浦の宿舎天満屋を夜襲し新選組と激闘
12月15日	お龍と妹君枝、三吉慎蔵が預かる
12月30日	いろは丸事件の賠償金として海援隊に1万5245両が渡る
慶応4年（1868）	
1月14日	佐々木三四郎の指揮で海援隊士ら薩摩藩等と長崎の司政権掌握
2月	長岡謙吉ら、讃岐諸島開発の建白書を新政府に提出
3月	お龍、下関から長崎を経て土佐坂本家に身を寄せる
4月12日	長岡謙吉、海援隊長を命ぜられる
4月18日	長岡謙吉、兵庫海軍局設置を建白
閏4月27日	長崎の土佐海援隊解散。長崎振遠隊に改組、東北に転戦

9月2?日	後藤、会津藩士秋月悌四郎らを近江屋に招き裏工作
10月3日	「船中八策」を基にした山内容堂の大政奉還建白書、福岡・後藤によって幕府老中・板倉伊賀守勝静に提出。その後大政奉還をめぐり幕府内で議論百出
10月13日	将軍慶喜、京都二条城に在京40藩の代表を集め大政奉還を諮問
10月14日	将軍慶喜、政権奉還を奏上。この日薩長に倒幕の密勅下る
10月15日	朝廷、幕府の政権奉還を勅許
10月17日	西郷隆盛、密勅を携え、山口を経て鹿児島に帰る。戸田雅楽同行
10月19日	いろは丸賠償金交渉で中島作太郎を長崎に派遣
11月3日	後藤象二郎、土佐に向かう
11月6日	三岡八郎、京都に召集される
11月10日	いろは丸賠償金7万両に減額で妥結
11月23日	後藤象二郎京都に戻る
11月26日	永井尚志、新選組局長近藤勇に事情聴取、近藤は犯行否定
12月6日	幕府、神戸・新潟を開港、大阪を開市
12月9日	王政復古令出る
12月12日	慶喜、京都二条城から大坂城へ移る
1月3日	鳥羽伏見の戦い始まる
1月6日	慶喜、海路江戸に帰る
1月7日	慶喜追討令出される
3月13日	西郷隆盛・勝海舟の江戸城開城会談
3月14日	「船中八策」を基にした「五ヶ条の御誓文」発布
4月11日	江戸城無血開城

浦　夏樹（みうら　なつき）
知県立坂本龍馬記念館学芸員。昭和47年知市生まれ。駒澤大学文学部歴史学科卒。世末期（江戸時代末期）が専門。担当企展は「才谷屋と坂本龍馬」「土佐の天保庄同盟」「ジョン万・小龍・そして龍馬」馬の評価」「野根山二十三士」「龍馬ゆりの人と土地－関西版－」など多数。論は「土佐勤王党の天皇観」など

川真理子（みながわ　まりこ）
京龍馬会幹事。横浜生まれ。鶴見大学文部卒業。一龍馬ファンであり、横浜郷土究会会員。著作に、「海援隊と白峯駿馬その後—忘れ去られた白峯造船所」（『霊歴史館紀要』第9号、1996）、「坂本家の子事情—鎌田清次郎」（『歳三と龍馬—幕・維新の青春譜』集英社、2003）

美濃清明（おみの　きよはる）
史研究家。昭和18年東京生まれ。早稲田学卒。幕末史研究会会長、東京龍馬会顧兼会長代行。著書に『坂本龍馬と刀剣』本龍馬・青春時代』（新人物往来社）、共こ『坂本龍馬大辞典』『共同研究・坂本馬』『新選組研究最前線』（上）（いずれ新人物往来社）など

永　唯夫（きよなが　ただお）
土史家。昭和6年山口県生まれ。昭和32立命館大学法学部卒、下関市役所に奉職。和55年より市立図書館長。平成元年市退りのち下関市立長府博物館長、下関市社福祉協議会会長などを歴任、現在下関市化財保護審議会委員、郷土の文化財を守会会長を務める。著書に『関門海峡百話』、長歴史探訪』（全7巻、編著）、『下関・維物語』など

崎　卓（しらさき　たかし）
井市職員。昭和33年福井県生まれ。信州学人文学部日本史学科卒。福井市史編さ室（古代・中世担当）、文化課（文化財担、郷土歴史博物館建設室等を経て、現在史の道整備推進室」勤務。著作に『福井における舟形石棺の変遷について』（福考古学会）、『福井市史跡ガイドブック』福井城下町名ガイドブック』（以上共著、史のみえるまちづくり協会）など

吉重太郎（すみよし　じゅうたろう）
摩龍馬会顧問。昭和2年鹿児島市生まれ。児島商業・鹿児島法経学院卒。凌雲館剣会常任理事、全日本写真連盟鹿児島県本副委員長、霧島フォトサロン会長。平成年黎明館で写真展「南米5万キロ」を開したほか、県内で「薩摩と龍馬」写真展3回開催。著作に「龍馬と薩摩」（月刊誌ルバーエイジ」連載）、著書に『薩摩と馬』（南日本新聞社開発センター出版）

織田　毅（おりた　たけし）
亀山社中ば活かす会幹事。昭和36年長崎県生まれ。長崎史の視点から、龍馬研究の新たな可能性を模索している。著書に『坂本龍馬と亀山社中』、『龍馬に聞く』など、共著に『坂本龍馬大事典』、『共同研究・坂本龍馬』など。論文に「安政二年のオランダ通詞たち」、「外国人居留場掛初代乙名・田口牧三郎について」など

南條　良夫（なんじょう　よしお）
竜馬通り商店街振興組合前理事長。伏見商店街連盟前会長。昭和5年京都市伏見区生まれ。商店街活性化と伏見の街造りに尽力、法人組合設立および竜馬通り商店街命名者。京都商工会議所会頭・京都市長・京都府知事より、また高等学校PTA活動功労者として昭和58年文部大臣表彰をそれぞれ受ける

宮川　禎一（みやかわ　ていいち）
京都国立博物館主任研究官。昭和34年大分県生まれ。京都大学大学院修了（考古学）。博物館で坂本龍馬関係資料を含む考古歴史資料を担当。著書に『陶質土器と須恵器』（日本の美術407、至文堂、2000）、『龍馬を読む愉しさ』（臨川書店、2003）など

木村　武仁（きむら　たけひと）
霊山歴史館学芸員。昭和48年京都府生まれ。國學院大學文学部卒。専門は幕末維新史。毎日文化センター、朝日カルチャー、京都新聞カルチャー講座、サンケイリビングカルチャー、京都アスニー、朝日旅行会、TOYRO倶楽部の各講師のほか、京都チャンネルの時代考証なども務める。著書に『もっと知りたい、坂本龍馬』（日本実業出版社）

猪坂　行雄（いのさか　ゆきお）
フリーライター。昭和23年徳島県生まれ。東京農工大卒。新聞記者、編集プロダクションを経てフリー。以来宗教、歴史、東南アジア、鉄道分野等の編集、執筆にあたる。著作に「市川・船橋戦争」（市川よみうり新聞社）、著書に『下総国札』（中山書房）、『武蔵が歩いた道』（JTB）、共著に『日本100の古社』『日本100の神社』『日本の国宝建築』（以上JTB）、『NAVIX』（講談社）など

岡林　一彦（おかばやし　かつひこ）
高知市役所龍馬・お龍の会副会長。昭和23年高知県生まれ。高知市役所職員。昭和55～62年、平成3～11年観光課に在職し、その間坂本龍馬に関わるイベントや事業に数多く携わってきた

大久保利泰（おおくぼ　としひろ）
大久保利通の曾孫で近代史学者大久保利謙長男。昭和9年東京生まれ。慶応大学卒。横浜ゴムに勤務。定年後、小川・野口・斎下特許事務所勤務を経て、社団法人霞会館理事、財団法人吉田茂国際基金理事長。著書に『東京都庭園美術館　旧朝香宮邸を訪ねて』（非売品、霞会館発行）

柴崎　賀広（しばさき　よしひろ）
長崎龍馬会会員。昭和36年福岡県生まれ。昭和63年～平成元年龍馬の銅像建つうで会会長。平成元年～11年長崎龍馬会会長。現在、龍馬楽校担当

赤尾　博章（あかお　ひろあき）
NPO法人京都龍馬会理事長。昭和27年龍馬終焉の地・近江屋のすぐ近くで生まれ、土佐藩邸跡立誠小学校卒、木戸孝允邸隣銅駝中学校卒。幕末縁の地で育ち、龍馬とは少なからず因縁を感じる。甲南大学経営学部卒後、商社勤務を経て家業の古書籍業に就く。平成5年京都龍馬会設立。平成15年NPO法人京都龍馬会設立

橋本　邦健（はしもと　くにたけ）
全国龍馬社中会長。昭和16年高知県生まれ。日本大学法学部卒。東京消防庁、浦田法律事務所勤務を経て30歳で帰郷、家業のペイント会社で経営参画、現在に至る。高知商工会議所青年部副会長（チーターメンバー）、坂本龍馬生誕150年記念事業実行委員会副会長として坂本龍馬記念館建設に精力を傾け、平成3年開館。現在坂本龍馬倶楽部代表幹事、全国龍馬社中会長

［注］
本書では人名や組織名、職名などの固有名詞はその時代に使用されていた名称を優先したが、説が別れているものもあるため、統一せず基本的に執筆者の記述によった。「福井藩」「越前藩」、「お龍」「おりょう」「りょう」、「君枝」「君江」、「近藤長次郎」「近藤昶次郎」など。また「土佐勤王党」、「尊王攘夷」も「土佐勤皇党」「尊皇攘夷」、「新選組」についても「新撰組」の表記がある。変名については坂本龍馬が才谷梅太郎、中岡慎太郎が石川清之助・大山彦太郎、樺山勘蔵、西郷吉之助が菊地源吾などがあるが、基本的に表記は本名にした。ただし「千屋寅之助」→「菅野覚兵衛」、「伊達小次郎」→「陸奥陽之助」など時代によって名を変えた人名については統一感を持たせるため、執筆者が適宜判断した。

桂浜／写真：吉松靖峯